플립 싱킹

Original title: HUH?! DE TECHNIEK VAN HET OMDENKEN

by Berthold Gunster © 2008/2015 Berthold Gunster

Korean translation rights arranged with
Marianne Schönbach Literary Agency through
Danny HongAgency, Seoul.
Korean translation copyright © 2023 by Sejong Books

어려운 문제를 단번에 해결하는
스마트한 사고 전략 15

플립 싱킹

베르톨트 건스터 지음 | 김동규 옮김

친애하는 한국 독자 여러분께

무엇보다 먼저, 《플립 싱킹Flip Thinking》을 선택하신 여러분을 환영합니다!

네덜란드는 축구 영웅 요한 크루이프, 아이스 스케이팅, 암스테르담 운하, 화가 렘브란트 반 레인의 나라이자 거친 해양과 끊임없이 결투를 벌여온 나라 그리고 무엇보다도 2002 FIFA 월드컵에서 한국축구대표팀을 세계 4강에 올려놓은 거스 히딩크의 나라입니다. 이렇게 나의 조국을 기억하실 한국 독자들께 이 책의 한국어판에 관해 이야기할 기회를 얻어 영광입니다. 매우 설레는 기분이네요.

《플립 싱킹》은 문제Problem를 다루는 방식에 관한 책입니다. 여러분은 문제를 좋아합니까? 물론 아닐 겁니다. 문제를 싫어하는 태도는 인간의 본능이거든요. 그러나 나는 25년 동안 플립 싱킹을 주제로 글쓰기·강연·교육 등의 경험을 쌓으면서, 문제란 원초적인 '에너지'일 뿐이라는 사실을 알았습니다.

나는 문제를 궁극적으로 '단지 아직 형태가 정해지지 않은 욕망'이라고 정의합니다. 동시에 이는 불안정하게 형태를 찾아가고 있는 욕구이기도 합니다. 문제가 꼭 나쁜 것일까요? 아닙니다. 문제는 새로운 현실을 미리 보여주는 전령이자, 완전히 새로운 삶의 방식을 발견하게 하는 디딤돌일 때가 많습니다.

그렇다면 《플립 싱킹》은 어떤 문제에 답을 주는 책일까요? 요약하면 다음과 같습니다.

Q. 심각한 위기를 희망적이고도 새로운 현실로 바꾸는 방법은 무엇인가?

Q. 세계 곳곳의 복잡한 문제들을 마주하는 기업가가 창의성을 발휘하여 새로운 비즈니스모델을 만들 수 있는 방법은 무엇인가?

Q. 절망적인 순간에 나 자신과 사랑하는 이들의 삶을 더 나아지게 하려면 무엇을 바꿔야 할까?

Q. 요컨대 우리는 어떻게 문제를 뒤집어서 새로운 가능성을 창출할 수 있을까?

이제 '플립 싱킹(생각 뒤집기)'이 궁금해졌으리라 생각합니다. 그 호기심을 충족해드리기 전에 먼저 중요한 사례를 하나 소개하겠습니다.

페터르 호만Peter Homan은 대규모 행사에 조명과 전력 장치를 공급하는 네덜란드 기업의 CEO입니다. 그의 기업이 담당하는 거대

규모의 행사로는 FIFA 월드컵, 유로비전 송 콘테스트Eurovision Song Contest 그리고 5년 주기로 개최되며 약 200만 명의 방문객이 찾는 암스테르담 해양축제Sail Amsterdam 등이 있습니다.

페터르의 사업은 모두 현장 행사와 관련이 있기 때문에 코로나 팬데믹은 잘나가던 그에게 치명타였습니다. 직원을 모두 해고해야 할 위기를 맞았죠.

그때 페터르는 플립 싱킹에서 얻은 영감으로 새로운 전략을 세웠습니다. 우선 그는 회사가 할 수 없는 일에는 신경을 쓰지 않았고 자신에게 '부족한 것', 즉 제약과 한계에 관심을 두지 않았습니다.

페터르는 자신이 '보유하고 있는 것'과 직원들의 '뛰어난 능력'에만 집중했습니다. 페터르의 기업이 보유하고 있는 것은 '전기에 관한 지식과 우수한 기술'이었고 뛰어난 능력은 '고소작업(비계나 사다리 등을 이용해 높은 곳에서 하는 작업-옮긴이)을 두려워하지 않는 것'이었습니다. 그는 이런 능력을 바탕으로 코로나 팬데믹 이전과 전혀 다른 새로운 사업 전략을 세웠고 곧 실행에 옮겼습니다. 그건 바로 기업 빌딩과 개인 주택 지붕에 태양광 패널을 설치하는 사업이었습니다.

페터르의 시도는 실패했을까요? 결국 직원을 모두 해고해야만 했을까요? 아닙니다. 새로운 비즈니스를 창출해낸 결과, 전보다 두 배나 더 많은 직원을 고용하게 되었습니다. 그는 코로나 팬데믹을 이겨낸 것이 아니라 '그 덕분에' 더 크게 성공했습니다.

사실 페터르 호만이 뭔가 엄청나게 새로운 일을 한 것은 아닙니다. 하지만 이 사례에서 배울 수 있는 명백한 사실이 하나 있습니다. 성공한 모든 기업은 문제를 '극복'한 덕분이 아니라 문제 '때문에' 성장과 번영을 이뤄낼 수 있었다는 겁니다. 실제로 성공의 역사를 써내려가는 기업들은 모두 창의성을 발휘하여 불가능한 상황에 맞서 끊임없이 변화와 조정, 혁신을 이뤄낸 곳입니다.

네덜란드 회사 필립스Philips는 전구 생산 공장으로 시작했지만, 지금은 의료기기 시장의 선도자가 되어 있습니다.

한국의 삼성은 어떤가요? 이 세계적인 기업도 계속해서 성공 가도만 달려오지만은 않았다는 걸 우리 모두 알고 있습니다. 창업주 이병철 회장이 처음에 시작한 일은 정미소였죠. 정미소는 머지않아 망했지만, 이병철 회장은 위기와 좌절에서 교훈을 얻었습니다. 그리고 이후 오늘날의 삼성이라는 역사가 이루어졌습니다.

마지막으로 들고 싶은 사례는 핀란드 회사 노키아Nokia입니다. 한때 세계 휴대폰 시장의 정상에까지 올랐던 이 회사도 처음에는 목재 펄프를 원료로 화장지를 생산하는 제지공장이었습니다. 휴대폰 시장에서 철수한 이후로는 사업을 다각화했고 그 가운데 노키안 타이어Nokian Tyres가 세계적인 성공을 거두었습니다. 삼성과 필립스가 그랬듯이, 노키아 역시 큰 실패를 겪은 후 세상의 변화를 위협이 아니라 기회로 받아들였습니다.

플립 싱킹은 우리 삶의 모든 분야에 적용할 수 있습니다. 그것이 비즈니스든 개인사든, 가까운 사람과의 관계든 공적 관계든, 개인적이고 사소한 문제든 아니면 세계적으로 복잡한 이슈든 상관없습니다. 우리가 할 일은 하나뿐입니다. 문제를 만나면 곧바로 해결하려 드는 태도부터 우선 억누르세요. 심호흡을 한번 하고 마음을 가라앉힌 다음, 우리가 바꿀 수 없는 사실이 뭔지 그리고 우리 마음속 깊이 간직한 열망이 뭔지 자세히 살펴봅시다.

인생은 우리가 바라는 대로 흘러가지 않을 때가 많습니다.

그러나 마음속 깊이 간직한 열망은 분명히 이룰 수 있습니다.

《플립 싱킹》을 읽은 후 문제와 위기를 새로운 기회로 뒤집어서 삶에 적용하고, 마침내 성공을 이루길 진심으로 기원합니다.

그 일은 어렵지 않습니다! 전 세계 수백만 명이 이미 실천한 일인걸요!

2023년. 위트레흐트에서
베르톨트 건스터

차례

친애하는 한국 독자 여러분께 5

프롤로그 "그래요, 그리고…"로 바꾸면 생기는 놀라운 일 14

이 책의 사용법 읽고, 자고, 다음 날 써먹어라! 20

1부   쏟아지는 문제 속에서 진짜 문제 골라내기

1장 모든 문제를 해결해야 할까? 36

2장 내 눈에 보이지 않는 문제도 있다 52

3장 그 문제는 정말 문제일까? 69

4장 아주 작은 변화가 주는 엄청난 보상의 힘 78

5장 불확실성을 무기 삼아 성장하는 사람들 84

6장 해결해야 한다는 압박에서 벗어나기 91

7장 플립 싱킹을 완성하는 네 가지 질문 105

2부   플립 싱킹 전략으로 유쾌하게 성공하기

8장 적당히 져주기 118

전략1. 인정_상황을 그대로 받아들인다 119

전략2. 의도적 방치_문제가 저절로 해결되게 놔둔다 132

전략3. 선순환_실수를 줄이기보다 장점을 극대화한다 144

전략4. 존중_세상이 복잡해질수록 인간은 단순해진다 159

9장	**목표의 재구성**	174
전략5. 인내_성공할 때까지 계속 도전하라		175
전략6. 본질_최종 목표에 집중한다		188
전략7. 입체적 시각_사방에 널린 가능성을 포착한다		201
10장	**적도 친구처럼**	213
전략8. 방해물 제거_하지 말아야 하는 일부터 중단한다		214
전략9. 전략적 제휴_비즈니스 세계에서 영원한 라이벌은 없다		229
전략10. 생산적 협업_이길 수 없다면 협업하는 것도 방법이다		239
전략11. 상황 전환_내가 원하는 것을 상대가 원하도록 만든다		254
11장	**게임하듯 가볍게**	270
전략12. 약점 과시_감추면 문제, 드러내면 기회		271
전략13. 역할 바꾸기_비교보다 강력한 공감의 힘		286
전략14. 규칙 와해_쓸모없는 규칙은 무시해야 할 때도 있다		298
전략15. 역전_남들과 다른 방식으로 빛나는 성과 내기		315
에필로그 넘어지는 것을 두려워하지 말기를		334
감사의 글		337
미주		340

YES,
BUT

그래요, 그런데

YES, AND

그래요, 그리고

"그래요, 그리고…"로 바꾸면 생기는 놀라운 일

"그래요, 그런데 지난번에도 그렇게 해봤는데 잘 안 됐거든요."
"그래요, 그런데 상황을 조금만 더 두고 보면 어때요?"
"네, 좋은 생각 같은데 혹시 잘 안 되면 어떻게 하려고요?"

위와 같은 조건부 승낙은 당신의 힘을 빼앗는 말이다. 멋진 아이디어를 냈는데, 주변에서 보이는 반응이 온통 저렇다고 생각해보라. 저런 말만 듣다 보면 여러분이 혁신을 시도할 때마다 결국 그럴싸한 반대의 늪에 묻히는 듯한 느낌을 받게 될 것이다.

조건부 승낙의 악영향이 바로 이런 것이다. 세상을 폐쇄적인 사고방식으로 바라보며 온갖 제한과 위협 요소를 쏟아내 여러분의 앞길을 가로막는다. 아이디어와 주장이 아무리 훌륭해도 저리 경직된 태도에 부딪히면 곧 추진력을 잃고 정체된다.

다행히 우리에겐 '그래요, 그런데(Yes-but)'와 다른 방식이 있다. '그래요, 그리고(Yes-and)'의 태도다. 이런 개방적 시각은 '무엇을 할 수 있는가'에 초점을 맞추고 가능성을 높게 평가한다. 이런 태도는 앞을 가로막는 장애물 정도는 어떻게든 해결할 수 있는 것으로 보고 일단 잊어버린다. 그 결과 창의성과 혁신이 발현된다.

이 책에는 '그래요, 그런데'에서 '그래요, 그리고'로 사고를 바꾸는 내용이 담겨 있다. 문제 중심 사고에서 기회 중심 사고로 전환하는 방법이다.

문제를 긍정적인 사고방식으로 접근하면 새로운 해결책을 찾는 일이 놀라울 정도로 쉬워지는 경우가 종종 있다. 조금만 새로운 각도로 문제를 바라봐도 엄청난 통찰을 얻을 수 있다. 별로 큰 노력을 기울이지 않고도 말이다. 문제에 부딪힐 때마다 반드시 싸워야 할 필요는 없다. 그것을 기회로 '바꾸기만' 하면 된다. 문제를 우리 편으로 끌어들이는 것이다.

문제를 기회로 바꾸는 기술은 배울 수 있다. 비유하자면 마치 '정신적인 유도 기술'과 같다. 나는 이것을 '플립 싱킹'이라고 부른다. 참고로 내 모국인 네덜란드에서는 '옴뎅켄Omdenken'이라고 한다.

플립 싱킹은 이미 존재하는 문제의 해결책만 찾아내는 데 그치지 않고 전혀 생각하지 못했던 새로운 가능성을 열어준다. 마치 애벌레가 나비로 탈바꿈하듯이, 어떤 문제가 플립 싱킹을 거치면 새로운 현실로 선명하게 변모한다. 여기에서 우리는 놀라운 역설과 마주한다. 즉, 문제는 많으면 많을수록 좋다.

플립 싱킹은 기본적으로 삶을 개선해준다. 물론 문제가 있다는 사실을 회피 또는 부정하거나, 지나친 낙천주의자처럼 오로지 문제의 좋은 점만 강조하자는 뜻은 아니다. 플립 싱킹은 문제가 던지는 고통과 손해 그리고 결핍을 일단 인정하고 받아들이는 태도다. 플립 싱킹은 언제나 현실을 인정하는 데서 출발한다. 비관주의자는 컵에 물이 얼마나 차 있는지 전혀 관심이 없다. 그러면서도 컵을 다시 씻어야 한다고 불평만 늘어놓는다. 우선은 지금 컵에 남아 있는 물을 즐기는 것이 낫지 않을까?

나는 네덜란드에서 살던 1997년에 플립 싱킹 개념을 처음 떠올렸다. 그 후 배우와 트레이너로 구성된 우리 팀과 함께 플립 싱킹 원리를 적용한 워크숍을 1만 회 넘게 진행했다. 워크숍에 참여한 사람들은 100만 명이 넘고, 형식 또한 연기·오락·교육 등 다양하다. 영국과 미국에서 모인 우리 팀은 네덜란드 외에도 스페인, 싱가포르, 영국, 독일, 프랑스 등지에서 플립 싱킹 강좌를 열었다.

나는 플립 싱킹 원리를 주제로 총 열두 권의 책을 썼고 모두 베스트셀러가 되었다. 네덜란드에서만 모두 130만 부가 팔렸다. 덧붙이자면 네덜란드 총인구는 1,700만 명뿐이다! 나의 책들은 이탈리아어, 포르투갈어, 덴마크어, 독일어, 영어 그리고 지금 여러분이 읽는 한국어로 번역되었다.

플립 싱킹 이야기는 여기서 끝이 아니다. 이 사고법은 지금도 발전·성장·성숙하고 있다. 그리고 이 여정에 독자 여러분이 동참하시게 된 것에 무한한 자부심을 느낀다. 이 책이 여러분께 유익하기를 바란다. 무엇보다 이 책을 통해 문제란 아직 실체가 없는 좌절감에 지나지 않는다는 사실을 깨닫게 되기를 바란다. 그 좌절 감은 생각만 한번 뒤집으면, 그래서 새롭고 바람직하며 신나는 현 실로 바꾸기만 하면 충분히 해결할 수 있는 일이다.

*

'플립 싱킹'을 당신의 것으로 만드는 가장 확실한 방법은 딱 네 가지로 설명할 수 있다.

첫째, 사람들의 독서 습관과 관련해 잠자리에 들기 직전에 책 을 읽는 사람이 64퍼센트, 평균 독서 시간은 10분, 평균 독서 속 도는 분당 300단어 정도라는 통계가 있다. 물론 이런 수치가 책을 읽는 모든 사람에게 적용되지는 않겠지만, 이 책은 통계 수치를 염두에 두고 각각의 장을 약 3,300개의 단어로 구성해 독자 여러 분이 매일 밤 잠들기 전에 한 장씩 읽을 수 있게 했다(한국어판 기준 으로 계산한 것이다-옮긴이).

둘째, 이 책은 소설이 아니라 논픽션이다. 이 책은 플립 싱킹의 원리와 방식 그리고 통찰력을 일깨우는(그러기를 희망한다) 사례들 을 다룬다. 그러나 플립 싱킹의 모든 이론을 A부터 Z까지 논리정 연하게 설명할 수 있는 것은 아니다. 누군가에게 플립 싱킹을 직 접 체험할 기회도 주지 않고 말로만 설명하는 것은 마치 집에 초 대한 사람을 현관 밖에 세워두고 말로만 집 내부를 소개하는 것과 같다. 남의 집을 바깥에서 창문이나 우편함으로 들여다보거나, 주변을 빙빙 돌아다니거나, 옥상에서 내려다보기만 한다면 서로 다른 모습만 보고 전체적으로 일관된 경험을 할 수 없어 답답함만 가중될 것이다. 그러므로 독자 여러분은 내 말만 듣지 말고 집 안으로 들어와서 플립 싱킹을 직접 경험해봐야 생생한 실체를 느낄 수 있다.

셋째, 학습은 다양한 차원에서 진행된다. 의식적인 학습도 있지만, 사실은 무의식에서 이루어지는 학습이 훨씬 더 큰 비중을 차지한다. 우리가 뭔가를 읽으면 밤에 그 내용으로 꿈도 꾸며, 다음 날 누군가와 그 주제를 놓고 대화하고, 문득 떠오르는 통찰을 적용해본다. 그러다 나중에야 읽은 내용을 실천했음을 깨달을 때가 있다.

쉬는 시간에 틈틈이 책을 읽으라고 권하는 이유가 바로 여기에 있다. 차근차근 한 장씩 매일 읽다 보면 어느 순간 이러한 깨달음을 발견하고 되새길 시간을 얻을 수 있다. 언젠가는 읽었던 내용 중 일부를 다시 읽어보고 싶을 때가 있을 것이다.

15년 넘게 플립 싱킹에 관해 글을 쓰고 연설해온 나 역시 내가 셀 수도 없이 많이 인용한 이런 말을 되새길 때가 있다.

"이건 매우 흥미 도는 일이야. 이걸로 뭔가 해봐야 해."

머리로 아는 것과 실제로 하는 것 사이에는 정말로 엄청난 격차가 있다.

넷째, 앞에서 설명한 세 가지는 이제 잊어버려라.
좋든 싫든 책을 읽어보라. 아니면 지금 그만두시라.

베르톨트 건스터
Berthold Gunster

이 책의 사용법:
읽고, 자고, 다음 날 써먹어라!

비관주의자는 다가오는 모든 기회에서 어려움을 보지만,
낙관주의자는 맞닥뜨리는 모든 역경에서 기회를 잡는다.*

시작하기 전에 먼저 내 이야기를 조금 더 해보겠다. 나는 원래 즉흥 연기를 전공한 연극 감독 출신이다. 나의 이런 배경은 플립 싱킹 이론의 바탕이 되었다. 즉흥 연극에는 두 가지 기본 원리가 있다. 현실을 있는 그대로 '받아들이고', 그것으로 '뭔가를 하는 것'이다. 치과 의사와 환자가 등장하는 즉흥 연극의 한 장면을 생각해보자. 환자가 아무런 문제도 만들어내지 않는 장면을 생각할 수 있을까? 그런 장면은 아무 재미도 없을 것이다.

"안녕하세요.""오, 안녕하세요.""어떻게 지내세요?""아주 좋아요.""다행이네요. 그럼, 내년에 뵙죠.""예, 안녕히 계세요.""네, 안녕히 가세요."

훌륭한 연극이 모두 그렇듯이, 즉흥 연극은 '문제'를 중심으로 구성된다. 그렇다면 배우는 무엇을 배우게 될까? 그들은 문제를

---

* 이 멋진 말의 출처는 불분명하나, 흔히 윈스턴 처칠이 한 것으로 알려져 있다.

소화해내거나 아예 사랑하고 문제를 통해 뭔가를 창출해내는 법을 배운다. 문제를 하나의 도약대로 활용하는 것이다.

내가 연극 감독 일을 처음 시작할 때는 일반적인 과정을 따르지 않았다. 나는 10년이 넘는 세월 동안 인생에서 역경을 겪은 사람들과 부대끼면서 그들의 이야기를 연극 대본으로 썼다. 그들은 위트레흐트 빈민가에 살며 가난과 실업, 그 밖의 여러 사회문제에 시달리던 사람들이었다.

나는 가출 청소년, 노숙인 그리고 마약과 술에 중독된 사람들과도 함께한 적이 있다. 나는 네덜란드뿐 아니라 우크라이나, 스페인, 스코틀랜드, 독일, 폴란드, 벨기에 그리고 미국에서도 이런 사람들과 함께 연극을 만들었다. 시카고에서는 노숙인들과 함께 〈어머니의 버스 여행이 아니에요Not Your Mama's Bus Tour〉라는 프로젝트를 시작하기도 했다. 한때 노숙인이었던 배우들은 연극이 가미된 이 버스 여행의 승객들에게 노숙인의 눈에 비친 도시의 광경을 보여주는 역할을 맡았다.

나는 이 모든 연극 프로젝트에서 감독을 맡으면서 한 가지 중요한 사실을 깨달았다. 나와 함께 일한 사람들은 전문 배우로서의 훈련을 받은 적이 없다는 사실이었다. 물론 그들 중에는 연기 실력을 타고난 사람도 있었지만, 대부분 여러 제약 속에서 일할 수밖에 없었다. 그렇다면 나는 어떻게 해야 했을까? 나는 즉흥 연기 배우처럼 행동할 수밖에 없었다. 현실을 있는 그대로 받아들이고,

'내 배우들'의 한계를 인정했다. 그리고 다른 한편으로는 그들 각자의 잠재력을 끄집어내어 (비록 내가 생각했던 대로는 아니지만) 진정성과 호소력이 있는 진짜 연극을 만들어야 했다. 그러므로 플립 싱킹은 필수였다.

노숙인들과 함께하는 연극 무대의 개막 당일, 다섯 군데의 TV 방송사(그중 하나는 무려 CNN이었다)가 취재하러 왔는데 출연자 한 명이 갑자기 사라져버리면 여러분은 어떨 것 같은가? 화도 나고 짜증스럽고 실망감이 대단할 것이다. 하지만 이런 감정은 문제 해결에 아무런 도움이 안 된다. 그래서 플립 싱킹이 필요하다. 문제 속에서 뭐라도 만들어내야 하는 것이다.

실제로 우리가 이런 난처한 상황에 부닥쳤을 때, 오직 '뭔가를 해야 한다'라는 생각으로 전에 없던 한 가지 장면을 설정했다. 다음 정류장에서 노숙인 여성 한 명이 버스에 올라 이야기를 전해줄 수도 있고, 어쩌면 등장하지 않을 수도 있다고 승객에게 말해주었다. 이 여성이 제시간에 등장하든, 지각하든, 혹은 아예 나타나지 않든 모두 연극의 일부가 되는 셈이다. 이런 설정이 과연 먹혔을까? 결론부터 말하자면 멋진 발상이었다! 노숙인 여인이 나타난다면 승객들은 박수를 보낼 것이다. 그녀가 모습을 보이지 않는다면 승객들은 거리의 생활이 얼마나 힘든 것인지를 직접 체험할 수 있다.

연기를 잘하는 훌륭한 배우들은 우리가 일상생활에서 원하는 안정된 상황과 정반대되는 상황이 생기는 것을 오히려 즐긴다. 우리는 '문제'를 안고 그 속에서 뭔가를 '만들어내는 일'을 원하지 않는다! 우리가 원하는 것은 그저 굴곡 없이 행복하고 즐겁고 건강한 것이다. 우리는 인생이 아무 문제 없이 부드럽게 굴러가기만을 바란다.

허나 안타깝게도, 현실은 그렇지 않다. 누구에게나 마찬가지다. 우리네 인생은 실망과 좌절, 재앙으로 가득하다. 단적으로 말해 온갖 문제로 가득하다. 우리는 문제와 마주쳤을 때 대개 어떻게 행동하는가? 물론 해결하려고 노력한다. 하지만 모든 문제의 문제는 실로 고약하다는 데 있다.

우리는 문제를 없애거나 예방하려 한다. 물론 문제를 해결하려는 태도는 절대 잘못된 게 아니다. 그러나 우리가 문제를 해결할 수 있더라도 그 과정에서 놓치는 기회가 있다. 문제 속에서 뭔가 만들어낼 수도 있기 때문이다(마치 즉흥 배우들이 배운 것처럼 말이다). 문제를 기회로 뒤집어보라. 배우가 버스에 오르지 않은 상황을 오히려 공연의 하이라이트로 만들어라.

이 책을 읽다 보면 마치 여러분이 연극 배우가 된 기분이 들 것이다. 아주 현실적인 연극에서 진짜 같은 문제를 해결하는 생생한 역할을 맡듯이 말이다. 이것이 바로 여러분의 실제 인생이다. 이런 문제는 뜻밖의 기회를 찾는 데 도움이 될 때가 많다. 문제를 뒤집어 생각해볼 수 있기 때문이다. 문제가 나타나면 힘이 쭉 빠지기도 하지만, 한편으로는 여러분이 더욱 강하고 현명하며 재미있게 대처할 능력, 즉 창의력을 발휘할 기회가 되기도 한다.

플립 싱킹은 쉽지 않다. 많은 기술이 필요하다. 그러나 겁먹을 필요는 없다. 배우면 되니까. 어쩌면 가장 어려운 일은, 즉흥 배우처럼 인생에는 내가 바꿀 수 없는 일이 있으므로 그것을 인정한 채 내가 할 수 있는 일을 찾아야 한다는 사실을 받아들이는 것일지도 모른다. 인생을 바라보는 기본적인 태도를 인정하지 않는 한, 플립 싱킹은 그저 환상에 지나지 않는다. 그러나 이런 태도를 수용한다면 플립 싱킹은 분명히 터득할 수 있는 기술이 된다. 그럼, 이제 시작해보자.

*

네덜란드 코미디언 파울 드 리우Paul de Leeuw가 진행하던 TV 프로그램 〈좋아! 다시 드 리우와 함께〉가 생방송으로 나가는 동안, 어떤 사람이 "동물 학대 중지"를 외치며 가슴에도 같은 구호를 붙인 채 스튜디오로 난입한 일이 있었다. 순간 드 리우는 방송의 한 순서로 어떤 여성의 집으로 깜짝 전화를 걸어 막 대화를 시작하려던 참이었다. 과연 그는 이 사태에 당황해서 급히 광고를 내보냈을까? 아니다. 그는 잠깐 통화를 중단하더니 난입객에게 이렇게 말했다. "잠깐 기다려주세요. 이 전화만 끝나면 당신이 원하는 만큼 시간을 드릴게요." 그러고는 나머지 통화를 다 마쳤다. 난입객도 하릴없이 무대에 그대로 서 있었다. 그는 당황한 기색이 역력했지만, 얌전히 자기 차례가 올 때까지 기다렸다. 드 리우는 통화를 마친 다음 그 사람을 무대 위 의자에 앉히고는 이렇게 말했다. "자, 이제 동물 학대 문제를 이야기해보시죠."

생방송 도중에 불청객이 난입한 상황은 문젯거리로 생각하는 것이 일반적이다. 그러나 파울 드 리우는 '그래요, 그리고' 방식으로 대처함으로써 이 상황을 능숙하게 전환했다. 처음에는 프로그램의 방해물로 보였던 상황이 눈 깜짝할 사이에 프로그램의 일부가 되어버린 것이다.

이 사건이야말로 플립 싱킹의 전형적인 예다. 우리는 문제를 기회로 대함으로써 우리에게 유리하게 써먹을 수 있다. 플립 싱킹은 정신적인 유도 기술에 비유할 수 있다. 유도가 상대방의 힘을 되치기로 이용하듯이, 우리는 삶에서 닥치는 문제를 유리하게 이용하는 법을 배울 수 있다. 문제와 맞서 싸울 것이 아니라 문제가 스스로 싸우도록 이용해야 한다.

이제 두 번째 예를 살펴보자. 막 결혼한 젊은 커플이 있다. 남편은 서른한 살이 될 때까지 부모님과 함께 살았고, 이제 이 부부는 부모님과 150킬로미터 떨어진 곳에 신혼살림을 차렸다. 그런데 그 부모님이 2주마다 한 번씩 양동이와 걸레, 먼지떨이를 챙겨와서는 부탁도 하지 않았는데 아들네 집을 청소해주신다. 당연히 부부는 부모님의 행동에 마음이 불편하지 않을 수 없다. 다음부터 그들은 부모님이 오시기 전에 집을 치우지만, 부모님은 꼭 트집거리를 찾아내서 집이 돼지우리 같다고 나무라고는 어김없이 청소를 시작한다.

부부는 자포자기하는 심정으로 심리학자인 파울 와츠라비크Paul Watzlawick 박사를 찾아 도움을 청한다. 특이한 처방을 내놓기로 유명한 와츠라비크는 다음번에 부모님이 오시기 전에는 청소하지 말라는 놀라운 조언을 부부에게 건넨다. 오히려 집이 지저분할수록 더 좋다는 것이다. 그는 젊은 부부에게 부모님이 청소를 시작하면 그것이 아주 당연한 일인 듯이 행동하라고 조언한다. 부모가 자녀를 위해 당연히 그렇게 행동해야 하는 것처럼 손가락 하나 까딱하지 말라는 것이다. 부부는 박사의 조언대로 한다.

다음번에 부모님이 집에 찾아왔을 때, 집은 완전히 엉망이 된 상태다. 열어보지도 않은 각종 청구서와 더러운 옷가지가 집안 곳곳에 흩어져 있다. 부모님은 주말 내내 집을 치우는 데 매달리다가 일요일 저녁에 떠나면서도 자신들이 진입로에 남겨놓은 자동차 바퀴 자국을 못내 신경 쓴다. 아버지가 말했다. "아이들이 우릴 미쳤다고 생각할 거야!" 어머니도 같은 생각이었다. "맞아요, 이제 애들 도와주지 맙시다. 자기들 집은 자기가 치워야죠, 뭐!"

파울 드 리우와 젊은 부부의 대응 방식은 상식에 반한다. 언뜻 보기에 이토록 비논리적인 대응 방식을 떠올리려면 상당한 창의력이 필요하다고 생각할 수도 있다. 그러나 이런 대응 방식도 실은 몇 가지 논리적인 단계를 밟으면 떠올릴 수 있다.

우선, 두 가지 사례 모두 어쨌든 문제를 완전히 무시한다는 공통점이 있다. 신혼부부나 파울 드 리우나 마치 아무 문제가 없다는 듯이 아예 대응하지 않는다. 심지어 그들은 상황을 '즐기는' 것처럼 보인다. 우리는 대개 원치 않는 일이 일어나면 거부 반응을 보일 때가 많다. '그래요, 그런데'의 반응 말이다. 우리는 문제를 없애거나 그 영향을 최소화하려고 애쓴다.

생방송 스튜디오에 웬 남자가 소리를 지르며 뛰어든다?

"알겠습니다, 그러나 그런 일이 일어나면 안 되지요. 그를 막아야 해요! 어서 여기서 내보내라고요!"

2주일마다 부모님이 자녀의 집에 들이닥쳐 청소하신다?

"그래요, 그래도 그러시면 안 되죠. 그분들에게 말씀드리자고요! 그만두시도록!"

물론 문제에 정면 대응해야 할 때도 있다. 그러나 대부분의 상황에서 이런 방식은 오히려 사태를 악화하는 결과만 낳는다. 문제를 피하는 것도 잠시뿐, 머지않아 똑같은 모습으로 반복된다. 세상에는 간단하고 논리적인 방식으로 해결되지 않는 문제가 너무나 많다. "문제란, 말 그대로 해결할 수 없는 것이다"라는 속담도 있지 않은가.

'그래요, 그런데' 사고방식이 더 나쁜 이유는 우리가 상황을 정확하게 파악하는 데 전혀 도움이 되지 않는 제한을 가한다는 것이다. 우리는 상황이 '어떠어떠해야 한다'라는 고정관념에 사로잡혀 있다. 젊은 부부는 부모님을 '바람직한 부모상'에 가둬놓고자 한다. 드 리우는 어쩌면 그의 방송이 대본대로 진행되기를 원했을 수도 있다. 이런 상황에서 사람들은 대부분 '상황을 복구하고 싶다'라고 생각하고 또 그렇게 행동한다. 그래서 상황을 문제로 인식한다. 그러나 세상이 '이러이러해야 한다'라는 선입관을 가지고 있으면 문제는 영원히 해결되지 않는다. 우리 머릿속의 '그래요, 그런데' 사고가 현실을 받아들이지 못하게 하고 문제가 악화되는 것을 더 부추기기 때문이다. 문제 해결의 열쇠는 이런 한계를 벗어나서 다르게 생각하는 법을 배우는 데 있다.

바람직한 부모가 어떤 모습인지, 또는 생방송이 어떻게 진행되어야 하는지를 도대체 누가 정하느냐고 자문해볼 필요가 있다. 거기에 무슨 엄격한 규칙이라도 있다는 말인가? '이러이러해야 한다'라는 생각을 버리고 '이럴 수도 있지 않을까'라는 생각으로 마음을 여는 것이 플립 싱킹의 시작이다.

1단계 : 해체, 문제를 사실로 바꾼다

플립 싱킹의 첫 단계는 '그래요, 그런데' 사고방식을 '그래요, 그리고'로 바꾸는 것이다. 상황을 있는 그대로 긍정하는 태도다. 부모님의 간섭은 해결해야 할 문제가 아니라 주어진 상황이다. 현실을 있는 그대로 받아들이는 것은 전적으로 타당한 일이다. 내가 그것을 좋아하는지 여부와 상관없이 현실은 말 그대로 거기 존재하는 것이기 때문이다. 이 점을 인정하면 여러 가지 귀찮은 일을 피할 수 있다.

이 첫 단계(문제를 사실로 바꾸는 것)를 나는 해체라고 부른다. 문제를 한 꺼풀 벗겨 온갖 당위를 제거한 다음, 있는 그대로를 인정하면 사실이 된다. 책을 읽다 보면 차차 알겠지만, 이 과정은 생각보다 훨씬 어려울 때도 있다.

2단계 : 재구성, 사실을 기회로 바꾼다

다음 단계는 가능성에 대한 역설적이고 창조적인 인식이다. 부모님이 집안일을 해주겠다고 하면 그렇게 하시도록 하라. 부모님의 의도는 여러분에게 간섭하려는 것이 아니다. 그저 부모로서 자기 역할을 잘하고 싶을 뿐일 것이다. 물론 자녀 입장에서는 불편할 수 있다. 부모님의 행동과 자녀의 마음은 저마다의 선한 본질은 있지만 공존하기는 어려운 상태다.

그러나 생각을 조금만 바꾸면 아무리 모순이 명백한 상황도 뜻밖의 기회로 만들 수 있다. 이 두 번째 단계에서는 현실을 인정하고 '그래요, 그리고'로 한발 더 나아감으로써 '조각 모으기' 작업을 하게 된다. 이 과정을 우리는 재구성 단계라고 한다. 있는 그대로의 사실을 가능성이 내재된 기회로 만드는 것이다.

생각을 뒤집는 것은 때로 복잡하고 고통스러우며 시간이 많이 드는 일이다. 심지어 비통과 슬픔, 저항을 불러오기도 한다. 실제로 생각 뒤집기에 성공하려면 대부분의 상황에서 끈기와 집념, 확신이 필요하다. 그러나 한편으로는 플립 싱킹이 놀랍도록 쉬울 때도 있다. 딱딱한 호두를 깨는 것이 아니라 한껏 부푼 풍선을 터뜨리는 것에 비유할 수 있다. 그럴 때는 '정말? 이렇게 쉬운 거였어?'라든가, '이럴 수가! 이제껏 이런 사실도 몰랐다니!'라는 놀라운 기분이 든다.

플립 싱킹은 기술에 가깝다. 그래서 문제를 안고 있는 사람의 상태와 환경에 맞게 적용해야 한다. 또한 플립 싱킹은 일종의 창의적인 사고 과정이기도 하다. 나는 이 사실을 재차 강조하고 싶다.

플립 싱킹의 정의를 잘 보여주는 사례로 유튜브에 떠도는 6초짜리 영상이 있다. 스페인의 어떤 아버지가 세 살 난 아들을 데리고 슈퍼마켓까지 걸어가려고 했다. 그러나 아들은 차를 타고 가고 싶었다. 그들은 끊임없이 두 단어만 주고받았다. 아버지는 길에 우뚝 선 채 아들에게 '걸어가자'라고만 했고 아들은 자동차 문에 손을 올리고는 '여기'라는 말만 반복했다. 이런 장면이 한 번, 두 번, 세 번, 네 번 되풀이됐다. '걷자', '여기', '걷자', '여기'…. 그러다가 아버지가 리듬을 놓치지 않고 역할을 바꾸더니 갑자기 '여기'라고 말했다. 그랬더니 아들이 놀랍게도 곧바로 '걷자'라고 말하며 자동차 문에서 손을 떼더니 아버지와 함께 길을 걷기 시작했다. 갈등이 해결된 것이다.

아버지가 플립 싱킹 전략을 이용해서 역할을 바꾸자 세 살짜리 아들에게 완벽하게 통했다. 아들이 원했던 것은 스스로 결정을 내리는 자율권이었기 때문이다. 만약 아이들에게 "음식을 다 먹으면 안 돼. 다 먹으면 어른이 될 거야"라고 말한다면 아이들은 정반대로 그릇을 깨끗이 비울지 모른다. 그들이 원하는 행동을 유도하는 것이다. 그러나 이 전략이 그 아이에게 오래 먹히지는 않을 것이다. 몇 달 사이에 아이는 아버지의 수법을 눈치채고 아버지가 '여기'라고 말하면 자기도 '여기'라고 말할 것이다.

피아노 연주자는 끊임없이 기량을 갈고닦아야 한다. 플립 싱킹도 마찬가지로 기법을 계속 개발해야 한다. 플립 싱킹에는 여러 가지 수단이 있고, 그중에서 특정 상황에 가장 잘 맞는 것을 적용하려면 반드시 연습이 필요하다. 그런 여러 가지 방법을 강조하기 위해 내가 자주 언급하는 것이 바로 '플립 싱킹의 전략'이다.

'전략'이란 전쟁에서 나온 개념이다. 전쟁에서는 공격이 가장 효과적일 때도 있고, 방어가 가장 훌륭한 선택지일 때도 있으며, 때를 기다리며 방법을 모색하거나 협상에 나서는 것이 최선인 상황도 있다. 전쟁에 전략적 사고가 필요하듯이, 플립 싱킹에도 여러 가지 전략이 필요하다. 이 책은 열다섯 가지 플립 싱킹 전략을 소개한다. 그중에는 해체 단계와 관련된 것도 포함된다. 말 그대로 문제의 겉모습을 벗겨내고 해체해보는 것이다. 때로는 이 과정에서 새로운 기회를 모색해보는 재구성 단계가 필요할 수도 있다.

　이 책은 크게 두 개의 부로 나뉜다. 1부에는 플립 싱킹 전략을 이해하고 필요한 모든 것을 끌어낼 수 있는 기본적인 통찰을 담았다. 2부는 실제로 플립 싱킹을 실행할 때 필요한 열다섯 가지 전략을 자세히 전달한다.

　이제 1부에서 플립 싱킹에 필요한 '진짜 문제'를 알아내는 법을 알아가보도록 하자.

플립 싱킹 Flip Thinking
(그래요, 그리고)

 문제를 기회로 바꾸는 사고방식이다. 앞길을 방해하는 위협에만 매몰된 '그래요, 그런데'와 정반대의 사고방식으로 '그래요, 그리고'의 사고와 일맥상통한다.

예시1: "우리 이사회는 대담한 발상의 전환으로 언론의 의혹을 잠재웠습니다."

예시2: "상담 전문의는 그 부부에게 서로 관계를 뒤집어 생각해보라고 조언했지요."

예시3: "회담이 교착 상태에 빠져 진행될 여지가 보이지 않자, 참가자들이 아예 아젠다를 뒤집어 생각해보기로 했습니다. 그러자 처음부터 의견 충돌 따윈 없었다는 것처럼 대화가 급격하게 원만해졌습니다."

고착 사고 Stuck Thinking
(그래요, 그런데)

문제를 더 키우는 사고방식이다. 자기 생각에 사로잡힌 상태이기도 하다. 플립 싱킹, 즉 문제를 기회로 바꾸는 사고방식과 정반대다.

예시1: "그래요, 그런데 임시 이사가 그 조직은 예전부터 그래왔다고 결론을 내리더군요."

예시2: "알겠습니다, 그런데 피고 측 변호인에 따르면 피고인은 원래 어릴 때부터 여성과의 관계가 원만하지 못했다고 합니다."

예시3: "알겠습니다. 그런데 중재인 말로는 당사자들이 양보할 생각이 없다고 하네요."

1부

쏟아지는
문제 속에서
진짜 문제
골라내기

1장
모든 문제를 해결해야 할까?

> 도저히 해결책이 없는 문제라면,
> 뭔가 해보려고 시간을 낭비하지 말라.
> 만약 해결책이 존재하는 문제라면,
> 뭣 하러 걱정하며 시간을 낭비하는가?

한 젊은 선장이 명성이 자자한 전함을 처음 지휘하게 되었다. 바다에 거친 파도가 몰아치고 전함 주변에는 온통 안개가 자욱한 어느 밤이었다. 선장이 함교에서 보낸 신호를 받았다. 이상한 빛이 빠른 속도로 배 쪽으로 접근하고 있다는 것이었다. 용감한 선장은 조금도 망설이지 않고 이런 메시지를 보내라고 명령했다. "우리 선박과 충돌 경로에 있다. 즉각 남쪽으로 20도 선회하라." 잠시 후, 답신을 받은 선장은 격노했다. 똑같은 내용의 답신이 돌아온 것이었다. "귀선이 즉각 북쪽으로 20도 선회하라."

이런 식의 메시지가 몇 번 더 오갔다. 각자 상대방에게 뱃머리를 돌리라는 내용이었다. 마침내 젊은 선장이 절박함을 담아 메시지를 보냈다. "경고한다! 우리는 전함이다! 말을 듣지 않으면 발포하겠다." 즉각 답신이 도착했다. "선장님, 우리는 등대입니다."[1]

플립 싱킹의 가장 기본적인 인식 중 하나는, 여러분이 무조건 받아들일 수밖에 없는 상황이나 문제가 존재한다는 것이다. 이 장에서는 그 사실을 다룬다. 이 장의 제목이 다소 엉뚱하다는 생각이 들 수도 있을 것이다. 플립 싱킹이란 지금까지와 다르게 새로운 인식에서 비롯되는 사고법이라면, 그 대상은 우리가 영향력을 발휘하고 또 바꿀 수 있는 것이어야 하지 않은가? 우리가 왜 영향력을 발휘할 수 '없는' 일에 시간을 들여야 한단 말인가?

하지만 안타깝게도 우리는 현실적으로 바꿀 수 없는 일을 바꿔보려고 막대한 에너지를 쏟아붓곤 한다. 마치 돈키호테처럼 현실을 우리의 희망에 끼워 맞추려고 할 때가 있다. 그런데 그렇게 할수록, 즉 바꿀 수 없는 현실을 바꾸려고 애쓰는 상황에서 정작 실제로 바꿀 수 있는 일에는 전혀 손을 대지 않는다. 역설적으로는 저항이 오히려 현상을 유지하는 반면, 수용은 변화를 낳는 힘이 되기도 한다. 심리학자 제프리 와인버그Jeffrey Wijnberg는 이를 다음과 같이 도발적으로 표현했다. "수용은 가장 높은 수준의 변화다."

그렇다면 이제 처음부터 시작해보자. 수용에 대해서 말이다. 우리가 바꿀 수 없는 일이라고 할 때 가장 먼저 떠오르는 것은 무엇이 있을까? 아마 날씨일 것이다. 오늘 비가 오더라도 그것을 막을 방법은 아무것도 없다. 죽음도 마찬가지다. 우리는 언젠가 죽을 수밖에 없고 오직 그것을 받아들일 일만 남아 있다. 한번 태어난 사람은 모두 죽어야 하고 여기에 예외는 없다.

우리의 기분은 어떤가? 스스로 바꿀 수 있는가? 자신에게 '행복해져라'라고 말하면 곧바로 행복해지는가? 그렇기도 하고, 아니기도 하다. 우리는 의식적으로 우리의 기분을 다스릴 수 있으나 그렇다고 완벽하게 통제할 수는 없다. 다른 사람과의 관계나 기업 문화는 또 어떤가? 이런 영역에서 우리가 바꿀 수 있는 것과 그럴 수 없는 것은 무엇인가? 정신과 의사 데이비드 리초David Richo가 《우리가 바꿀 수 없는 다섯 가지The Five Things We Cannot Change》라는 책에서 처음으로 설명했듯이, 우리가 주변 세상을 고려할 때 바꿀 수 없는 다섯 가지 측면이 있다.[2] 이런 현실을 바꾸려고 애쓰는 일은 그저 노력 낭비일 뿐이다. 마치 개가 해변의 파도를 향해 짖으며 이리저리 뛰어다니는 행동과 같다.

1. 모든 일은 바뀌고 언젠가는 끝난다

첫 번째, 우리가 경험하는 모든 일은 언젠가 사라질 때가 온다.

우리에게 너무나 소중한 일도 예외가 없다. 사람들과의 관계, 배우자나 자녀, 가족, 일, 건강 등 모든 것은 바뀌고 언젠가는 끝난다. 한편으로는 너무나 받아들이기 힘든 사실이기도 하다. 그러나 슬픈 일은 아무리 저항해도 소용이 없다. 그런데도 우리는 이런 일들에 너무나 집착한다.

원래 우리 것이었던 대상에 우리가 집착하는 것은 충분히 이해할 수 있는 일이지만, 이제는 포기하는 것 외에 다른 방법이 없는 것 또한 사실이다. 한번 지나간 일은 절대로 되돌아오지 않는다.

《지금 이 순간을 살아라The Power of Now》의 저자 에크하르트 톨레 Eckhart Tolle의 말처럼, "과거에는 아무 일도 일어나지 않았다. 중요한 일은 지금 일어난 것이다."

그런데 이런 통찰은 미래에도 적용된다. 에크하르트 톨레가 다시 한번 지적했듯이 미래에도 아무 일이 일어나지 않기는 마찬가지다. 모든 일은 '지금' 일어난다. 플립 싱킹은 지금 여기서 끊임없이 일어나는 변화를 인정하는 데서 출발한다. 변화와 상실을 피할 수 있다는 생각은 모래성과 같은 환상에 불과하다.

그렇다면, 결코 피할 수 없는 변화와 상실은 과연 절망적인 결론일까? 언뜻 그렇게 보일지 모른다. 그러나 조금만 더 깊이 생각해보면, 변화와 상실을 피할 수 없다는 생각은 오히려 매우 긍정적인 통찰임을 알 수 있다.

사실 끊임없이 변화하는 현재란 마르지 않는 '통찰'의 근원이기도 하다. 변화하는 현실을 변하지 않게 지속시킬 수 있다는 '환상'만 걷어낸다면 우리는 저 통찰을 마음껏 긍정적으로 활용할 수 있다. 인생의 덧없음을 인정함으로써 우리는 속박이 아니라 오히려 해방을 맛볼 수 있다.

2. 인생은 계획대로 되지 않는다

우리가 어쩔 수 없이 마주하는 불편한 진실이 또 하나 있다. 휴가를 맞이하여 멋진 별장을 빌렸는데 알고 보니 다른 사람과 예약이 중복된 상황을 생각해보자. 아니면 바다 전망인 줄 알고 빌렸는데 도착해보니 건물만 보인다거나 하는 상황 말이다. 휴가를 위해 1년 내내 돈을 모았던 것을 생각하면 화가 부글부글 끓는다.

인생을 모두 내 마음대로 통제할 수 있다는 것은 환상이다. 사실 이런 환상에는 나름대로 근거가 있는 것 같기도 하다. 스위치만 켜면 불이 환해진다. 온라인을 통해 상품을 주문하면 시간에 딱 맞춰 받아볼 수 있다. 그러나 모든 일이 계획대로 진행되는 것은 거의 기적에 가까우며, 현실에서 이런 경우는 극히 드물다.

내가 어렸을 때의 일이다. 시장에서 장사를 하셨던 아버지는 매일 카페에 들러 커피를 마셨는데, 어느 날 계산서를 받아보니 이상하리만치 높은 금액이 찍혀 있었다. 아버지는 커피 한 잔을 마셨을 뿐인데 레모네이드 여섯 잔이 포함되어 있었다. 사실 레모네이드는 그날 아버지와 함께 있던 내가 마신 것이었다. 그런데 나는 어떻게 아버지에게 부탁도 하지 않고 음료를 여섯 잔이나 주문할 수 있었을까? 아버지는 커피를 주문할 때 손을 높이 들고 마치 손가락으로 글씨를 쓰는 듯한 동작을 하며 자신의 이름을 말하는 습관이 있었다. 나는 아버지가 서류를 읽느라 집중한 틈을 타서 다른 테이블에 앉아 아버지와 똑같은 동작을 하며 아버지의 이름과 레모네이드를 외쳤다. 이런 식으로 레모네이드를 여섯 번이나 주문했다. 그때야말로 세상이 계획대로 돌아가던 시절이었다.

물론 그때 딱 한 번뿐이긴 했지만 말이다.

우리는 결혼할 때 신성한 서약을 하지만, 결국 이혼으로 끝나는 일이 허다하다. 그것은 전혀 계획에 없던 일이다. 아이를 낳을 때는 행복하고 건강하게 자라기만 바라고 올바르게 기르겠다고 다짐하지만, 커가면서 뜻이 맞지 않고 급기야 사이가 서먹해지는 일이 너무나 많다. 그 또한 우리가 계획했던 것과는 다르다. 사업을 시작하지만 파산하기도 한다. 이처럼 인생에는 계획했던 대로 되지 않는 일이 너무나 많다. 여기서도 집착을 내려놓는 것이 가장 중요하다. 모든 일이 계획대로 되리라는 생각, 우리의 삶을 반드시 관리해야 한다는 생각을 내려놓아야 한다. 우리는 종종 '그 정도면 충분히 했어', '마음 단단히 먹고 이겨내야 해' 같은 조언으로 서로를 격려한다. 때로는 그러는 편이 좋을 수도 있다. 그러나 그렇지 않을 때도 있다. 때로는 인내하고 버티는 것보다는 가만히 기다리는 것이 답일 수도 있다.

특히 가까운 사람들과의 관계에서, 우리는 상대방이 '어떠어떠해야 한다'라는 고정관념에 집착하고 그의 태도를 바꾸려 애쓰는 경향이 있다. 인간관계 분야의 전문가인 심리학자 존 가트맨John Gottman은 사람들 사이의 갈등 중 69퍼센트가 절대로 바뀔 수 없는 일 때문에 발생한다는 놀라운 결과를 발견했다. 그는 부부가 서로에 대해 바꿀 수 없는 일이 있음을 깨닫는 것이야말로 결혼생활의 성공을 좌우하는 핵심이라고 갈파했다. 부부란 결국 서로에게 '약

점이 있음'을 알면서도 이를 받아들이기로 결심한 사람들이라는 것이다.[3]

3. 인생은 공정하지 않다

공정하지 않은 인생이란 사실 인정하기 힘든 진실이다. 하지만 단적으로 말해 세상에 공정이란 없다.

'왜 나만 해고되고 동료는 멀쩡하단 말인가?' '나는 매력적이지도 않고 똑똑하지도 않은데, 동생은 어떻게 저리 영리하고 너무나 이쁜 데다, 질투가 날 정도로 쾌활한 성격인가?' 하고 생각할 수도 있다. 어떤 이는 흡연을 즐기면서도 100세까지 사는가 하면, 바로 이웃에 사는 36세 청년은 매주 세 번씩 헬스장에서 운동하고 채식을 하는데도 원인 모를 질병으로 숨을 거두기도 한다. 이 모두 결코 공정하다고 볼 수 없는 일이다. 하지만 이런 인생의 불공정과 아무리 싸워봤자 어떤 의미도 없다는 사실을 인정해야 한다.

이번에는 정의에 관해 이야기해보자. 정의를 추구하는 것은 고귀한 일이다. 그것은 전혀 잘못된 일이 아니다. 선한 영향력을 미칠 수만 있다면 충분히 가치 있는 일이다.

그러나 아무리 노력해도 달라지는 것이 없다면 공정한 세상을 이루겠다는 대의는 이내 장애물이자 짐이 된다. 사실 사회심리학자 멜빈 러너Melvin J. Lerner는 '정의로운 세상이라는 가설' 자체가 잘못된 신념이며, 우리가 범하는 가장 심각한 귀인 오류라고 보았다.

우리는 '뿌린 대로 거둔다' 또는 '누구나 마땅히 받아야 할 것을 얻는다'라고 믿는 경향이 있다. 우리는 늘 합리적인 교양과 능력을 갖춘 나 같은 사람이 불행을 맞이하는 것은 말이 안 된다고 생각한다. 자신에게도 불행이 찾아올 수 있다고는 꿈에도 생각하지 않는다. 그래서 운명은 없으며 인생을 스스로 통제할 수 있다는 환상에 머물게 된다.

이러한 경향이 권선징악으로 끝나는 동화가 호소력을 발휘하는 이유다. 정의가 살아 있는 세계 말이다. 빨간 모자 소녀는 나쁜 늑대를 이기고, 백설공주는 왕자의 키스를 받고 잠에서 깨어나며(최소한 디즈니가 내놓은 작품에서는 그렇다), 헨젤과 그레텔은 사악한 마녀의 손아귀에서 벗어난다. 우리 사회의 종교도 공정성이라는 환상을 유지하는 데 한몫한다. 착한 일을 한 사람은 천국에 간다. 선한 행동은 영생으로 보상받는다.

그러나 운명은 우리에게 고통을 안겨준다. 갑자기, 잔인하게, 사악하게 그리고 예기치 않게 말이다. 네덜란드 작가 하리 뮐리스Harry Mulisch는 인생의 덧없음을 가상의 모기떼에 비유했다. 인간은 마치 모기들이 떼를 지어서 모여 있다가 갑자기 새 한 마리가 날아와 마구 채 가는 바람에 당황해하는 것과 같다는 말이다. 이를 어찌 공정하다고 볼 수 있겠는가!

4. 고통은 삶의 일부다

그렇다. 우리가 인정할 수밖에 없는 다섯 가지가 점점 더 크게 다가온다. 고통에 관한 생각을 바꾸기는 더더욱 힘들다. 왜 그럴까? 고통이란 문제가 될지언정 기회라고는 전혀 볼 수 없기 때문이다.

우리는 모든 노력을 다해 고통을 피하려고 한다. 도저히 피할 수 없는 고통이라면 최대한 빨리 없애려고 한다. 그러다 보니 고통을 부정하려고 한다. 사랑하는 사람과 헤어졌을 때? 너무 고민하지 말고 또 살아가기로 한다. 고된 일에 심신이 바닥났을 때? 잊어버린다! 이를 앙다물고 견뎌낸다. 가족 중 누군가가 세상을 떠나 슬플 때는? 강해져야 한다. 이런 일로 무너지면 안 된다. 꿋꿋하게 이겨내야 한다고 생각한다.

그러나 고통은 일종의 경고 신호와 같다. 어린아이가 뜨거운 그릇에 손을 대면 아픈 것도 바로 그런 기능이다. 고통이 아이를 지켜주는 것이다. 고통 덕분에 위험을 피할 수도 있다. 헬스장에서 운동할 때 찾아오는 고통은 몸 상태를 잘 살펴서 과도한 운동을 방지하게 해준다. 그러므로 고통을 억지로 참는 것은 쓸데없을 뿐 아니라 오히려 위험을 초래하는 행동이다. 고통은 모든 생명의 필수 장치이므로 부정하거나 맞서 싸울 것이 아니라 그것을 어떻게 잘 써먹을까를 고민하는 편이 더 낫다. 플립 싱킹의 효능이 바로 여기에 있다.

고통은 영감을 통해 더 나은 결정을 내릴 수 있게 해주고 자기 변화를 끌어낸다. 심리학자 지스 얀센Gijs Jansen의 연구 결과에 따르면 여러 차례 불운을 겪어본 사람이 평탄한 삶을 산 사람들에 비해 "더 행복한 삶을 살았다"라고 말한다. 얀센은 이를 두고 "불운을 많이 경험한 사람은 힘든 일을 이겨내는 법을 터득하게 된다"라고 설명한다.

불운을 많이 겪어보지 않은 사람은 삶에 역경이 찾아왔을 때 훨씬 더 빨리 포기한다. 실패를 경험해본 사람들은 희망을 되찾고 다시 제자리로 돌아간다. 이른바 '학습된 낙관주의'를 발휘하는 셈이다. 역경을 잘 극복해내는 사람은 틀림없이 과거에도 이런 일을 잘 해낸 사람이다.[4]

당장 고통을 겪을 때는 거기에 어떤 의미가 있다고는 도저히 생각하지 못할 수 있다. 인생의 동반자나 자녀를 잃은 상황이 대표적인 예일 것이다. 대체 이 큰 고통에 어떤 좋은 뜻이나 유용한 목적이 있고, '변화'의 계기가 된단 말인가. 그저 세상이 무너진 것만 같다. 그런데 이런 순간에도 여전히 고통을 받아들이는 태도가 중요하다. 절망적인 상황을 그대로 인정하는 것이다. 그것뿐이다. 이 고통조차 삶의 피할 수 없는 일부분이라는 사실을 말이다.

5. 가까운 사람도 언제든 배신할 수 있다

이것은 어쩌면 다섯 가지 중에 가장 받아들이기 힘든 현실일지도 모른다. 사람들은 언제라도 나를 배신할 수 있다. 한 입으로 두 말하는 날이 언젠가 올 것이다. 물론 안 그런 사람도 있을 수 있겠지만 가장 가까운 사람, 가장 아끼던 사람이 그런다면 마음이 어떻겠는가? 남편의 장례를 치르는 자리에 어떤 수상한 여인이 나타나더니 나무 뒤에 반쯤 숨어 손수건으로 눈물을 훔친다면 어쩔 것인가? 말도 안 되는 소리로 들리겠지만, 실제로 얼마든지 일어날 수 있는 일이다. 그런 일이 나에게 일어난다면 과연 어떻게 하면 좋을까?

우리는 거역할 수 없는 이 5대 현실을 바꿔보려고 엄청난 에너지를 낭비한다.

"남편이 코를 곤다."

까짓것, 귀마개를 쓰면 된다. 다른 방에서 자도 된다. 아니면 같이 코를 골든가! 화를 내기보다 다행이라고 생각해보면 어떨까. 코를 곤다는 건 그나마 숨은 쉰다는 뜻이니까.

"아버지는 한 번도 나를 칭찬해준 적이 없다."

물론 안된 일이다. 마음이 아프겠다. 그러나 다 지난 일이다. 그래도 지금까지 잘 살아오지 않았는가. 이미 한참 전에 성인이 되었으면서 무슨 소리를 하는가.

"상사가 도무지 나를 존중해주지 않는다."

그런데 아직도 그 회사에 다닌다고? 그런 마음을 품고? 대단하다! 지금까지 어떻게 견뎌냈는가?

"사람들이 전화기를 붙잡고 떠드는 소리가 너무 시끄럽다."

뭐, 그래도 상대방 말소리가 제대로 들리는 게 어딘가!

"나도 이제 늙었어."

누구나 마찬가지다.

어쩔 수 없는 일을 불평하는 마음은 이해하지만, 머지않아 그 불평은 흐느낌으로 변한다. 그러나 깨끗이 인정해버리면 마음에 평화가 찾아온다.

여기서 중요한 것은 인정이란 체념과는 전혀 다르다는 사실이다. 사람들이 너무 많이 오해하는 부분이기도 하다. 인정하고 나면 지금까지 억눌렸던 것과는 사뭇 다른 방식의 변화가 찾아올 수 있다. 남편이 술을 너무 많이 마셔서 고민이라고 해보자. 그동안 그가 술을 끊을 수 있도록 할 수 있는 모든 것을 시도해봤다. 그러다가 마침내 현실을 인정해야 한다는 사실을 깨달았다. "어차피 그는 앞으로도 술을 끊지 못할 거야." 이제 남은 선택지는 두 가지밖에 없다. 그와 함께 살면서 고통을 감내하는 방법이 있고, 짐을 싸서 떠나버리는 방법이 있다.*

사실 변화에 대한 갈망이 오히려 변화를 가로막는가 하면, 불가피하다는 현실을 인정함으로써 반대로 변화가 찾아올 수 있다.

---

* 물론 그의 술버릇을 인정한다고 해서 무조건 헤어져야 한다는 뜻은 아니다. 계속해서 그가 술을 끊을 수 있도록 노력하고, 그에 따른 고통을 감내하는 것도 인정의 한 형태다. 인정에는 여러 방법이 있다.

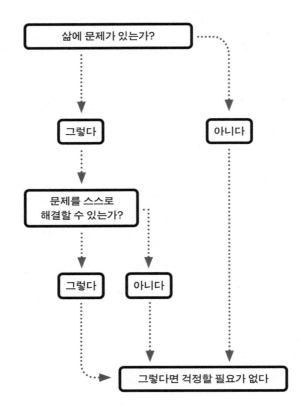

참 얄궂은 일이다.

이때가 바로 각성이 일어나기를 바라는 순간이다. 이 책의 핵심 메시지 중 하나는 변화를 갈망하는 우리의 마음이나 선한 의도, 심지어 주도면밀한 '해결책'이 바로 문제를 고착하거나 심지어 악화하는 요인이라는 사실이다. 해결하려고 애쓰던 것을 멈출 때 오히려 문제가 사라지는 사례는 너무나 많다. 인정이야말로 플립 싱킹의 바탕인 셈이다.

문제는 우리의 영향력 내에 있는 것과 그렇지 않은 것의 차이를 알아야 한다는 점이다. 예를 들어 미국 신학자 라인홀트 니버Reinhold Niebuhr가 쓴 '평온을 비는 기도'를 보면 인정하기의 지혜를 배울 수 있다. "주여, 제가 바꿀 수 없는 것을 받아들이는 평온함과, 바꿀 수 있는 것을 바꾸는 용기 그리고 이 둘을 분별하는 지혜를 주소서." 이것이 과연 그가 처음으로 깨달은 지혜일까? 아니다. 이미 1세기에 스토아철학자 에픽테토스Epictetus가 했던 말이다. "행복과 자유는 한 가지 원리만 알면 얻을 수 있다. 그것은 우리가 통제할 수 있는 것이 있고, 그렇지 않은 것이 있다는 사실이다. 이런 기본 원리를 깨닫고 그 둘을 구분한 다음에야 비로소 마음의 평온을 얻고 만사에 성공할 수 있다." '당위'에 대한 강박과 집착을 버리고 현실을 직시해야만 비로소 열린 마음으로 '가능성'을 볼 수 있다. 문제에서 사실로, 사실에서 기회로 시선을 옮길 수 있다. '그래요. 그런데'에서 '그래요, 그리고'로 발전하는 것이다.

바이런 케이티Byron Katie는 놀라운 여성이다. 그녀는 어느 날 문득 자신이 끊임없이 현실을 부정하느라 얼마나 많은 에너지를 소모했고, 또 그로 인해 불행해졌는지를 깨달았다. 그녀는 이런 깨달음을 바탕으로 자기성찰에 관한 책을 써서 수천 명의 삶에 긍정적인 영향을 미쳤고 《타임》은 그녀를 "21세기의 영적 혁신가"라고까지 평했다. 그녀는 현실을 부정하는 데 따른 문제를 다음과 같이 정리했다.

사람들은 나를 향해 '바람과 친구가 된 여자'라고 부른다. 바스토는 바람이 많이 부는 사막 도시로 사람들이 싫어하는 곳이다. 바람에 못 이겨 이곳을 떠난다는 사람도 많다. 내가 바람과 친구가 된 이유는(실제로 그랬다) 선택의 여지가 없다는 것을 알았기 때문이다. 맞서는 것이 어리석은 일이라는 사실을 깨달았다. 현실에 맞서 싸우면 100퍼센트 질 수밖에 없다. 바람이 분다는 것을 나는 어떻게 아는 걸까? 바람이 부니까 아는 것이다![5]

마지막으로 한 가지 더 잊지 말았으면 하는 게 있다. '그 누구도 현실을 바꿀 수는 없다'라는 사실이다. 우리가 바꿀 수 '있는' 것은 현실을 대하는 우리의 태도다. "카드가 아니라 내 손이 문제다"라는 말이 있다. 내가 가장 좋아하는 이야기가 하나 있다. 청소년 시절 범죄의 세계에 발을 들인 한 남자의 이야기다. 그는 절도, 마약 거래, 무장 강도 등에 연루되며 바깥보다 감옥에서 더 긴 세월을 보냈다. 오늘날 이 남자에게는 두 아이가 있다. 그들은 한 부모 밑에서 자랐으나 낮과 밤처럼 서로 다르다. 한 아들은 아버지와 똑같이 살았다. 범죄 세계에 발을 들여 여러 차례 기소되었고, 감옥에서 오랜 세월을 보냈다. 다른 아들은 전혀 다른 인생을 살았다. 결혼해서 두 자녀를 낳았고, 단조롭지만 남부럽지 않은 직업을 가지고 있다. 범죄와는 전혀 상관없이 살아왔다. 인간의 행동이 유전자와 환경 중 어디에 더 영향을 받는가 하는 해묵은 논쟁이 있다. 이런 문제를 주로 연구하는 학자들이 두 사람에게 질문해보았다. "당신이 지금까지 살아온 인생을 어떻게 설명할 수 있습니까?" 두 아들 모두 이렇게 대답했다. "아버지가 저런 사람인데 제 인생은 왜 이렇느냐는 말씀이지요?"

2장
내 눈에 보이지 않는 문제도 있다

'관찰'은 '판단'이 개입되는 순간 끝난다.

1970년대에 프린스턴대학의 한 세미나에서 존 달리John Darley
와 대니얼 뱃슨Daniel Batson이라는 사회심리학자가 재미있고도 가
슴 아픈 실험을 한 적이 있었다. 그들은 세미나에 참석한 남학생
중 몇 사람을 골라 성경에 나오는 '선한 사마리아인' 이야기에 관
해 토론을 열기로 했다. 이 이야기를 모르는 사람은 없겠지만 간
략히 설명하자면, 중동 지역의 민족종교 지파 중 하나인 어느 사
마리아 사람이 죽도록 얻어맞고 길가에 쓰러져 있는 남자에게 도
움의 손길을 내민다는 내용이다.

학생들은 다른 건물에 있는 강의실까지 가서 토론해야 했는데,
거기까지 가는 길에 어떤 사람이 쓰러져 있었다. 그 사람은 큰 소
리로 신음하고 있었으므로 아프다는 것을 한눈에 알 수 있었다.
학생들은 과연 선한 사마리아인처럼 행동했을까? 대부분은 그렇
지 않았다. 멈춰서서 괜찮냐고 물어본 학생은 40퍼센트에 불과했
다. 나머지 60퍼센트는 발걸음을 재촉했다. 그중에는 심지어 토

론장에 어서 가야 한다는 생각만 머리에 가득해서 도와줘야 할 사람을 거의 밟을 뻔한 학생도 있었다.[1]

현실을 있는 그대로 인정하는 것은 하나의 미덕이다. 그러나 우리는 과연 현실을 있는 그대로 보고 있을까? 농부와 과학자가 같은 자동차를 타고 있다. 농부가 바깥을 내다본다.

그가 말한다. "보세요. 저쪽에 있는 양은 털을 다 깎았네요."

과학자가 묻는다. "전부 다 깎았다고요? 정말입니까?"

농부가 답한다. "그럼요. 두 눈으로 직접 보세요!"

과학자가 말한다. "글쎄요, 그렇게 단언하기는 아직 이릅니다. 우리 쪽에서 보면 다 깎은 것처럼 보이지만, 반대편까지 직접 보기 전까지는 모르니까요."

생각을 뒤집기 위해서는 문제를 사실로 해체해야 하지만, 사실을 관찰하는 것은 생각보다 그리 쉬운 일이 아니다. 우리는 눈에 보이는 것을 있는 그대로 받아들이지 못하는 때가 많다. 오히려 우리가 본다고 '생각'하는 것을 본다. 과연 그런지 알아보기 위해 한 가지 테스트를 해보자. 뉴욕시 한복판에 자리한 높은 건물 61층에서 청소부가 유리창을 닦고 있었다. 그가 유리창을 닦던 도중에 밑으로 떨어졌다. 그는 구명조끼도 입지 않았고 추락을 막아줄 어떤 장치도 없었다. 그런데 하나도 다치지 않았다. 어떻게 된 일일까? 곰곰이 생각해보라. 정답은 잠시 후에 알려주겠다.

인생에서 원하는 것이 무엇인지를 아는 일은 매우 중요하다.

삶의 목적 말이다. 그러나 현실을 아는 것이 더 중요할 때도 있다. 지금 이곳에서 벌어지는 현실을 있는 그대로 볼 줄 아는 능력은 생명과 직결된다.

예전에 내가 일했던 한 IT 회사의 관리자들은 벨기에 아르덴에서 생존 게임을 하면서 이 사실을 매우 흥미롭게 배웠다. 그들은 그 지역을 자세히 안내하는 지도 한 장만 가지고 창이 막힌 자동차로 어느 숲속까지 이동했다가 그곳에 내려졌다. 거기서부터 알아서 숲을 벗어나면 되는 것이었다. 의욕이 충만했다. 날씨도 좋았고, 팀원도 모두 훌륭했으며, 보급품도 풍족했다. 재미있게 게임하면 되겠다고 생각했다. 그러나 자동차에서 내리자마자 의욕이 충만했던 마음은 곧 불안으로 바뀌었다. 왜 그랬을까? 어디로 가야 할지 몰랐던 것일까? 아니다. 그들에게는 지도가 있었으므로 목적지는 당연히 알았다. 문제는 자신들이 서 있는 곳이 어딘지 알지 못한다는 것이었다.

현실을 보는 것, 즉 사실을 아는 것은 플립 싱킹의 절대적인 전제 조건이다. 그러나 현실을 있는 그대로 보는 것은 말처럼 쉬운 일이 아니다. 이 점은 사람뿐만 아니라 살아 있는 모든 유기체가 다 마찬가지다. 유리병 안에 개구리와 살아 있는 파리를 넣어주면 그놈은 파리를 잡아먹으며 잘 지낸다. 그러나 죽은 파리를 넣어주면 전혀 먹지 않고 결국 굶어 죽는다. 개구리 눈에는 움직이는 것만 보이고 가만히 있는 물체는 보이지 않기 때문이다.

사람도 어떤 면에서는 개구리와 같다. 인간의 관찰 능력에는 한계가 있다. 인간의 오감을 생각해보자. 우리는 주파수가 20에서 2만Hz 범위에 포함되는 소리만 들을 수 있다. 이 범위를 벗어나는 소리는 못 듣는다. 빛도 마찬가지다. 특정 대역의 파장을 띠는 빛만 우리 눈에 보인다. 인간은 자외선보다 파장이 짧은 빛은 볼 수 없는데 벌의 눈에는 이 빛이 보이고, 파장이 긴 빛은 적외선까지만 볼 수 있다. 뱀은 적외선보다 긴 파장의 빛도 볼 수 있지만, 그 영역을 벗어나 파장이 더 길어지면 사람과 똑같이 볼 수 없다.

인간의 인지 능력에 영향을 미치는 요인 중에는 우리가 모르는 것도 있다. 얍 샤블링Jaap Schaveling과 빌 브라이언Bill Bryan, 마이클 굿맨Michael Goodman은 《시스템 사고Systems Thinking》라는 책에서 20세기 초에 어느 연구팀이 수행한 연구를 소개한다. 이 연구팀은 남아메리카의 한 작은 마을에서 온 사람에게 아침에 뉴욕 도심을 걸어보게 했다. 그리고 오후에 다시 만나 그가 관찰한 것에 관해 이야기를 나누었다. 그에게 항구에 갔더니 어떤 사람이 '바나나 세 송이를 운반하는 광경'을 보고 놀랐다고 말했다(우리가 상점에서 흔히 사는 크기가 아니라 나무에 열리는 커다란 송이였다). 그가 살던 고장에서는 다들 한 송이를 들고 다녔고, 가장 힘이 센 사람도 두 송이가 고작이었다. 그에게 바나나 세 송이를 한꺼번에 옮기는 것은 듣도 보도 못한 일이었다. 연구팀이 더 알아보니 항구의 그 짐꾼은 손수레를 사용했다고 한다. 연구팀은 손수레가 그에게 낯선 물건이었으므

로 그의 눈에 띄지 않았던 것이라고 결론 내렸다.[2]

두뇌가 관찰을 제한하는 또 하나의 방법 중에 '터널 시야Tunnel Vision'라는 현상이 있다. 우리가 어느 한 사물에 시야를 집중하면 다른 것이 보이지 않는다. 고양이의 시야도 마찬가지다. 그래서 쥐를 덮치려고 완전히 몰입해 있을 때, 고양이에게 다가가기가 가장 쉽다.

터널 효과를 뚜렷이 보여준 하버드대학교의 유명한 연구가 있다. 연구팀은 피험자들에게 영상을 하나 보여줬다. 영상에는 세 명씩 두 팀으로 나눠 농구공을 주고받는 장면이 나왔는데 한 팀은 흰색 티셔츠, 다른 팀은 검은 티셔츠를 입고 있었다. 그리고 피험자들에게 공을 주고받는 횟수와 공이 땅에 닿는 횟수를 세어보라고 했다. 그런데 영상 중간 부분에 고릴라 복장을 한 사람이 공을 주고받는 사람들 사이로 유유히 지나갔다. 그 고릴라는 중간에 빙글빙글 돌기도 하면서 화면을 완전히 가로질러 갔다. 영상이 끝난 후 피험자들에게 뭔가 이상한 장면을 못 봤느냐고 물었다. 대다수는 이상한 것이 전혀 없었다고 대답했다. 심지어 '검은 고릴라'를 못 봤느냐고 다시 물어도 못 봤다는 사람이 50퍼센트나 되었다. 영상을 다시 보여주자, 그들은 그 영상이 아까 본 것과 똑같은 영상이라는 것을 도저히 믿을 수 없다고 말했다.[3]

우리는 일상생활에서도 관심의 범위를 무의식적으로 좁히는 버릇이 있다. 갓난아기가 있는 부부는 기차 소음이 가득한 철도역

지나치게 집중하다 보면 '터널 시야'에 갇혀서 인지 능력이 급격히 떨어진다.
우선 '터널 시야'에서 빠져나오는 것이 혁신적인 생각 뒤집기의 전제조건이다.

바로 옆의 호텔에 묵을 때도 금세 적응해서 별로 불편함 없이 잠이 든다. 그런데 그 시끄러운 곳에서도 아기가 조금만 칭얼대면 부모는 금방 알아차린다.

한번은 위트레흐트의 한 벼룩시장에서 혹시 루빅큐브를 파는 사람이 있는지 둘러보고 있었다. 그러자 거의 모든 가판대마다 하나씩 있는 것을 보고 깜짝 놀랐던 적이 있다. 마치 전국의 모든 사람이 집에 있던 루빅큐브를 들고 나온 것처럼 보였다. 그러나 내가 미리 그런 마음을 먹고 있지 않았다면 하나도 '보이지 않았을 것'이다.

우리의 뇌가 특정 목적과 관련된 정보만 인지하고, 그렇지 않거나 충돌하는 정보를 차단하는 본능은 플립 싱킹에서 너무나 중요한 현상이다. 시야가 좁아질수록 다른 것을 알아차릴 가능성과 기회는 점점 줄어든다.

'엉성한 관찰'의 실제 사례는 무한히 많고, 그 결과 많은 문제가 발생한다. 범죄심리학 전문가 에릭 라신Eric Rassin은《내가 언제나 옳은 이유Why I'm Always Right》라는 책에서, 사람들이 자기가 생각하는 것만 보는 경향이 바로 범죄 수사에서 결정적인 실수를 저지르는 원인이 된다고 설명한다. 수사관들은 한 범죄에 관해 일정한 이론을 수립한 다음에는 그 이론에 반하는 사실에 별로 주의를 기울이지 않는다.

터널 시야를 실제로 경험해볼 수 있는 테스트가 있다. 연구자가 여러분에게 세 개의 숫자를 제시한다고 해보자. 예를 들면 2, 4, 6이다. 그리고 이렇게 안내한다. "이 숫자는 일정한 규칙과 패턴에 따라 고른 것입니다. 당신이 할 일은 그 규칙을 찾아내는 것입니다. 이제 당신이 숫자 3개를 저에게 말해보십시오. 몇 번이든 괜찮습니다. 그러면 규칙을 맞힐 때까지 제가 그 숫자가 맞는지 아닌지 말씀해드리겠습니다."

이 문제를 한번 곰곰이 생각해보자.

여러분이라면 연구자에게 어떤 숫자를 제시할 것 같은가?

이 간단한 테스트는 런던대학교의 피터 왓슨Peter Watson 교수가 고안해낸 유명한 실험이다. 왓슨이 살펴본 결과, 거의 모든 학생이 'n, n+2, n+4', 즉 '앞의 숫자에 2를 더하는 것'이 규칙이라고 생각한다는 것을 알았다. 학생들은 이 이론에 따라 예컨대 3→5→7이나 10→12→14 같은 조합을 제시했다. 왓슨이 "맞습니다"라고 답하자 학생들은 자기 생각이 맞았음을 확인하고 자신 있게 "계속 2를 더하는 것"이 규칙이라고 말했다. 그런데 여기서 왓슨의 대답은 "아닙니다"였다. 또 다른 규칙이 있다는 것이었다. 그러면 학생들은 다시 새로운 이론을 고민해서 왓슨에게 제시하게 된다. 예를 들면 "중간에 있는 숫자가 다른 두 숫자를 합한 것의 절반"이라는 식이다. 이 이론을 13→16→19나 10→15→20 등에 대입하면 역시 맞아 들어가는 것처럼 보인다. 그런데 이 이론도 아니라고 한다. 그러면 어떤 이론이 있을까? 학생들은 점점 더 복잡한 공식을 생각해낸다. 왓슨이 생각한 원래 이론은 무엇이었을까?

사실은 아주 간단한 공식이었다. 첫 번째 숫자보다 두 번째 숫자가 크고, 세 번째는 두 번째보다 더 크다는 것뿐이었다. 그러니 1—2→1412라고 말해도 왓슨은 충분히 "맞다"라고 했을 것이다. 그러나 학생들은 그런 '비논리적'인 숫자 조합은 쳐다보지도 않았다. 그랬더라면 훨씬 빨리 답을 찾았을 텐데 말이다. 학생들은 규칙이란 모름지기 '이러이러해야 한다'라는 선입견 때문에 '이런 규칙일 수도 있다'라는 가능성을 아예 검토조차 하지 않은 것이었다.[4]

병이 하나 넘어져 있고, 그 안에는 벌이 몇 마리 들어 있다. 병위에 매달린 전등에 불이 켜진다. 병은 뚜껑이 없이 열린 상태다. 벌은 병에서 빠져나오기 위해 어떻게 행동할까? 벌들은 빛이 있는 곳에 출구가 있다고 생각해서 자꾸만 위쪽으로 날아오른다. 그렇게 번번이 좌절한 끝에 마침내 바닥에 지쳐 쓰러진다. 그러나 파리는 빛이 있는 곳에 출구가 있다는 것을 모른다. 파리를 병에 넣어두면 이리저리 마구 날아다닌다. 그러다가 결국 출구를 찾아낸다.

비유하자면 우리도 마치 벌과 같다. 정보를 가지고 있다는 것이 오히려 창의적인 사고에 방해가 된다. 우리는 문제를 해결하는법을 안다고 생각할수록 점점 틀에 갇힐 위험이 커진다. 이 장의서두에 등장했던 미스터리를 다시 생각해보자. 61층에서 유리창을 닦던 청소부가 추락했는데 멀쩡했다는 이야기 말이다. 어떻게 그럴 수 있었을까? 정답은 그가 유리창 안쪽을 닦고 있었기 때문이다.

우리는 자기 경험에서 얻은 정보를 바탕으로 이론을 구성하는데, 그 이론이 종종 낯선 상황의 실상을 직시하는 것을 가로막곤한다. 우리는 이 이론에 집착하느라 낯선 상황과 어울리지 않는 중요한 정보 조각들을 주의 깊게 살피지 않는다. 우리는 대단한 가설과 논리적인 주장을 너무 좋아한다. 그것이 분명한 설명을 제공해준다고 생각하기 때문이다. 그러나 아무리 논리적인 이론이라도 틀릴 수 있다. 그리고 그 어떤 상황에서도 '사실'이 이론보다 더 믿음직한 설명을 제공한다. 다음의 예를 생각해보자.

네덜란드의 한 교육위원회가 캐나다의 실험적 학교를 방문했다. 그 캐나다 학교는 1968년에 미국 서드베리 밸리 스쿨Sudbury Valley School이 확립한 자연학습 이론을 본교의 교육방침으로 채택하고 있었다. 이 학교의 핵심 철학은 교사들이 아이들의 자연적인 호기심과 발달과정을 존중해야 한다는 것이었다. 교사, 학생, 교직원 등 학교의 모든 구성원은 자신의 선택과 학습, 미래를 직접 책임지고 모두가 한 사람의 시민으로 동등하게 대우받아야 한다. 캐나다의 그 학교도 이 원칙을 그대로 도입했다. 그리고 엄청난 성공을 거두었다. 학교는 학생들의 열정을 북돋웠고, 선생님들의 헌신을 끌어냈으며, 학부모를 만족시켰다. 그러나 이곳을 방문한 네덜란드 교육위원 중 한 명은 마음이 편치 않았다. 그는 이곳에 와서 기분이 더 우울해졌다. 동료 교사 한 사람이 이유를 묻자 그는 이렇게 대답했다. "이 학교의 실험은 훌륭합니다. 다만, 다들 이토록 의기양양하게 걸어다니는 이유를 모르겠습니다. 저 정도로 좋을 리가 없지 않습니까. 이곳 방식을 뒷받침할 만한 '교육 이론'은 하나도 없습니다."

여러분은 어떤 이론에 매달리는가? 그리고 얼마나 많은 증거가 있어야 그 이론을 뒷받침할 수 있는가? 사실이 아님에도 많은 사람이 믿고 있는 일반적인 가정들을 한번 살펴보자.

"약속은 반드시 지켜야 한다."

언뜻 들으면 논리적인 말이다. 그러나 정말 그럴까? 말도 안 되는 것을 약속했더라도? 도저히 지킬 수 없는 약속을 한 상황은? 생각이 바뀌었다면 어떻게 할 것인가? 다른 사람들이 내 약속을 이용하려 든다면?

"의미 있는 경력을 쌓고 사회에 공헌하려면 대학 졸업장 정도는 있어야 한다."

오호라? 학위를 요구하지 않는 경력은 없단 말인가? 사실 '경력'이 꼭 필요한 것인지도 의문이다. 경력이 도대체 뭔가? 미용사는 사회에 공헌하는 경력이 아닌가? 건축업자는 또 어떤가? 아이를 키우는 엄마는?

"연인들에게는 일부일처 제도가 최고다."

흥미로운 주제다. 과연 그럴까? 상황과 사람을 불문하고 다 그런가? 그렇다면 결혼한 연인 중 3분의 1이 이혼한다는 현실은 어찌 된 일인가? 결혼을 여러 번 해도 된다면 동시에 하는 건 왜 안 되는가? 어쨌든 누구나 '부모들'을 '동시에' 사랑할 수 있지 않은가?

"다른 사람에게 의미 있는 인생을 사는 것이 중요하다."

흠, 그렇다면 우리는 다른 사람을 위해 산다는 뜻인가? 꼭 그래야 하는가, 아니면 선택의 여지가 있는 것인가? '의미'가 있는지 아닌지는 도대체 누가 정하는가? 그것을 항상 뚜렷하게 알 수 있는가?

"사람은 주어진 재능을 최대한 발휘해야 한다."

모든 재능을? 누가 그러는가? 왜? 무슨 목적으로? 재능이 별로 없는 사람은 어떻게 하는가?

"친족 간의 성관계는 무책임한 일이다."

왜 그런가? 자녀가 장애를 안고 태어날 위험 때문에? 충분히 책임감 있는 성인들이 철저하게 피임하고 서로 동의하에 하더라도 안 되는가? 또 다른 이유가 있는가? 한발 더 나아가서 생각해보자. 두 사람 다 자녀를 볼 가능성이 전혀 없는 노년에 사랑에 빠진 사례는 어떤가? 그래도 잘못된 것인가?

이런 질문에 화를 내거나 분개하는 사람도 있을 것이다. 충분히 이해한다. 그러나 나는 아무 이유 없이 도발하는 것이 아니다. 단지 여러분이 현실에 관한 가정을 철학적으로 깊이 숙고할 준비가 되어 있는지, 아니면 현실보다 이론이 더 중요하다고 믿는지를 묻는 것이다.

이런 예를 드는 이유는 여러분의 의견을 바꾸라고 강요하려는 것이 아니라 열린 사고방식을 촉구하기 위해서다. 마음의 문을 활짝 열고 신선한 봄바람이 머릿속에 불어오는 것을 느껴보라. 플립 싱킹은 열린 마음에서 시작된다. 그것은 또한 호기심이다. 가능성을 생각해보는 것이다. 어떤 제약도 받지 않고 모든 것을 허용하는 태도가 중요하다. 제약이 있을 수밖에 없다고 생각해도 좋다. 사실 누구나 그렇듯이 나 역시 여러 가지 사고의 제약을 경험한다. 누구나 자신만의 가치와 원칙이 있다. 그것이 없어도 살 수 있다는 생각은 순진할 뿐 아니라 불가능한 일이다. 가치와 원칙은 우리의 행동에 영향을 미친다. 그러나 그것이 강요인지 아닌지 결정하는 것은 오직 나 자신이다. 다른 누구도 정해줄 수 없다. 단단히 확립된 이론의 창으로만 세상을 바라본다면 새로운 방법으로 문제를 해결하기는커녕 사실을 있는 그대로 볼 수조차 없다.

심리학 연구는 다양한 방법으로 우리 인식이 왜곡되어 있다는 사실을 밝혀냈다. 한 예로 후광 효과Halo Effect를 생각해보자. 한번 '긍정적인' 특성을 보유한 사람에게는 계속해서 또 다른 '긍정적인' 특성을 부여하려는 경향을 말한다. 미인을 보면 당연히 머리도 좋을 것이라고 생각하는 것이 그 예다(그렇게 판단할 근거가 전혀 없는데도 말이다). 이 이론은 외모가 매력적인 사람일수록 일자리를 더 쉽게 얻는 경향을 어느 정도 설명한다고 볼 수 있다. 슬프지만 이 것이 현실이다. 또 상대적으로 외모가 떨어지는 사람이 안고 있는 불리한 현실이기도 하다.

이른바 첫머리 효과Primacy Effect라는 것도 있다. 우리가 처음에 받아들이는 정보를 이후의 정보에 비해 훨씬 더 중요하게 여기는 경향이다. 이것은 다름 아닌 내가 베르톨트 건스터라는 이름 때문에 자주 경험하는 현상이다. 대부분의 사람은 내 이름을 듣고 독일 사람인 줄 아는지 성을 움라우트(독일어 변모음-옮긴이)가 들어간 '귄터'나 '귄서'로 말하곤 한다. 왜 그럴까? 바로 내 이름 베르톨트 가 독일식 이름이기 때문이다. 그렇다면 나는 어떻게 이것을 알 았을까? 내 아들 얀Jan은 이런 문제를 겪지 않았기 때문이다. 얀은 네덜란드 사람들이 흔히 쓰는 이름이다. 그래서 사람들은 네덜란 드식으로 움라우트 없이 그냥 '건스터'라고 발음한다.

첫머리 효과가 우리의 의견에 미치는 영향은 매우 중요하게 생각해볼 문제다. 대체로 이 과정이 아주 빨리 진행되기 때문이다. 특정한 의견이 형성된 이후에는 그것과 반대되는 정보를 받아들 이더라도 제대로 고려하지 않는다. 따라서 우리가 가진 모든 의견 에 대해 어떤 과정을 거쳐 그런 결론에 도달했는지 따져보는 것 이 굉장히 중요하다. 또 "이것과 반대되는 의견이 혹시 옳은 것이 아닐까?" 하는 의문을 품어보는 것이 좋다. 그리고 사실과 의견의 차이를 늘 염두에 두어야 한다. 부자도 고결한 마음을 품을 수 있

지 않을까? 부모도 얼마든지 이기적일 수 있지 않을까? 범인이라
지만 사실은 선한 의도로 행동한 것은 아닐까? 흰 것이 검고, 검은
색이 흰색일 가능성은 없을까?

인간의 사고에서 나타나는 또 하나 희한한 현상은 '대비 효과
Contrast Effect'다. 아무리 똑똑한 사람도 지능이 아주 높은 사람들로
구성된 집단에 속해 있다면 그저 평범한(혹은 평균 이하의) 사람처럼
보인다. 그러나 사고능력이 평범한 사람들 사이에 있을 때는, 최
소한 그곳에서만큼은 거의 아인슈타인급 인물이 된다. 눈먼 사람
들만 사는 동네에서는 애꾸눈이 왕이라는 말도 있듯이 말이다.

사고를 흐리는 인지 왜곡은 '친화 편향Similar-to-me Effect'을 통해
서도 나타난다. 우리는 무의식적으로 자신과 닮았다고 생각하는
사람에게 애착을 느끼는 경향이 있다. 반대로 나와 다르게 보이는
사람은 잘 믿지 않는다. '단순 노출 효과More Exposure Effect'라는 것도
있다. 어떤 사물을 보는 빈도가 높아질수록 더 친숙하게 느껴져
편안하게 생각하는 경향이다. 끊임없이 반복되는 광고가 힘을 발
휘하는 이유도 바로 이것 때문이다. 광고를 더 자주 볼수록 특정
브랜드에 긍정적인 감정이 더 많이 쌓이게 된다.

물론 인지 편향과 잘못된 사고의 예시가 이뿐만은 아니다. 심
리학자들이 찾아낸 것은 이외에도 훨씬 더 많다. 이렇게 일부를
소개한 이유는 사실을 있는 그대로 보고 오해 없이 결론을 끌어내
는 게 꽤 복잡한 일이라는 것임을 전달하기 위해서다. 생각을 뒤

집는 방법을 정말 배우고 싶다면 우선 어떤 상황의 진실을 아는데는 대단한 주의가 필요하다는 사실을 알아야 한다. 우리는 어떤 일을 제대로 아는 것보다 오해할 때가 훨씬 더 많다.

심리학자 대니얼 카너먼Daniel Kahneman은 인간의 사고 과정에 내재한 결함을 광범위하게 연구해왔고, 그로 인해 심각한 불평등이 초래될 수 있음을 밝혀냈다. 사실을 정확하게 판단해야 할 가장 대표적인 집단을 하나 고른다면 판사일 것이다. 카너먼이 판사들에 관해 알아낸 사실은 무엇일까? 그는 판사들이 식사 이후에 결심 공판을 진행하면 피고가 무죄를 선고받을 확률이 식사 전일 때보다 높아진다는 사실을 발견했다. 당연히 한 사람의 운명이 판사들의 포만감 여부에 좌우되어서는 안 될 것이다.[5]

그렇다면 이 모든 사실이 플립 싱킹에는 어떤 의미가 있을까?

첫째, 우리는 항상 이론과 관찰을 어느 정도는 신중하게 다루어야 하고 사실을 깊이 있게 조사하는 태도를 길러야 한다. 괴테가 말했듯이 '눈앞에 있는 것을 보기가 가장 어려운 일'이기 때문이다.

둘째, 우리는 완전한 그림을 구성하고자 한다는 점을 알아야 한다. 뇌는 파편화된 정보 조각들을 싫어하고, 그것들이 한데 모여 뚜렷한 이야기를 만들어내는 것을 좋아한다. 로버트 프리츠Robert Fritz는 《최소 저항의 법칙The Path of Least Resistance》이라는 책에서 '공백을 메우지 말라'고 경고한다. 불완전하고 때로 모순된 것처럼 보이는 정보가 비록 익숙하고 분명한 기존 지식과 맞지 않더라도, 있는 그대로 볼 줄 아는 것이야말로 플립 싱킹에 필요한 기본적인 기술이다.

셋째, 우리가 보는 세상에는 어쩔 수 없이 사각지대가 있다는 사실을 인정해야 한다. 우리는 현실의 모든 맥락을 다 파악할 수 없다. 우리는 주로 사전에 주입된 관점에 따라 보고 싶은 것을 볼 뿐이다. 마치 눈을 가리고 코끼리를 더듬어서 파악하려는 사람과 같은 신세다. 코끼리의 다리를 만진 사람은 '나무'라고 할 것이고, 꼬리를 만진 사람은 '먼지떨이'라고 묘사할 것이며, 코를 만져본 사람은 '진공청소기'라고 외칠 것이다. 우리는 모든 사실을 다 안다고 자부하기 전에, 미처 살펴보지 않은 '조각'은 없는지 꼼꼼히 살펴보고 상황을 다르게 볼 여지는 없는지 확인하는 습관을 들여야 한다. 우리의 머리만 믿지 말고 과연 내가 제대로 보고 있는지를 심각하게 물어야 한다. 현실을 더 많이 볼수록 플립 싱킹의 여지를 찾아낼 기회는 더 늘어날 것이다.

3장
그 문제는 정말 문제일까?

현실 속에 문제란 없다.
존재하는 것은 오직 사실들뿐이다.

이 시점에서 '문제'라는 단어를 철학적으로 한번 찬찬히 살펴
보는 것도 필요하다.

플립 싱킹이 항상 문제가 발생했을 때 시작된다는 점을 생각하
면, 기초를 철저히 다지고 넘어갈 필요가 있기 때문이다. 우리가
'문제'라는 말을 사용할 때 그 의미는 과연 무엇일까?

마치 집 안에 곰이 들어온 상황처럼 문제라는 말은 혼란스럽거
나, 무섭거나, 괴로운 일이 일어났을 때 쓰는 단어다. 곰이 사라지
면 문제는 해결된다. 비가 내리거나 아이가 우는 것도 문제가 될
수 있다. 또는 휴가를 맞아 별장을 예약했는데 막상 도착해보니 아
름다운 경치가 아니라 건물이 빽빽한 방향으로 창이 나 있어 실망
스러운 상황도 포함된다. 그러나 현실은 이보다 좀 더 복잡하다.

문제란 결코 '하나'만 있는 것이 아니다. 문제란 정의하기에 따
라 (1) 현실이 어떠해야 하는가에 관한 생각이나 욕망 그리고 (2)
그 생각이나 욕망과 일치하지 않는 현실 인식으로 구성된다. 언뜻

보면 곰이 문제인 것 같지만, 실제로는 (1) 곰이 나타났다는 사실과 (2) 살아남고 싶은 나의 욕망 사이의 갈등이 문제의 본질이다.

사실 다소 과장된 예를 든 것도 분명히 인정한다. 그러나 조금만 더 참고 내 말을 끝까지 들어보라. 상상 실험을 한다 치고 여러분이 곰에게 잡아먹히는 영화를 찍는 것을 목표로 삼았다고 생각해보자(멋지지 않은가!). 그런 상황이라면 곰은 당연히 문제가 아닐 것이다. 문제인지 아닌지는 내 의도가 무엇이냐에 따라 달라진다. 곰은 그저 상황이 초래한 사실일 뿐이다. 특정 사실이 우리에게 문제로 다가오느냐 아니냐 하는 것은, 그런 상황에서 우리가 기대하는 것이 무엇이냐에 따라 결정된다. 이렇게 생각하면 논리적으로는 이 세상에 문제는 하나도 없다는 결론에 이른다. 세상만사는 원래 그대로 존재한다. 우리가 어떤 의미를 부여하기 전에는 그 어떤 의미도 없다. 현실이란 단지 우리가 그것을 해석해낸 데이터에 불과하다.

그래도 너무 비현실적인 예인 것 같다. 그렇다면, 실제로 내가 경험한 사례를 생각해보자. 큰아이가 열 살이 넘었을 무렵, 나는 샤워를 할 때마다 샤워 꼭지의 위치가 너무 낮은 것이 불만이었다. 그런데 내가 샤워하기 전에 그 아이가 욕실을 쓰는 것을 몇 번 봤다. 드디어 어느 날 아침, 아들에게 그 문제를 이야기했다. 샤워기를 쓴 다음에는 제발 제자리에 돌려놓으라고 짜증 섞인 목소리로 말했다. 아들이 가만히 듣고 있더니 이렇게 말했다. "예, 그럴

게요. 그럼 저도 아침마다 짜증 나는 일이 있는데 말해도 돼요?" 나는 당연히 어서 말해보라고 했다. "아침마다 샤워할 때요, 샤워 꼭지가 너무 높이 매달려 있어요. 다음번에는 꼭 원래 자리로 놔 두시겠어요?"

한 사람이 문제라고 본 것이 다른 사람에게는 정상일 수 있다. 그것은 상대방도 마찬가지다. 이 사례는 객관적으로 볼 때 세상에 문제란 존재하지 않고 오직 사실만 있다는 것을 잘 보여준다. 또 우리는 사실을 문제로 해석할 수도 있고, 사실이나 기회로 해석할 수도 있다.

문제란 사실 꽤 간단하다. 문제는 두 가지밖에 없다. 당연히 있 어야 할 것이 빠져 있거나, 일어나지 않아야 할 일이 일어났거나. 이게 전부다.

몇 년 전에 폴란드에서 협력 프로젝트의 하나로 교육 프로그램 을 운영한 적이 있었다. 공산주의 이후 시대의 교수, 기업가, 학생 들이 강의실을 가득 메우고 있었다. 나는 그들에게도 똑같은 생 각을 제시했다. "현실에 존재하는 것은 사실뿐입니다. 문제가 아 무리 크고 복잡하다고 해도 마찬가집니다. 문제를 하나씩 뜯어보 면 언제나 사실과 욕망의 조합일 뿐입니다." 그때 한 여성이 일어 서더니 유창한 영어로 말을 가로막았다. "선생님, 네덜란드에서 라면 '문제는 존재하지 않는다'라고 쉽게 말할 수 있을지 모르겠 습니다만, 여기서는 이 건물만 나서면 문제투성이입니다. 제 친구

중에 나이 많은 부부가 있는데요, 그분들은 아파트 11층에 사십니다. 수도관은 막혀 있고, 엘리베이터는 5층까지만 운행합니다. 그분들은 물을 구하러 양동이 두 개를 들고 일단 5층까지 간 다음 다시 엘리베이터를 타고 1층까지 내려가야 합니다. 물을 양동이에 담은 후에는 5층까지 엘리베이터를 타고 가서 다시 11층까지 힘들게 들고 올라가야 합니다. 이런데도 문제가 전혀 없다고 할 수 있나요? 물 문제가 그저 사실에 불과하다는 말씀인가요? 엘리베이터도 고장 났다니까요!"

나는 '좋아, 어차피 이렇게 될 줄 알았어, 한번 해보지 뭐'라는 생각이 들었다. 나는 먼저 조심스럽게 시작했다. "좋습니다. 수도관이 고장 난 것이 이분들에게 정말 문제라는 사실을 우리가 지켜봤다고 해봅시다. 그러나 배관공은 어떻게 생각할까요? 그들이 보기에 수도관이 고장 난 것은 그저 일거리일 뿐입니다. 그러나 조금 더 깊게 살펴보죠. 서구에서도 비슷한 문제가 없는 게 아닙니다. 물론 훨씬 적지요. 저도 압니다. 그러나 본질적으로 문제의 구조는 똑같습니다. 예를 들어, 제가 조용히 앉아 텔레비전으로 월드컵 축구 네덜란드 경기를 본다고 해봅시다. 경기가 10분밖에 남지 않았습니다. 그런데 갑자기 아주 목이 마릅니다. 그래서 일어나 부엌으로 걸어가서 물 한 컵을 따라 다시 TV 앞으로 옵니다. 역시나 그러는 사이에 골 장면을 놓쳤습니다!"

청중이 점점 분노하는 기운이 느껴졌다.

누가 봐도 이야기가 산으로 가고 있었다.

"물론 다소 과장된 예입니다만, 저는 논점을 명확하게 하려는 겁니다. 그러나 폴란드든 네덜란드든 본질적인 원리는 똑같습니다. 먼저, 물을 마시고 싶었고, 그러자 물을 어떻게 가져오느냐가 문제가 되었던 겁니다. 물론 이 문제는 아주 작은 것이고 여러분은 엄청난 문제를 안고 있습니다. 그 점은 충분히 존중합니다. 그러나 구조적인 차원에서 보면 똑같은 법칙이 적용됩니다. 문제의 근원은 욕망입니다. 수도 파이프가 아니고요. 수도 파이프는 단지 사실일 뿐입니다."

그녀가 말했다. "하지만, 물을 마시고 '싶었다'라는 게 무슨 뜻입니까. 물은 마실 수밖에 없는 것 아닙니까? 거기에 무슨 선택의 자유가 있습니까?"

내가 물었다. "누가 물을 마셔야 한다고 했습니까?"

"안 마시면 죽는데요?"

다시 물었다. "그래서요? 그게 뭐가 문제입니까?"

순간 정적이 흘렀다.

이윽고 그녀가 말했다. "사람은 살아야 하잖아요!"

내가 물었다. "꼭 살아야 합니까? 정말요? 누가 그럽니까? 왜요? 당신은 앞으로 꼭 살아남아야 할 의무라도 있습니까?"

또다시 침묵이 흘렀다. 그리고 다시 그녀가 말했다. "아니, 선생님도 살고 싶은 것 아닌가요?"

내가 대답했다. "맞습니다."

'이것'이 모든 문제의 시작이다. 살고 싶은 욕망 말이다! 우리는 누구나 야망과 계획, 욕망이 있다. 어떤 때엔 성공할 수도 있지만, 제대로 되지 않아 문제가 생기는 상황도 있다. 자전거를 타고 가다 갑자기 타이어에 구멍이 나면 어떤가? 짜증이 난다. 문제가 생긴 것이다. 그런 문제를 겪지 않을 아주 좋은 방법이 있다. 자전거를 타려는 마음을 먹지 않으면 된다. 한발 더 나아가보자. 자전거가 아예 발명되지 않았다면 더 좋았을 것이다. 그러면 애초에 타이어가 터질 일도 없었을 것이다.

"인생의 욕망과 현실 사이에는 끊임없는 갈등이 존재합니다. 그 말은 곧 우리는 끊임없는 문제를 경험한다는 뜻입니다. 그것이 세상의 이치입니다. 젊은이들은 사랑에 빠지고 누군가와 관계를 시작하려는 욕망이 있습니다. 그리고 성공합니다. 대단히 기쁜 일입니다! 그러나 우리는 미처 알지 못하는 사이에 인간관계에서도 여러 가지 문제에 봉착합니다. 인간관계의 문제를 피하는 방법은 간단합니다. 관계를 시작하지 않는 겁니다. 세상에는 두 가지 간단한 법칙이 있습니다. 문제를 최소화하고 싶다면 욕망을 최소한으로 줄여야만 합니다. 많은 것을 원한다면 문제도 많이 겪을 수밖에 없습니다. 우리는 살기를 원하는 한, 많은 것을 원하게 됩니다. 그리고 원하는 것이 있으면 문제가 생길 수밖에 없습니다. 욕망이란 생존과 뗄 수 없는 것입니다. 인간이라는 존재가 원래 그렇습니다. 그러나 우리의 욕망과 필요 때문에 어떤 사실이 문제가 된다는 것을 알아야 합니다. 엘리베이터는 그냥 엘리베이터일 뿐입니다. 수도 파이프도 그저 수도 파이프입니다. 그것 자체는 아무 의미가 없습니다. 우리가 그런 물건과 관계를 맺기 시작할 때, 우리에게 욕망과 필요가 생길 때, 비로소 우리는 거기에 의미를 부여합니다. 욕망이 모든 문제의 근원입니다."

이렇게 말하면 어떤 사람들은 내 말을 '우리가 아무 문제가 없는 현실을 경험할 수 있다(혹은 그래야 한다)'라는 뜻이라고 생각한다. 하지만 이것은 우리가 집착을 버리고 아무것도 바라지 않을 때만 가능하다. 당연히 불가능한 일이다. 우리는 욕망과 기대를 결코 버릴 수 없다. 물론 가능할 수도 있다. 현실을 저버리고 온 세상을 떠돌거나, 바위 위에 앉아 명상에 잠기면서 세속의 모든 욕망과 걱정을 놓아버릴 수도 있다. 찰나에 완전히 몰입하는 해탈의 경지에 올라 모든 문제에서 벗어날 수 있을지도 모른다. 그러나 조금이라도 목이 마르거나 화장실에 가고 싶거나 하는 욕망이 생기는 순간, 번민은 다시 시작될 수밖에 없다. 게다가 세상일을 모두 잊고 바위에 앉아 영적 체험을 '해야 한다'라는 생각부터가 이미 한참 잘못된 생각이다. 그런 체험이 꼭 필요하다는 생각으로 자리에 앉는 것 자체가 뭔가를 기대한다는 뜻이기 때문이다. 그런 기대는 이미 그 목적과 어긋난다. 내 마음속에 집착이 사라졌는지 아닌지를 끊임없이 신경 쓴다는 말이다. 이미 실패다.

인생의 희망과 기대 그리고 욕망과 문제를 지금까지 생각하던 방식과
다르게 봐야 한다. 플립 싱킹이 필요한 이유도 바로 이 때문이다.

깨달음을 추구하는 분들을 조롱하려는 의도가 절대 아니다. 욕
망이 인간의 본질적인 일부분이라는 점을 말하려는 것이다. 나무
가 자라기를 원하는 것처럼 아이들은 빗속에서 춤추기를 원하고,
젊은이는 연인을 갈망하며, 성인은 평생의 반려자를 맞이하여 아
이를 갖거나, 일에서 탁월한 성과를 내고 싶은 마음이 있다. 그것
이 잘못되었다고 말하는 것이 아니다. 우리는 많은 것을 원한다.
소망, 필요, 야망은 인간의 본질적인 요소다. 이것은 인생의 뿌리
이자 동력이다. 그러나 욕망에는 필연적으로 그것이 충족되지 않
을 수 있다는 위험이 따른다. 고통, 슬픔, 한탄 그리고 실망은 행
동, 환희, 기쁨 못지않게 인생의 중요한 일부를 차지한다. 그러나
그 근원이 오로지 우리의 희망과 기대 속에 존재한다는 사실을 깨

닫는 것이 너무나 중요하다.

　인생은 우리의 욕망이나 기대와 전혀 다르게 흘러갈 때가 많다. 우리는 교통 체증을 만나면 교통이 문제라고 생각한다. 그렇지 않다. 그것은 사실일 뿐이다. 문제는 우리가 그런 일이 일어나지 않으리라고 기대하는 데서 출발한다. 더 큰 문제는, 이런 잘못된 관점 때문에 '우리'가 바로 그 교통 체증에 일조하고 있다는 사실을 깨닫지 못한다는 점이다.

　플립 싱킹을 삶에서 실천하려면 이런 철학적 사고방식을 익혀야 한다. 우리를 둘러싼 현실에는 오직 사실밖에 없는데, 시대와 장소를 불문하고 모든 사람은 항상 어려움에 부닥친다. 인생이 공평하지 않다는 사실을 받아들이기만 하면 우리는 '부정'과 '당위'로부터 '긍정'과 '가능성'으로 관점을 전환할 수 있다. 사트르트르가 말했듯이, "자유란 주어진 현실에 대응하는 행동이다." 이미 주어진 현실은 바꿀 수 없다. 그 현실에 대응하여 우리가 할 수 있는 일을 찾아내는 것이 바로 이 책의 주제다.

4장
아주 작은 변화가 주는
엄청난 보상의 힘

긍정적인 사람은 도전에 대한 보상을 얻는다.
부정적인 사람은 안전을 선택한 데 따른 보상을 얻는다.
−키스 존스톤Keith Johnestone, 즉흥 연극의 창시자

이스라엘의 카프로라는 회사는 오랫동안 똑같은 건설장비를 생산해왔다. 한번은 워크숍을 진행하면서 제품의 범위를 확대하는 방안을 검토한 적이 있었다. 카프로가 생산하는 장비 중에 표면의 수평을 측정하는 '거품 수준기'가 있었다. 이 장비의 형태는 기본적으로 수백 년 동안 달라진 것이 없었다. 긴 막대의 한가운데에 액체가 들어간 투명 튜브가 설치되어 있고, 액체 속에는 작은 거품이 들어 있어서 수준기를 좌우로 기울이면 물방울도 따라서 움직이다가 수준기가 완전히 수평에 도달하면 물방울이 가운데에 멈춰 서는 원리다.

워크숍 참가자들은 혁신적인 신제품을 고안하기 위해 증식 기법을 적용했다. 이 방법은 아주 간단하다. 한 기계를 여러 부분으로 나눠서 나란히 늘어놓고 핵심 기능을 중심으로 재구축하여 효과를 극대화하는 방법이다. 거품 수준기의 핵심 구성품은 단 두 개뿐이다. 막대기와 액체가 채워진 튜브다. 이것으로 뭘 할 수 있

었을까? 막대기 수를 늘리면 되는가? 아니면 튜브를? 머지않아 참가자들은 깜짝 놀랄 만한 결과에 도달했다. 다양한 각도의 튜브를 수준기에 추가하자는 아주 '당연한' 해결책이 나온 것이었다. 어쨌든 건축이란 각도를 측정하며 집을 짓는 과정이다. 비스듬한 지붕을 생각하면 쉽게 알 수 있다. 거품 수준기로 수평만 잴 수 있다면 작업자가 종이를 이리저리 옮겨가며 경사를 정확하게 측정하는 수밖에 없다. 귀찮을 뿐만 아니라 측정이 부정확해진다는 단점이 있다. 수준기에 튜브가 여러 각도로 달려 있으면 각을 정확하고 빠르게 확인할 수 있다. 이 혁신으로 완전히 새로운 세대의 거품 수준기가 세상에 선보이게 되었다. 이후 4년 만에 매출이 세 배로 뛰어올랐고, 머지않아 미국과 유럽으로 활발하게 수출되기 시작했다. 간단한 방식 하나로 수백 년 동안 제자리에 머물렀던 거품 수준기가 혁신을 이룩한 것이다.[1]

카프로의 성공은 여러 가지 면에서 흥미로운 이야깃거리를 제공해준다. 첫째, 그들은 아주 간단하면서도 놀라운 발견을 해냈다. 둘째, 이 발견은 즉각 성공을 거두었다. 다른 혁신들이 시장을 찾기까지 꽤 오랜 시간이 필요한 것과 가장 다른 점이다. 세 번째가 가장 흥미롭다. 이렇게 간단한 방법을 그 오랜 세월 동안 아무도 생각하지 못했다는 사실이다! 건축업자들은 구식 거품 수준기를 그렇게 오래 써오면서도 어떻게 단 한 번도 개선 방법을 고민하지 않았던 것일까? 이 이야기가 던져주는 교훈은 무엇보다 사람들이 변화를 거부한다는 것이다. 우리는 대체로 '꼭 필요할 때'만 변화를 원하는 경향이 있다. 우리는 변화를 정말로 싫어한다. 변화는 위험한 일인 것 같고, 따라서 두렵다. 다른 선택의 여지가 없을 때에야 겨우 변화를 고민한다. 그러나 아무런 문제가 없을 때라면 어떨까? 굳이 왜 변화하려고 하겠는가? 따라서 '훌륭한' 결과를 가장 크게 방해하는 것은 바로 '괜찮은' 상태다.

여러분에게 '변화를 좋아하십니까?'라고 묻는다면, 가장 먼저 어떤 생각이 떠오르는가? 나라면 이런 의문이 먼저 떠오를 것 같다. 무엇이 바뀌나요? 내가 잃을 것이 혹시 있나요? 아니면 내가 얻는 것은 무엇이죠? 같은 것들 말이다. 우리는 변화의 구체적인 내용을 알기 전까지는 몸을 움츠린다. 변화는 그 어떤 것이든 조금이라도 불안을 던져주게 마련이다. 게다가 그 변화가 우리의 의지나 동의 없이 진행된다면 즉각 억울함과 분노를 느끼고 거부하게 된다. '변화'라니 도대체 무슨 말인가. 우리가 알아서 할 텐데.

성공을 안겨줄 수 있는 긍정적인 변화라면 어떨까? 예컨대 새 직장에서 더 높은 직책을 맡는 상황 말이다. 우리 마음은 이중적일 때가 많다. 성공에는 대가가 따른다는 것을 우리는 잘 안다. '포천500Fortune 500'에 이름이 오를 정도의 사람들은 강도를 당할 가능성이 커서 집에 철통 같은 보안장치를 해야 한다. 게다가 그들은 엄청난 스트레스와 장시간 근무, 장거리 출장 등을 감수하며 일해야 한다.

200억 원 정도의 로또에 당첨되었다고 상상해보자. 분명히 처음 며칠 동안은 하늘을 날아갈 듯한 기분일 것이다. 그러나 샴페인 잔을 비우고 축하 화환과 풍선을 치운 뒤에는 어떻게 될까? 이제부터 고민이 시작된다. 그 큰돈을 어떻게 써야 할까? 투자할 곳을 알아볼 것인가? 직장은 그만둘 것인가? 정말 좋아서 하는 일이라면 어떻게 할 것인가? 물론 일을 해서 버는 수입이 더 이상 필요하지 않다면 그 마음도 얼마든지 달라질 수 있다. 정말 일을 그만둔다면 남는 시간에는 뭘 할 것인가? 거액의 로또에 당첨된 사람은 엄청난 스트레스와 고민에 시달리므로 당첨일로부터 며칠 지난 이후에는 점점 행복지수가 저하된다는 연구 결과가 있다.[2]

수입이든 거액의 재산이든 모두 좋은 것이지만, 그런 성공에는 반드시 커다란 변화가 찾아오고 이는 곧 불확실성이 급격히 증가한다는 뜻이기도 하다. 그런데 변화는 모두가 싫어한다. 네덜란드 사람이 그렇다. 우리는 안정을 좋아한다. 네덜란드는 세계에서 보험 가입 비율이 가장 높은 나라 가운데 하나다. 실제로 1960년대까지만 해도 네덜란드 철도회사는 강우 보험상품을 판매했다. 예를 들어 기차를 타고 암스테르담까지 간 날 비가 왔는데 보험에서 지정된 수준보다 높은 강우량을 기록했다면, 해당 보험사에서 승차권 비용을 환불해주는 식이다. 말이 된다고 생각하는가? 비 오는 날 저녁이면 보험금을 받으려는 승객들이 기차역에 장사진을 이루는 광경이 심심찮게 연출되곤 했다. 비가 오면 그들은 마음속으로 이게 웬일이냐고 쾌재를 불렀을 것이다!*

불확실성을 싫어한 결과는 무엇일까? 이것이 얼마나 역설적인 결과를 낳는지 하나하나 따져보자. 간단하게 유추해볼 수 있다. 성공이 실제로는 불확실성을 낳게 된다면, 확실성을 보장하는 것은 무엇인가? 맞다, 실패다! 큰 프로젝트가 실패로 돌아갔을 때 사람들이 안도의 한숨을 내쉬는 이유가 바로 여기에 있다. 그들은 이렇게 말하곤 한다. "그것 봐, 내 이럴 줄 알았지!" 이제 모든 것은 원래대로 되돌아왔다. "악마를 만나더라도 아는 악마가 모르는 악마보다는 낫다"라는 속담도 있듯이 말이다. 안정을 바라는 마음은 안전한 것을 좋아하는 마음과 통한다. 그러나 사실은 그 반대일 때가 있다. 번아웃에 영향을 미치는 원인을 나이, 근무 장소, 성별, 교육 수준, 일의 종류 등 여러 변수와 관련지어 연구한 결과에 따르면 같은 직무에 종사한 연수가 가장 결정적인 원인으로 작용한다는 사실이 밝혀졌다. 브라질 작가 파울로 코엘료는 이렇게 말했다. "모험이 위험하게 여겨진다면 기존 방식에 그대로 머물러라. 치명적인 결과가 빚어질 것이다."

인간은 변화하고 도전하는 존재다. 신체를 단련하면 몸이 건강해지듯이, 지적인 변화는 마음을 건강하게 해준다고 할 수 있다. 거꾸로 말하면, 도전과 변화가 없는 인생은 건강하지 못한 삶이라

---

* 네덜란드는 세계에서 저축률이 가장 높기로도 유명한 나라다. 네덜란드 사람들은 돈이라면 무조건 은행에 넣어둔다. 네덜란드에는 30년 만기 고정금리 예금상품이 있다.

고 말할 수 있다.

다시 플립 싱킹으로 돌아가보자.

안정을 추구하는 태도와 플립 싱킹은 무슨 관계가 있을까?

답은 간단하다. 안정과 안전을 추구하는 태도는 플립 싱킹 기술과 서로 충돌한다.

스스로 플립 싱킹에 도전하는 사람들은 변화가 꼭 필요하지 않은 상황(구식 거품 수준기만으로도 원래 목적을 달성하는 데 아무 문제 없듯이)에서도 그것을 갈망하는 사람이다. 플립 싱킹은 언제든 실패할 수 있다. 두려운 일이다. 그러나 변화를 일단 받아들이면 비록 엄청난 부담이 있겠지만 엄청나게 도약할 가능성이 열린다.

5장
불확실성을 무기 삼아
성장하는 사람들

날기 위해서는 바람에 저항해야 한다.
-마야 린Maya Lin, 디자이너 겸 조각가

1960년대에 활동했던 호주 육상선수 데릭 클레이턴Derek Clayton
은 세상에서 가장 불리한 조건을 타고난 마라톤 선수였다. 190센
티미터의 키에 다른 사람보다 폐활량이 부족했던 그는 어느 모로
봐도 장거리 달리기에 적합한 선수가 아니었다. 그러나 그는 일주
일에 250킬로미터씩 달리는 등 그 누구보다 열심히 훈련하는 것
으로 약점을 만회했다.

데릭의 이런 엄격한 훈련이 처음에는 효과가 있는 듯했지만, 결
국 벽에 부딪히고 말았다. 어쩔 수 없는 잠재력의 한계를 마주한
것이다. 그의 개인 최고 기록은 세계 기록보다 5분 이상 뒤처지는
2시간 17분대였는데, 이 정도로는 당대의 최고 선수들과 도저히
경쟁할 수 없었다. 개인 최고 기록이 정체된 후에는 열심히 훈련
해도 성적 향상에 전혀 도움이 되지 않았고 오히려 역효과만 낳았
다. 1967년에 일본 후쿠오카 마라톤에 출전해서 크게 다치고 말
았기 때문이다.

클레이턴은 어쩔 수 없이 한 달간 재활치료에 매달려야만 했다. 재활을 마친 후 그동안 부족했던 훈련을 도저히 메울 수 없다는 현실에 실망한 그는 다음번 후쿠오카 마라톤에 출전하기 전에 다른 마라톤 대회에 나가 과연 몸 상태가 어느 정도 회복되었는지 시험해보기로 했다. 어떻게 되었을까? 놀랍게도 그는 한 달이나 훈련을 쉬었는데도 오히려 개인 기록을 무려 8분 이상 단축했다. 클레이턴은 역사상 최초로 2시간 10분 이내에 마라톤 경기를 완주한 선수가 되었다. 그의 비결은 훈련하기가 아니라 훈련하지 '않기'였던 셈이다.

그 일 이후로 스포츠계에서는 데릭처럼 신체 장애를 입은 후 회복하는 과정에서 몸이 더 단련되는 효과가 있었다는 사례가 수십 건이나 알려진다. 마치 회복 과정이 부상을 보상하기라도 하는 것처럼 말이다.

경제학자 나심 니콜라스 탈레브Nassim Nicholas Taleb는 《블랙 스완 The Black Swan》이라는 베스트셀러로 세계적인 명성을 얻었다. 이 책은 우리의 삶에서 종종 마주치는 너무나 극적이고 별난 사건에 관해 이야기한다. 그는 이 책의 후속작인 《안티프래질Antifragile》을 자신의 대표작으로 꼽는다. 불확실성과 위험, 인적 오류human error에 관한 자신의 철학을 집대성한 최고의 업적이라는 것이다. 이 책의 주제는 충격을 흡수하고 무질서와 불확실성에 대처함으로써 오히려 더 강인해지는 계기로 삼는 능력이다. 이런 능력을 발휘하는 주체, 즉 개인과 도시, 국가 경제, 정치 체제, 세균 군락, 나아가 루머와 같은 문화 현상은 모두 안티프래질 특성을 띤다고 말할 수 있다. 잘 깨지지 않는다는 뜻이다. 그들은 단지 적응하고 생존할 뿐만 아니라 역경을 오히려 발전의 수단으로 삼는 마술 같은 능력을 지니고 있다. 그는 안티프래질을 그리스 신화에 나오는 머리가 여럿 달린 뱀, 히드라에 비유해서 설명한다. 머리가 하나씩 잘릴 때마다 두 개가 다시 솟아오르는 괴물 말이다.

그렇다면 안티프래질과 플립 싱킹은 어떤 관계가 있을까? 역경을 극복하고 오히려 더 강해지는 유기체나 시스템은 예상치 못한 사건에서 기회를 포착한다는 점에서, 역시 플립 싱킹과 일맥상통한다고 볼 수 있다. 안티프래질 현상은 플립 싱킹에 적용할 수 있는 소중한 전략이다. 우리는 문제를 해결하기 위해 안간힘을 쓰는 것보다 상황을 객관적으로 바라보며 안티프래질 능력이 발휘되기를 기다리는 편이 더 나을 때가 있다. 그럴 때는 애써 개입할 필요가 없다. 아니, 오히려 개입을 멈춰야 한다. 플립 싱킹은 때로 한발 옆으로 물러서서 문제가 저절로 해결되기를 기다리는 것을 의미하기도 한다.

사실 체력 단련이란 일부러 근육을 손상시키는 일이다. 이것은 유익한 스트레스의 예라고 할 수 있다. 무거운 것을 들면 근육이 미세하게 찢어진다. 그러면 어떻게 될까? 신체는 그렇게 찢어진 부위를 곧바로 회복하지 못한다. 그것을 회복하기 위해 더 많은 근육이 생기는 것이다. 물리치료를 하는 사람들은 이런 현상을 초과 회복이라고 부른다. 여기서 중요한 점은, 성장은 훈련하는 동안 일어나는 것이 아니라 근육이 손상을 입고 휴식할 때에야 비로소 진행된다는 사실이다. 성장은 훈련 사이사이 쉬는 시간에 이루어진다.

유익한 스트레스의 또 다른 예로 운전자가 주의를 환기하기 위해 쉬는 시간을 들 수 있다. 막히지 않은 직선도로를 운전하는 일은 너무나 단조로워 운전자가 주의를 잃거나 졸기 쉽다. 이럴 때 약간 굽은 도로가 나타나거나, 옆 차선을 달리던 차가 갑자기 끼어들거나, 진입로를 만나 교통량이 늘어나는 등의 적당한 스트레스는 운전자가 주의를 집중하는 데 도움이 된다. 일에도 이것과 비슷한 효과가 있다는 것을 앞에서 살펴봤다. 사람들은 똑같은 일을 오래 할수록 번아웃을 겪을 확률이 높아진다. 반면 적당한 긴장과 불안 요소가 포함된 일을 하면 집중력이 더 향상된다.

일상생활에서 안티프래질을 경험하는 또 다른 예는 외상 후 성장이다. 외상 후 스트레스에 관해서는 많은 관심과 연구가 있었지만, 심리학자들은 오히려 사람들이 트라우마를 극복하는 과정에 점점 더 관심을 기울이고 있다. 레이던대학교의 두 교수 마리누스 판 아이젠도른Marinus van IJzendoorn과 마리안 베이커만스 크라넨부르흐Marian Bakermans-Kranenburg는 이스라엘 연구팀과 함께 제2차 세계대전 이전에 폴란드에서 이스라엘로 이주한 유대인 그룹과

1945년 이후에 이주한 그룹의 데이터를 서로 비교하는 연구를 진행했다. 첫 번째 그룹은 홀로코스트를 겪지 않았고, 두 번째 그룹은 홀로코스트를 경험했다. 연구 대상자는 총 5만 5,000명에 달했고 연구 당시에는 거의 모두 고인이 된 상태였다. 연구자들이 예상한 결과는 무엇이었을까? 아무래도 홀로코스트를 경험한 사람들이 그렇지 않은 사람보다 오래 살지는 못했으리라는 것이었다. 그러나 놀랍게도 정반대 결과가 나왔다. 집단 학살을 겪은 사람들의 수명이 다른 사람보다 최소 평균 6개월이나 더 긴 것으로 나타났다.[1]

심각한 질병, 사랑하는 사람의 죽음, 해고, 끔찍한 사고 등은 모두 비극적인 사건이다. 그러나 저명한 심리학자이자 트라우마 연구자인 리처드 타데스키Richard Tedeschi는 트라우마 경험이 물론 좋은 것일 리 없지만, 트라우마를 겪은 사람들(아이를 잃은 부모, 자연재해로 모든 것을 빼앗긴 사람, 성폭력을 당한 사람, 사고로 장애를 입은 사람 등)은 한결같이 고통의 시간이 지난 후에는 뭔가 큰 것을 얻었다고 말한다. 트라우마가 그들에게 변화를 안겨준 것이다. 가장 대표적으로 그들은 자신과 주변 사람 그리고 인생의 의미와 소중한 가치에 관해 새롭고 균형 잡힌 시각을 얻었다고 한다.

뉴욕의 정신과 의사 윌리엄 브레이트바트William Breitbart는 외상 후 성장에 관해 이렇게 말한다. "고통이야말로 성장에 꼭 필요한 요소인 것 같습니다. 의미를 갈망하는 마음은 인간의 가장 중요한

리처드 타데스키 박사는 트라우마를 극복하는 과정에 '새로운 생명의 씨앗'이 잉태되어 있으며 삶에 새로운 시각과 가치로 자라난다고 말한다.

동력이지만, 그런 일이 일어나려면 우리가 자신의 도덕성을 직면해야 할지도 모릅니다."[2]

역경과 장애, 예상치 못한 사건 등을 겪은 후에 오히려 더욱 강인해지는 시스템이나 유기체가 존재한다는 사실은, 완전한 안정을 추구하거나 불확실성을 통제하려는 시도가 어쩌면 비생산적일지도 모른다는 점을 시사한다. 모든 위험 요소를 근절하고 완벽한 시스템과 메커니즘을 만들어내려는 시도는 의도와는 달리 대부분 더 해로운 결과를 초래한다. 그것은 오히려 안티프래질 저항성을 약화시킨다.

예컨대 인체는 놀라운 자기회복 메커니즘을 갖춘 안티프래질 특성을 띠고 있다. 그럴 수밖에 없다. 따지고 보면 우리는 수십억 년의 진화를 거쳐 생존과 번영을 이룩한 존재다. 그래서인지, 의사들이 학교에서 가장 먼저 배우는 내용도 '아무것도 하지 않는 것이 최선일 때가 있다'라고 한다.

죽은 나무와 가지를 깨끗이 치우고 말끔하게 정돈한 숲이 있다고 해보자. 이런 숲에는 나무나 식물이 무성하지 않아 동물들도 잘 찾지 않을 것이다. 반대로 숲을 그냥 내버려두면 저절로 안티프래질 능력을 키워간다. 폭풍에 시달린 가지와 나무줄기는 영양분과 쉼터를 제공한다. 손상과 쇠퇴가 새로운 생명을 키우는 것이다. 자연은 불운을 통해 축복을 얻어낸다.

마지막으로 마라토너 데릭 클레이턴이 그 이후에 어떻게 되었는지 잠깐 살펴보자.

마라톤 역사상 최초로 2시간 10분의 벽을 돌파한 지 2년 후인 1969년에, 클레이턴은 앤트워프 마라톤 대회에 참가했다가 다시 부상을 입었다. 그는 또다시 강제로 쉴 수밖에 없었지만 다시 도전해 2시간 8분 33초 완주를 달성하며 개인 기록과 세계 기록을 동시에 깬다. 이 기록은 그 이후 12년 동안 깨지지 않았다.

6장
해결해야 한다는
압박에서 벗어나기

어느 집단에 소속되어 회원이 되고 싶은 생각은 꿈에도 없다.
—그루초 막스Groucho Marx, 미국 희극배우

할 일이 너무나 많다고 생각해보자. 이것은 분명히 문제다. 그
래서 생산성을 극대화해 원래보다 훨씬 짧은 시간 내에 일을 마쳤
다. 훌륭하다. 이제 문제가 해결되었다고 생각한다. 그런데 상사
의 생각은 조금 다르다. "이 친구 일 잘하는군. 일을 더 맡겨도 되
겠어."

여기서 플립 싱킹과 정반대의 결과가 일어난다. 이른바 '고착된
사고'다. 플립 싱킹이 문제를 기회로 바꿔낸다면, 고착 사고는 문
제를 더 크게 악화시켜버린다. 문제를 '해결'하려고 노력할수록 오
히려 더 심각한 '문제'가 생기는 것이다. 마치 자동차가 진흙에 빠
졌을 때 가속 페달을 더 세게 밟는 것과 같다. 이렇게 되면 바퀴가
더 빨리 돌수록 자동차는 점점 더 깊이 진흙 속으로 빠져든다.

고착 사고의 또 다른 예는 어떤 것이 있을까? 화재를 빨리 진압
하기 위해 바람을 힘껏 불어넣을 때다. 낚싯줄에 물고기가 걸려서
급한 마음에 무조건 잡아당기려고 하는 때다. 모래 늪에서 빠져나

오려고 세차게 버둥거리는 행동이다. 모래로 뿌옇게 변한 수족관 물을 맑게 한답시고 모래를 잔뜩 집어넣는 상황이다. 머릿니를 없애겠다고 머리를 자주 감는 사람도 있다(이는 깨끗한 두피에 더 많이 산다). 가렵다고 자주 긁는 습관도 여기에 해당한다. 사교모임에서 긴장을 풀려고 호기를 부리는 행동도 있다(이러다 보면 취하거나 분위기가 어색해져 다음번 모임이 오히려 더 걱정된다).

우리는 왜 고착 사고에 신경을 써야 할까? 그저 플립 싱킹에만 집중하면 안 될까? 두 가지 중요한 이유 때문이다. 첫째, 고착 사고의 함정에 빠지지 않기 위해서는 이를 경계할 필요가 있다. 마차를 말의 앞에 놓을 수 없는 것처럼, 방해 요소를 먼저 해결하는 것이 중요하다. 고착 사고에 한번 빠져버리면 생각을 뒤집으려고 아무리 노력해도 소용이 없다.

둘째, 고착 사고는 우연히 일어난 문제에 스며들기만 하는 것이 아니라 그 자체가 문제의 원인이 되기도 한다. 따라서 이런 문제를 뒤집어 생각하려면 고착 사고를 방지하는 법을 논리적으로 알고 있어야 한다.

예를 들어 엄격한 상사가 부하의 완벽한 일솜씨를 기대하고 있다면 실수를 저질렀을 때 크게 화를 낼 것이다. 그러면 어떻게 될까? 스트레스 때문에 오히려 더 많이 실수한다. 그렇다면 상사가 부하에게 완벽한 일 처리를 기대하지만 화를 내지는 않는다고 해보자. 직원은 이제 마음의 여유를 찾고 실수도 훨씬 줄어든다. 상사가 플립 싱킹을 한 것인가? 아니다. 아직 멀었다. 아직 문제에서 기회를 찾아내는 수준은 아니다. 그러나 이미 고착 사고의 족쇄에서는 벗어났으므로 그와 그의 팀이 홀가분하게 플립 싱킹에 도전할 기본 환경은 마련된 셈이다.

그렇다면 우리는 사고가 고착되었다는 것을 어떻게 알 수 있을까? 우리는 이미 스스로가 고착 사고에 쉽게 빠진다는 사실을 잘 알고 있다. 악순환에 빠지는 과정을 책이나 여러 사례를 통해 많이 접했다. 영양사들은 다이어트를 시도했다가 요요 현상이 일어나는 사례를 전한다. 정치가들은 '회전문 범죄'를 통렬히 비난한다. 경제학자들은 주식을 광적으로 사고파는 행태를 경고한다. 흔히 쓰는 속담에도 고착 사고와 관련된 내용이 많다. "여우를 피하려다 호랑이를 만난다"라거나 "달걀로 바위 치기" 등이 대표적이다.

우리는 모두 뭔가를 막으려 애쓰다가 오히려 일을 더 키우는 모순을 범할 때가 많다. 감독이 화를 내며 '자연스럽게 해!'라고 소리치면 배우는 어떻게 반응할까? 오히려 긴장으로 몸이 더 굳는다. 아내가 남편에게 "당신이 어쩌다가 꽃이라도 사 오면 한번은 좋아해줄게"라고 말하는 것은 앞으로도 계속 불만을 품겠다고 작정하는 것과 같다. 이제부터 그녀는 남편이 자발적으로 꽃을 사줄 리가 절대 없다고 생각한다. 혹시 꽃을 사주더라도 그것은 오로지 아내가 요구해서 마지못해 하는 행동으로 여긴다. 엄마가 아이에게 "넌 독립성을 키워야 해"라고 말하는 것은 어떤가? 그 말이 오히려 아이의 독립성을 빼앗고 있다. 상사가 부하를 향해 한숨을 내쉬며 "좀 주도적으로 일해봐. 실수 좀 하면 어때?"라고 말한다. 그런 말은 오히려 직원에게서 위험을 감수하는 자율권을 빼앗는다. 별로 중요하지도 않은 이슈에 과도한 관심이 집중된다는 내용을 언론이 보도한다고 해보자. 교수가 쌍방향 대화의 중요성에 관해 두 시간이나 혼자 떠드는 장면도 마찬가지다.

안타깝게도 우리는 고착된 사고에 푹 빠져 있으면서도 그 사실을 전혀 모르는 경우가 허다하다. 물고기에게 자신이 헤엄치는 물이 어떠냐고 물어보니까 '무슨 물이요?' 했다는 농담처럼, 우리는 대체로 자기 행동을 자각하지 못할 때가 많다. 그래서 점점 자신을 막다른 골목에 몰아넣는다. '그 문제를 생각하면 안 돼'라고 되뇌며 생각을 통제하려 할수록 그 문제를 더욱 골똘히 생각하는 식이다. '발표할 때 긴장을 풀어야겠지?'라고 속으로 생각하면 어떻게 될까? 더 긴장한다. 몇 시간이고 이리저리 뒤척이며 잠을 못 이룰 때 "이제 정말 자야 해!"라고 재촉하는 것이 과연 조금이라도 도움이 되던가? 너무나 바빠서 번아웃을 겪을 시간도 없다고 말하는 사람이 있다. 얼마나 모순인가. 그 정도면 이미 번아웃 상태가 분명한데도 말이다. 마지막으로, 나를 정말 사랑하는 사람은 내 본모습을 보려고 하지 않는다고 말하는 사람도 있다. 이 얼마나 자기 패배적인 생각인가? 그렇다면 당신을 사랑하지 '않는' 사람은 당신의 참모습을 '본다'는 말인가?

그러나 먼저 짚어둘 점이 하나 있다. 플립 싱킹을 제대로 배우기 위해서는 고착 사고 자체는 '나쁜 것'도 '잘못된 것'도 아니라는 사실을 알아야 한다는 것이다. 우리는 언제나 어쩔 수 없이 고착 사고에 빠진다. 그것은 나쁜 일도, 잘못된 행동도 아니다. 우리 두뇌는 원래 그렇게 작동하게 되어 있다. 단지 그것 때문에 너무 심하게 자책하거나 스스로를 심판하는 일이 없도록 조심하는 것이 중요하다. 중세에는 마녀로 지목된 여자를 물에 빠뜨린 다음 물 위로 뜨면 마녀가 확실하므로 사형에 처하고, 가라앉아 죽으면 마녀가 아닌 것으로 보는 관행이 있었다. 안타깝게도 어느 쪽이든 결과는 똑같았다. 우리가 고착 사고에 빠져 있다고 자신을 학대하는 것은 이런 마녀 심판과 똑같은 행동을 하는 셈이다. 고착 사고를 이해해야 하는 이유는 그런 일이 일어날 때 과감히 플립 싱킹을 선택하는 힘을 발휘하기 위해서다.

고착 사고가 무엇인지 정의하기는 쉽지만(문제를 더 큰 문제로 만드는 생각), 막상 우리가 그런 상태에 빠져 있는지 파악하기는 결코 쉽지 않다. 이 문제를 특별히 주의해야 하는 이유는 두 가지다. 하나는 보상 피드백이고 다른 하나는 지연 반응이다. 먼저 보상 피드백부터 살펴보자.

우리는 문제가 반발 작용을 촉발하지 않는 한 꽤 논리적으로 문제를 해결할 수 있다. 유치원 교사가 아이들을 수업에 집중하게 만들려고 큰 목소리로 외친다면 어떻게 될까? 아이들의 목소리도 분명히 더 커질 것이다. 초보 교사는 문제를 해결한답시고 더 크게 소리 지를 것이고, 아이들은 아이들대로 더 크게 떠드는 바람에 교실은 난장판이 된다. 선생님과 아이들은 악순환 고리를 만드는 데 동참한 셈이다. 마치 자기 꼬리를 삼킨 뱀처럼 말이다.

시스템 이론은 이런 반발 작용을 보상 피드백Compensatory Feedback이라는 용어로 설명한다. 보상 피드백은 문제를 더 악화시킬 때도 있지만, 원래대로 되돌려놓을 때도 있다. 플라스틱 병을 눌러서 흠집이 나도 조금 지나면 원래대로 돌아오는 현상이 대표적이다. 이런 사례에서 문제를 해결하기 위해 생각해낸 방법은 반발 작용을 통해 아무 일도 없었던 상태, 즉 원점으로 돌아오는 것이다.

보상 피드백 시스템에 갇혔음을 알아차리는 법은 플립 싱킹을 배우기 전에 가장 먼저 익혀야 할 기술이다. 자동차 운전자는 에어백으로 인해 보상 피드백에 갇힐 수 있다. 왜일까? 운전자는 에어백이 있으니까 더 안전하다는 생각으로 운전을 더 거칠게 한다. 마찬가지로 산길을 포장해놓으면 오히려 사고 위험이 더 커질 수 있다. 도로가 좀 더 안전해졌다고 생각한 운전자가 조심해서 운전하지 않기 때문이다. 절전용 전구를 사는 사람들은 전등을 더 오래 켜두는 때가 많고, 절전형 세탁기를 쓰는 사람은 빨랫감이 조금만 나와도 마구 세탁기에 던져넣는 습관이 있다.

보상 피드백은 좀처럼 알아차리기 쉽지 않다. 예컨대 회사의 CEO가 직원들에게 죽을 만큼 일하면 안 된다고 말해봤자, 그 자신부터 이미 일주일에 60시간씩 일한다는 것은 직원들도 다 아는 사실이다. 그 말은 자신의 행동 때문에 이미 힘을 잃어버린 셈이다.

부정적인 피드백에 익숙하면서도 그 사실을 눈치채지 못하는 이유 중에는 그런 반발 작용이 비교적 '뒤늦게' 눈에 드러난 점도 있다. 플라스틱 병 이야기를 다시 생각해보자. 눌린 자국이 금방 복구되지 않을 때도 있다. 그러다가 조금 후에 갑자기 탁 하는 소리와 함께 원래대로 돌아온다. 자동차 회사가 4분기에 파격적인 할인 이벤트를 내세워 매출을 끌어올렸다고 해보자. 덕분에 그해 매출이 크게 올랐다. 그래서 연말 송년회를 대대적으로 연다. 그 자리에 참석한 직원들은 샴페인을 터뜨리며 뿌듯한 자부심을 느낀다. 그러나 해가 바뀌자 새해 1분기 매출부터 곤두박질친다. 게다가 시간이 흐르면서 할인 이벤트의 긍정적인 효과도 점점 줄어든다. 사람들이 어차피 연말이 되면 또 할인할 것이라는 기대감에 그때까지 구매를 미루기 때문이다. 이것이 바로 지연 반응이 초래하는 문제다. 오늘의 해결책이 내일의 문제를 만들어내는 셈이다.

보상 피드백이 몇 년이 지나서야 비로소 눈에 보일 때도 있다. 과거 미국의 금주령이 대표적인 예다. 남북전쟁이 끝나고 얼마 후, 알코올이 각종 사고와 폭력 사태, 실직 등의 원인으로 지목되며 사회에 미치는 악영향이 크다는 인식이 퍼졌다. 처음에는 절제 운동이 일어나 술집이 폐업하는 정도에 그쳤지만 점점 힘을 얻으면서 전면적인 금주 조치가 시작되었다. 1920년 1월 16일, 미국 수정헌법 제18조는 알코올을 제조하거나 판매하는 행위를 전면 금지하는 조치를 발효했다. 이에 따라 술 소비량이 이전에 비해 3분의 1 수준으로 떨어졌다. 범죄가 감소하고 경기가 되살아났다. 금주법을 가장 강하게 반대했던 이른바 웻츠(Wets, 당시 금주법 반대파를 지칭한 표현으로, 찬성파를 드라이즈Dries라고 불렀다 - 옮긴이)조차 이 법이 결국 성공을 거두었음을 인정할 수밖에 없었다.

그런데 얼마 지나지 않아 분위기가 바뀌었다. 부작용이 드러나기 시작한 것이다. 잡화점과 약국에서 의사의 처방에 따라 술을 파는 것이 허용되었다. 어떻게 되었을까? 수백만 달러 규모의 사기 판매가 발생했다. 게다가 밀주 판매 시장이 마피아들의 주머니를 채우는 역할을 하면서 조직범죄가 기승을 부렸다. 밀주 거래 조직이 학생들에게까지 접근하자 금주법 철폐를 외치는 목소리가 힘을 얻게 되었다. 웻츠의 수가 점점 늘어난 데 비해 드라이스는 설 자리를 잃었고, 마침내 1933년에 금주법이 폐지되었다.

우리는 복잡한 세상에서 살고 있다. 그리고 세상은 더욱더 빠르게 변화한다. 여러 수상 실적을 자랑하는 의학 전문작가 루이스 토머스Lewis Thomas는 시스템의 복잡성에 관해 이렇게 말했다. "복잡한 사회 시스템은 그저 뛰어들어 고친다고 해결되는 문제가 아니다. 이 점을 깨닫게 된 것이 이 시대의 가장 실망스러운 일이라고 할 수 있다."[1] 문제를 해결하려는 시도가 오히려 예기치 못한 결과를 초래한다. 이것을 피하는 방법을 알아내려면 추론 과정에 숨어 있는 오래된 오류를 이해해야 한다.

첫 번째 오류는 그저 문제를 없애기만 하면 해결된다고 생각하는 것이다. 문제를 만났을 때 사람들이 보이는 기본적인 반응은 그것을 없애려고 하는 것이다. 물론 문제를 없애는 것이 가능할 때도 있지만, 오늘날처럼 복잡한 사회에서 문제를 없애겠다는 시도는 대부분의 상황에서 저항과 역효과를 낳는다.

해결책처럼 보이는 일이 새로운 문제가 되는 경우도 자주 있다. 안타까운 일은 해결책을 찾아낸 본인 스스로가 그 상황을 깨닫지 못한다는 점이다. 예컨대 한 연인이 있는데 서로 집이 너무 먼 것이 문제라고 해보자. 해결책은 무엇인가? 거리를 좁히는 것이다. 같은 소파에 나란히 앉아 포옹하고 대화도 많이 한다. 그러나 바람직한 해결책을 추구하면 할수록 새로운 문제가 더 많이 생긴다. 점점 더 서로에게 집착하고 의존하게 된다는 것을 깨닫는다. 자신만의 공간이 전혀 없다고 느낀다. 그래서 나름대로 새로운 해결책을 찾아냈다. 함께 당구를 더 자주 치면서 물리적 거리를 두기로 한 것이다. 둘 다 문제를 아주 훌륭하게 해결했다고 생각한다. 그러나 머지않아, 예컨대 6개월이나 1년 안에, 새로운 해결책도 썩 만족스럽지 않다고 느낀다. 한 사람은 상대방이 자주 집을 비우는 데 불만을 품고, 다른 사람은 상대방이 너무 집착한다고 느낀다. 어떤 커플은 이런 패턴을 계속해서 반복한다. 희한하게도 이런 패턴이 지속될수록 정작 당사자들은 그 사실을 깨달지 못하는 경우가 허다하다. 이것이 바로 사람들이 새로운 연인을 만나도 계속해서 똑같은 실수를 반복하는 이유인지도 모른다.

이런 논리 오류의 바탕에 무엇이 있는지 파악한다면 엄청나게 효과적인 문제 해결법을 찾아낼 수 있다. 이 방식은 산업혁명과 그에 따른 모든 혜택을 가져다준 '기계론적 원인과 결과 사고방식'과 같다. 이런 사고방식은 원인과 결과 사이에 일직선이 놓여 있다고 가정한다. 그래서 선형 사고라고도 부른다. 이런 관점은 모든 문제에는 원인이 있으므로 진단을 통해 분명한 해결책을 찾을 수 있다는 것을 기본 전제로 삼는다. 진단만 정확하다면 잘 짜인 처방을 통해 문제를 해결할 수 있다. 실제로 원인이 하나밖에 없는 문제라면(예컨대 타이어가 펑크 난 상황) 해결 과정은 간단하다. 펑크 난 곳을 찾고, 구멍을 메우면 끝이다.

인류는 지금까지 이 방법으로 수많은 문제를 해결해왔다. 다리가 부러졌다? 깁스로 고정하면 붙는다. 박테리아에 감염됐다? 항생제를 먹는다. 홍수가 난다? 댐을 건설한다. 이러한 접근법은 너무나 크게 성공해왔다. 어떻게 보면 이 방법으로 현재의 문명이 완성되었다고 해도 과언이 아니다.

그러나 이런 사고방식으로 좀 더 복잡한 시스템에 대처하기에는 한계가 있다. 아니 오히려 역효과가 난다. 결혼만 생각해봐도 그렇다. 직업인으로서의 비전, 아이를 가지는 것에 관한 생각, 행복이나 상호 존중, 가족이나 친구들과의 관계 등 수많은 변수가 영향을 미친다. 그래서 결혼생활에 문제가 생기면 그 '원인'이 무엇인지 정확히 딱 집어 말하기가 어렵다. 여러 가지 요인이 복잡하게 얽힌 결과라는 표현이 가장 옳을 것이다. 그런데도 우리는 늘 '원인'을 찾으려고 한다.

이런 추론 오류들이 쌓이고 쌓여 사고가 고착되는 데 영향을 미친다. 원인을 찾기보다는 그저 증상만 해결하려는 풍조를 생각해보자. 중환자실에 설치된 심장 모니터에서 끔찍한 소리가 난다고 기계 전원을 꺼버리면 문제가 해결되는가. 잘못된 행동을 방지하는 데는 처벌이 최고라는 생각도 문제다. 예를 들어보자. 이스라엘 탁아소 관계자들은 부모가 제시간에 아이를 데리러 오지 않았다고 벌금을 매겼다. 그래서 어떻게 되었는가? 지각하는 부모가 더 늘어났다. 왜 그럴까? 벌금을 냈으니 당당히 지각해도 된다고 생각한 것이다. 벌금을 일종의 비용으로 여기게 되었다.

또 하나 흔한 증상은 문제가 생길 거라는 두려움이 실제로 그 일의 원인이 되는 상황이다. 이것을 '자기실현적 예언Self-fulfilling Prophecy'이라고 한다. 예컨대 어떤 부모가 아들이 잘못된 길로 빠질까 봐 두려워한다고 해보자. 그래서 아들이 공부하고 있는지, 어디서 뭘 하는지 끊임없이 확인한다. 아이는 너무나 화가 난다. 그러면 어떻게 될까? 맞다. 잘못된 길로 빠진다.

고착된 사고방식으로 문제를 해결하려 애쓴 결과는 언제나 놀라운 모순을 초래한다. 마지막으로 한 가지 사례만 더 살펴보자.

집을 사려는 사람이 가격을 깎아보려는 마음에 집의 단점을 주인에게 잔뜩 늘어놓는다. 그러면 어떻게 될까? 집주인은 오히려 더 높은 가격을 부른다. 이럴 수가! 집주인 측의 부동산 업자는 오랜 경험을 통해 정말 집을 살 생각이 없는 사람은 그렇게 억지를 부리지 않는다는 것을 알기 때문이다.

지금까지 살펴본 고착 사고의 예에서 어떤 결론을 내릴 수 있을까? 여러 가지가 있을 것이다. 첫째, 우리가 찾아낸 해결책을 너무 빨리 정답이라고 확신하면 안 된다. 자칫 뿌리 깊은 문제가 계속되거나, 그저 증상만을 완화하는 데 급급하거나, 시간이 흐른 후 부작용까지 더해질 가능성이 매우 크다. 문제를 해결하려고 더 열심히 애쓸수록 오히려 더 악화할 수도 있다. 우리가 찾아낸 해결책이 바로 그 문제에 포함되기 때문이다. 아무리 애써도 자꾸만 제자리로 돌아오는 듯하고, 달걀로 바위를 치는 듯한 좌절감이 든다면 그 자리에 멈춰 생각해봐야 한다. 도대체 무엇이 내 노력을 가로막는가? 나를 가로막는 힘의 정체는 무엇이며, 왜 나는 이렇게 많은 영향을 받는가 하고 말이다. 해결하려는 노력을 멈춰야 한다. 때로는 가만히 내버려두는 것이 반쯤 해결한 것이나 마찬가지일 수도 있다.

둘째, 문제를 진단할 때는 단순히 원인과 결과만 따질 것이 아니라 시스템의 복잡성을 꼭 염두에 두어야 한다. 카오스 이론을 창시한 과학자 에드워드 로렌츠Edward Lorenz는 "브라질에서 일어난 나비 한 마리의 날갯짓이 몇 달 뒤에 텍사스에 태풍을 몰고 올 수 있다"라고 말했다. 복합 시스템(Complex System)에 존재하는 상호관련성은 온갖 예상치 못한 결과를 초래할 수 있다.

마지막으로, 충동적인 행동은 반드시 고착 사고를 초래한다. 뒤에서 더 살펴보겠지만, 플립 싱킹을 하기 위해서는 창의성뿐만 아니라 인내가 필요하다.

좋은 뉴스는 과연 무엇일까? 우리가 어떤 상황에서 고착 사고를 인지했다면 그것은 곧 플립 싱킹의 여지가 있는 것으로 봐도 좋다. 코르크 마개에 스크루를 너무 깊이 박았을 때는, 그 사실을 깨닫기만 해도 반대로 돌리면 쉽게 빼낼 수 있다. 사실 플립 싱킹은 고착된 사고를 거꾸로 뒤집기만 하면 되는 때가 많다. 앞에서 언급했던 두 연인의 예를 다시 생각해보자. 한 사람은 함께 좋은 시간을 보내기를 원하고, 다른 사람은 한 공간에 함께 있기를 원한다. 악순환의 고리를 깨는 방법은 의외로 간단하고, 또 (플립 싱킹이 늘 그렇듯이) 역설적이다. 둘 다 상대방과 상관없이 주도적으로 행동할 수 있다. 함께 있기를 원하는 그는 아마도 서로 만나는 시간이 너무 부족하다고 불평하며, 같이 데이트하러 나가자고 재촉하고, 함께 소파에 앉아 시간을 보내자고 하며, 그녀에게 수시로 문자와 이메일을 보낼 것이다. 그러면 그녀는 점점 자신만의 공간을 원하다가 마침내 짜증스럽다는 듯이 "나가서 당구나 좀 치는 게 어때!"라고 말할 것이다. 상대방 처지에서 생각해봐도 마찬가지다. 함께 시간을 보내기를 원하는 그녀는 그에게서 좀 떨어져 있는 시간이 필요하다고 생각해서 2주간 캠핑을 떠난다고 통보한다. 크리스라는 친구와 함께 간다고 하면 더 좋을 것이다. (그는 이렇게 생각한다. "크리스가 누구지? 그냥 '남사친'인가? 아니면 이제 그 녀석도 견제해야 하나?") 그녀는 친구를 만나는 동안에는 전화 한 통 하지 않는다. 2주 뒤 그녀가 연락하면 그가 먼저 친밀한 시간을 제안할 가능성이 아주 크다.

　물론 이렇게 패턴을 깨는 방식을 시도한다고 행복이 보장되는 것은 아니다. 그러나 매번 똑같은 패턴만 고집하다 보면 '틀림없이' 불행으로 이어질 것이다.

7장

플립 싱킹을 완성하는
네 가지 질문

복잡성이란 단순성이 없는 것이다.
-에드워드 드 보노Edward de Bono, 《심플리시티Simplicity》

이제 여정을 떠나기에 앞서 꼭 명심해야 할 마지막 지혜가 있다. 모든 문제에 다 플립 싱킹을 적용할 수 없고, 그래서도 안 된다는 사실이다. 여기서 중요한 점은 플립 싱킹을 적용할 수 있는 문제는 과연 무엇이며 그 시기는 언제인가를 아는 것이다. 이 문제를 위해 플립 싱킹에 관한 네 가지 질문을 소개한다. 문제를 마주할 때마다 아래의 네 가지 질문을 적용해보면 가장 적합한 접근 방식이 무엇인지 판단하는 데 도움이 될 것이다.

1. 문제가 무엇인가?
2. 그것이 정말 문제인가?
3. 내가 문제인가?
4. 문제가 목적이 될 수 있는가?

질문1. 문제가 무엇인가?

첫 번째 질문은 놀랍도록 간단하다. 그러나 무엇이 문제인지 정확하게 말하기가 생각보다 훨씬 어려울 때가 많다. 문제란 항상 사실과 기대의 차이에서 빚어진다는 점을 떠올려보자. 어떤 문제를 정의하려면 사실과 그에 따른 기대를 정확하게 파악하는 것이 무엇보다 중요하다. 물론 말하기는 쉽다. 만약 "아이가 너무 활동적이어서 정신이 하나도 없다"라는 것이 문제라고 해보자. 이 문제는 "조금만 조용히 지내고 싶다"라는 기대와 "아이가 종일 집 안을 뛰어다닌다"라는 사실로 구분할 수 있다. 그러나 이것은 상황을 너무 단순화한 것이어서 여전히 많은 의문을 남긴다. 아이는 도대체 얼마나 활동적인가? '너무 활동적'이라는 말의 정의는 무엇인가? '조용히'라는 말은 또 무슨 의미인가? 아이는 학교에 가서도 그렇게 설쳐대는가? 주로 식사 후에 뛰어다니는가? 잠은 잘 자는가? 아이가 지나치게 활동적이라는 데 남편도 동의하는가? 요컨대 어떤 문제든 해결에 나서기 전에 그것을 '적절하게' 기술할 수 있어야 한다.

아들이 얼마나 활동적인지 좀 더 진지하게 살펴본다고 해보자. 그러면 비로소 같은 또래에 비해 아이가 유난히 활동적인 편은 아님을 알게 될지도 모른다. 어쩌면 무의식적으로 아들의 문제점만 찾고 있었는지도 모른다. 자신이 부모 노릇을 성실하게 잘 수행한다는 점을 증명하고 싶은 마음에서 말이다. 만약 그렇다면 이는 곧 다른 의문으로 이어진다. '좋은 부모'란 도대체 무엇인가 하는 점이다. 둘 중 어느 쪽이든 원래 문제라고 생각했던 것은 온데간데없이 사라졌다. 곰곰이 생각해보니 그런 문제는 애초에 존재하지도 않았다. 원래 정의가 불분명한 문제였고, 따지고 보니 허구였음을 알게 되었다.

앞에서 문제를 '적절하게' 기술해야 한다고 말한 이유가 있다. '완전히' 기술하는 것은 가능하지도 않고 그럴 필요도 없기 때문이다. 우리는 어떤 문제든 '원인'을 찾을 수 있다고 생각하는 습관이 있다. 우리가 어릴 때부터 그렇게 배워왔기 때문이다. 학교 다닐 때 이런 질문을 많이 들어봤을 것이다. "1920년대 독일에서 나치당이 권력을 획득할 수 있었던 다섯 가지 이유가 뭘까요?" 혹은 "동유럽이 멸망한 3대 주요 요인을 말해볼 사람?" 같은 것이다. 이것은 너무나 단순한 질문이다. 마치 세상을 시계 보듯 하나하나 뜯어보면 다 이해할 수 있다고 믿는 것 같다. 그러나 이미 살펴봤듯이 문제는 수많은 변수가 서로 얽힌 복잡한 시스템 속에서 자라난다. 상사가 부하를 모욕하고, 부하는 퇴근 후 배우자에게 심한 말을 내뱉으며, 배우자는 아이들에게 소리치고, 아이는 개를 걷어차며, 개는 고양이를 문다. 시스템에는 온갖 형태의 파급 효과가 존재한다. 따라서 우리가 목표로 삼아야 할 것은 완전함이 아니라 적절함이다.

고통스러운 문제를 대할 때는 특히 이 점을 염두에 두어야 한다. 우리는 가장 고통스러운 문제를 설명하기 위해 철저하게 조사하는 경향이 있다. 그런 조사 활동이 겉으로는 타당해 보일지 모르지만, 정작 문제의 본질을 외면하려는 무의식적 동기의 결과물일 때가 훨씬 많다. 생각해보자. 문제의 원인도 정확히 모르는데 어떻게 해결하기를 기대하겠는가? 인생이 크게 달라지지도 않는데 사람들이 자기계발 강좌나 심리요법에 돈과 시간을 쏟는 이유도 바로 여기에 있다.

따라서 문제 정의는 적절한 수준까지만 하고 다음 질문으로 넘어가야 한다. 그 문제를 위해 할 수 있는, 또는 해야 하는 일이 무엇인가 하는 질문이다. 사실 우리가 할 수 있는 선택은 세 가지밖에 없다. 문제를 해결하거나, 내버려두거나, 생각을 뒤집는 것이다. 모든 문제에 플립 싱킹을 적용할 수 있는 것은 아니다. 타이어가 구멍 난 상황에서도 생각을 뒤집을 수는 있지만(오늘만 체육관까지 걸어가자), 타이어를 고치는 방법도 있다. 문제를 해결할 수만 있다면 그것이 가장 좋다. 그러나 거의 모든 문제는 너무나 복잡한 것이 현실이다. 그래서 플립 싱킹이 아무 소용이 없는 사례도 많다. 이럴 때 세 번째 선택지가 필요하다. 그냥 내버려두는 것이다.

예를 들어 우리 집이 공항 근처라 너무 시끄러워서 괴로운데 이사 갈 형편도 못 된다고 생각해보자. 이런 상황에서는 문제를 해결할 수도 없고 플립 싱킹도 통하지 않는다. 분명히 소음 때문에 하루하루가 괴롭지만, 거기에 무슨 기회가 있는 것도 아니다. 그럼 그냥 내버려두면 어떨까? 문제를 내버려두면 더 이상 괴롭지 않을 거라는 뜻이 아니다. 내 말은 해결책을 찾으려는 노력을 그만두라는 뜻이다. 문제가 존재하고, 이를 해결하기 위해 할 수 있는 일이 아무것도 없다는 사실을 받아들이라는 것이다. 이것은 문제 앞에서 손 놓고 있으라는 말이 아니다. 사람들이 가장 오해하는 부분이 이 대목이다.

내버려두는 것은 문제를 인정하는 적극적인 결정이다. 그렇게 하지 않으면 문제가 점점 더 나를 짓누른다. '해결해야 한다'라는 목소리가 계속해서 머리를 울린다. 그래서 점점 더 괴로워지고 좌절한다. 그러나 일단 내버려두면 시간이 지나면서 점점 부담이 줄어든다. 비행기 뜨는 소리가 들릴 때마다 분노하던 버릇이 사라질 것이다.

요약해보자. 우선 문제를 적절하게 정의한 다음, 그 문제를 해결할 수 있는지 자문해본다. 만약 그렇다고 생각하면 해결하면 된다. 그러면 문제가 해결된다. 그렇지 않다면, 생각을 뒤집을 수 있는지 생각해본다. 뒤집을 수 없다면 그냥 내버려두는 방법이 있다. 오직 플립 싱킹을 적용할 수 있을 때만, 두 번째 질문으로 넘어갈 수 있다.

질문2. 그 문제는 정말 문제인가?

두 번째 질문은 문제의 '시급성'에 관한 것이다. 당장 목숨이 걸린 중요한 문제인가, 별것 아닌 문제인가? 우리 뇌는 조그만 언덕을 보고도 태산을 만들어내는 재주를 지녔다. 우리는 불평하기를 즐기기도 한다. 주변에서 흔히 볼 수 있는 광경이다.

자, 비가 내린다. '과연' 이것이 문제인가? 이것이 정말 주의를 기울일 만한 문제인가? 사실, 이 정도는 별로 어려운 문제가 아니다. 10대 딸아이와 늘 심각한 충돌을 빚는 일은 얼마나 심각한 문제일까? 이미 살펴봤듯이 우리는 인생에서 불가능한 수준의 완벽을 기대한다. 따라서 우리가 심각하게 여기는 문제들보다는 차라리 우리의 완벽 추구 성향이 훨씬 더 중요한 문제가 아닌가 하는 의문을 제기해볼 필요가 있다.

우리는 사소한 골칫거리와 불편한 일들 그리고 일상적인 불만을 삶의 한 부분으로 생각해야 하지 않을까? 결혼을 예로 들어보자. 심리학자 제프리 와인버그는 이렇게 말했다. "만족하는 것만으로는 충분치 않은 시대가 갑자기 도래했다. 그래서 의사소통이 완벽하지 않다고 느끼자마자 부부 상담을 신청하는 사람이 늘고 있다." 오해하지 않기를 바란다. 의사소통 문제가 결혼생활의 가장 대표적인 고민이라는 것 정도는 나도 알고 있다. 그런 문제는 해결할 과제라기보다 그저 웃어넘기면 될 일이라고 볼 수도 있다.

결혼한 부부는 이 세상에서 자신과 함께 살아주겠다는 사람을 만난 것만 해도 행운이라는 사실을 너무 쉽게 망각한다. 그 자체만으로도 분에 넘치게 감사할 일이다. 말다툼할 사람이라도 있으면 소원이 없겠다는 외로운 영혼이 얼마나 많은지 생각해보라.[1]

자세히 신경 쓰지 않으면 있었는지도 모르고 넘어갈 사소한 문제와 정말 중요하고 심각한 문제를 구분할 줄 알아야 한다. 아들이 담배를 피웠다고? 그래봤자 딱 한 번 해봤을 뿐이다. 한 번만 눈감아주면 안 되나? 어쩌면 더 다양한 경험을 해보지 않은 것을 걱정해야 할지 모르는 일이다. 고양이가 소파 모퉁이를 긁어놨다. 이게 그리 심각한 문제인가? 당연히 아니다. 이런 일은 그저 살다 보면 수시로 생기는 일상적인 사건일 뿐이다.

우리는 본질적으로 어떤 일이 심각한 문제인지 판단하는 능력을 지니고 있다. 일상적인 고통을 동반하는 만성질환, 사랑하는 사람의 죽음, 아이가 안고 있는 질병 등과 별로 중요하지 않은 문제들을 비교해보라. 두 번째 질문은 여러분이 이런 문제에 쏟는 시간과 고민을 상당히 덜어줄 수 있다. 그런데 이 질문에 대한 대답도 예라면, 그것도 아주 확신할 정도라면, 이제 세 번째 질문으로 넘어가야 한다.

질문3. 내 사고방식에 어떤 문제가 있나?

넷 중에서 가장 흥미로운 질문이다. 우리는 문제를 마주할 때마다 그것이 외부 세계에서 왔다고 생각한다. 문제란 나에게 '닥친' 것이지 내가 안고 있던 것일 리가 없다고 생각한다. 그러나 (놀랍게도!) 고착 사고에서 확인했듯이 이제 우리는 문제의 가장 중요한 원인이 바로 우리의 '기대'라는 사실을 안다. 사실 기대가 문제의 전부일 때도 있다. 그러나 다행히 우리는 기대 수위를 조절할 수 있다. 아이가 조용히 지내기보다 차라리 더 '활발히' 뛰어놀기를 바라면 된다. 기대를 조절하는 것만으로도 많은 문제가 자연스럽게 해결되는 경우도 있다.

우리 행동도 마찬가지다. 우리의 행동이 바로 문제의 한 요소일 때가 많다. 인정하기 힘든 일이지만, 문제라고 생각하는 사안에 관해 아무것도 하지 않으면 문제가 사라지는 경우가 허다하다.

질문4. 문제가 목적이 될 수 있을까?

세 번째 질문까지 통과하고도 문제가 남아 있다면 이제 플립 싱킹의 영역에 들어온 셈이다. 문제가 실제로 존재한다. 따라서 해결할 가능성도 있다고 봐야 한다. 이제 문제와 씨름할 것이 아니라 그 잠재력을 끌어내는 데 에너지를 쏟으면 된다. 문제가 목적인가라는 질문은 상식에 어긋난다. 이 질문을 나는 '생각을 뒤집는 기적의 질문Miracle Question of Flip Thinking'이라고 부른다. 처음 들으면 어처구니가 없다고 여겨질 것이다. 어떻게 문제가 '목적'일 수 있단 말인가? 누구나 문제를 싫어한다, 그렇지 않은가? 그러나 이 질문을 던짐으로써, 우리는 문제란 누구나 싫어하는 것이라는 고정관념에서 벗어날 수 있다. 이 질문은 우리의 창의력을 자극해서 새로운 사고방식의 문을 열어준다.

예를 들어 대부분의 사람들은 머리카락이 빠지는 것을 문제라고 생각한다. 탈모를 원하는 사람은 없다. 그러나 네 번째 질문을 던져보면(문제가 목적이 될 수 있을까?), 대머리가 바람직할 수도 있다는 데 생각이 미친다. 사실 그리 이상한 생각은 아니다. 앤드리 애거시나 드웨인 존슨, 마이클 조던이 과연 대머리가 아니었어도 그렇게 멋있게 보였을까? 그들의 '문제'는 오히려 목적이 되었다.

2부에서는 문제를 기회로 바꾸는 '열다섯 가지 플립 싱킹 전략'을 소개한다. 이 모든 전략의 바탕에는 현실을 긍정하고 문제를 있는 그대로 받아들이며 예상치 못한 가능성을 추구한다는 공통점이 있다. 그러나 열다섯 가지 전략은 모두 다르므로 문제에 따라 어울리는 것과 그렇지 않은 것이 있다. 하나씩 살펴보며 여러분의 삶에 어떻게 적용할 수 있을지 고민하고 실천해보기를 권한다.

부디 즐거운 여정이 되기를 빈다.

1부에서 이것만은 꼭 기억해두기!

▶ 1. 현실 수용 ◀

인생에는 바꿀 수 없는 것들이 있다. 날씨가 대표적인 예다. 이것을 바꾸겠다고 에너지를 낭비할 필요가 없다. 바꿀 수 없다는 사실을 인정하는 순간 새로운 기회가 열릴 것이다.

▶ 2. 인간 인식의 한계 ◀

우리는 자신이 본다고 생각하는 대로 본다. 객관적인 현실을 보는 것이 아니다. 우리의 인식은 편향되어 있고 어쩔 수 없는 한계가 있다. 너무나 당연한 말이지만, 굉장히 중요한 사실이기도 하다. 결국 플립 싱킹의 핵심은 사실 파악이다. 사실이야말로 문제와 기회를 이어주는 가교이다.

▶ 3. 문제 중심 사고 ◀

문제는 실재와 당위 사이의 긴장이자, 꿈과 현실 사이의 공간이다. 눈을 크게 뜨고 새로운 시각으로 바라봐야 한다. 기존의 관념을 버리고, 있는 그대로를 지켜보라. 현실에는 오로지 사실밖에 없다. 문제는 우리 머릿속에 있다.

▶ 4. 변화에 대한 저항 ◀

플립 싱킹의 가장 큰 장애물은 만족이다. "이 정도면 괜찮잖아?"라는 생각이다. 그러나 위대한 일의 적은 바로 '적당히 좋은 것'이다. 플립 싱킹에 성공하려면 끊임없이 각성하는 자세가 필요하다.

▶ 5. 저항을 통한 성장 ◀

사람, 조직, 시스템은 모두 안티프래질의 특성을 띨 수 있다. 누구나 역경을 맞아 더욱 성장할 잠재력을 지니고 있다. 문제를 수용함으로써 오히려 더 나아질 수도 있다. 역경을 만나 적응하는 능력은 자연의 고유한 특성이다. 안티프래질을 이용하는 가장 좋은 방법은 아무것도 하지 않는 것이다. 이 놀라운 위력을 직접 체험해보라.

▶ 6. 문제를 악화하는 습관 ◀

세상은 복합 시스템으로 이루어져 있다. 인간이 뭔가를 '해결하려' 들면 시스템은 이에 반발해 보상 피드백을 형성하며 그런 노력을 무산시킨다. 이런 반발 작용은 몇 년이 지나 시스템 내의 전혀 예상치 못한 곳에서 나타날 때도 있다. 예를 들어 야근을 불사하며 도저히 감당할 수 없는 업무량을 겨우 다 해냈을 때를 생각해보라. 십중팔구 상사는 이번에는 더 거대한 일거리를 안겨줄 것이다. 이렇듯 플립 싱킹에서는 고착 사고의 패턴을 인식하고 이를 멈출 줄 아는 능력이 필요하다.

▶ 7. 생각을 뒤집는 기적의 질문 ◀

모든 문제에 플립 싱킹을 적용할 수도, 그럴 필요도 없다. 실제로 해결만 하면 되는 문제도 있고, 너무 복잡하거나 우리가 할 수 있는 일이 거의 없어서 그냥 내버려둘 수밖에 없는 문제도 있다. 앞의 세 가지 질문(문제가 무엇인가? 정말 문제인가? 내가 문제인가?)에 대답해야만, 네 번째 질문이 적합한지(문제가 목적이 될 수 있는가?), 또 플립 싱킹을 적용할 수 있는지를 알 수 있다.

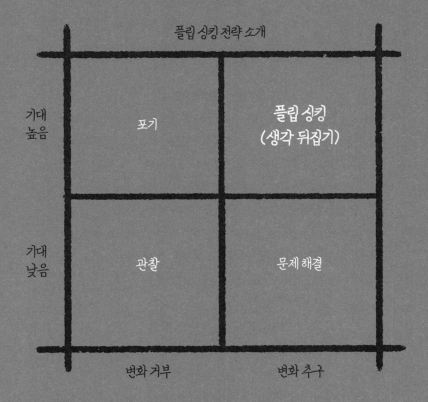

플립 싱킹 전략 소개

기대
높음

포기

플립 싱킹
(생각 뒤집기)

기대
낮음

관찰

문제 해결

변화 거부

변화 추구

2부

플립 싱킹
전략으로
유쾌하게
성공하기

8장

적당히 져주기

이 장은 사랑의 태도에서 출발하는 전략을 담고 있다.
사랑은 인정, 기다림, 존중을 전략의 핵심 요소로 삼는다.
사랑의 밑바탕에는 인간의 본성이 선하다는 생각, 현재 상황이 주는
긍정적인 기회 그리고 환경을 더 나은 방향으로 바꿀 수 있다는 희망이 있다.

상황을 그대로 받아들인다

주변 상황과 조화를 이루며 행동하자. 그래야 저항이 최소화된다.

스티븐 스필버그 감독의 영화 〈인디아나 존스〉 시리즈 1편 〈레이더스〉에는 인디 역을 맡은 해리슨 포드가 여러 자객 중 한 명과 치열한 칼싸움을 벌이는 장면이 나올 계획이었다. 이 장면은 영화의 하이라이트 중 하나였던 만큼, 촬영 기간도 무려 사흘이나 할애할 정도였다. 해리슨 포드는 현실감을 최대한 살리기 위해 몇 주에 걸쳐 검술과 안무를 익혔다.

그러나 촬영 첫날, 포드가 심한 설사를 만나는 통에 결투 장면을 도저히 찍을 수 없게 되었다. 다행히 포드가 좋은 아이디어를 떠올렸다. 그는 칼싸움을 벌이지 않는 것이 낫겠다고 스필버그 감독에게 제안했다. 대신 무시무시한 검객이 커다란 칼날을 공중에 휘두를 때, 인디아나 존스가 한숨을 한 번 내쉬고는 총을 꺼내 그를 향해 쏘는 장면을 제안했다. 이 장면은 영화사에 길이 남는 명장면이 되었다. 그야말로 플립 싱킹의 완벽한 사례라 하지 않을 수 없다!

가장 먼저 등장하는 간단하고 명백한(그러면서도 가장 어려울 수 있는) 전략은 바로 인정하기 전략이다. 심리학자 칼 융이 말했듯이, "내가 먼저 받아들이지 않으면 아무것도 바꿀 수 없다. 비난으로 자유를 얻을 수는 없다. 그것은 나를 억누를 뿐이다." 이 전략의 핵심 질문은 이렇다. 내가 거부하고 있는 것 중에 혹시 받아들이는 편이 더 나은 것은 없는가? 바람? 설사? 내 기분? 인디아나 존스 사례가 여실히 보여주듯이, 우리가 바꿀 수 없는 상황에 저항하기를 멈추면 그 전에는 미처 상상도 못했던 기회가 새롭게 눈에 보인다. 우리는 그저 상황이 꼭 '이러이러해야 한다'라는 고정관념만 버리면 된다.

인정 전략이 열다섯 가지 중에서 첫 번째 자리를 차지한 데는 그럴 만한 이유가 있다. 인정은 '모든 전략의 어머니'라고 볼 수 있기 때문이다. 이것은 플립 싱킹의 초석이자 다른 모든 전략의 기초다. 때로는 현실을 인정하기만 하면 상황이 반전되는 사례가 너무나 많다.

물론 현실을 인정하는 것은 말처럼 쉬운 일이 아니다. 기존 관념만 포기한다고 되는 것이 아니다. 특정한 사고의 틀을 새롭게 수용해야 한다. 여전히 판단하고, 조바심 내며, 평가하고, 당연히 '이러해야 한다'라는 시나리오를 염두에 두는 한, 아직은 인정하는 자세가 아니다. 그런 규범적 판단을 모두 내려놓고 현실을 직시해야만 비로소 진정한 인정, 즉 있는 그대로만 보는 것이 가능하다. 현실을 이렇게 보기 위해 필요한 자세는 '관심'을 갖는 것이다. '관심'의 본질은 내가 있는 지금 이곳을 직시하고자 하는 마음이다. 판단하거나, 평가하거나, 바꾸려는 마음을 버린 채 말이다. 해결할 문제도, 걱정거리도, 과거나 미래에 대한 반성과 고민도 필요 없다. 그저 직시하는 태도, 그 이상도 이하도 아니다.

이런 자세가 진정한 인정이라면, 쉬운 일이 아니다. 여기에는 인정에 따라붙는 나쁜 평판도 한몫한다. 우리는 주로 인정하는 태도를 체념이나 항복과 관련짓는다. 약점을 드러내는 태도라고 보는 것이다. 우리는 대체로 강인함과 자기 확신, 자율성 등을 더 좋아한다. 현실에 굴복하보다는 현실을 주도하는 편을 선호한다. 그러나 현실은 그 누구보다 더 센, 무한에 가까운 힘을 자랑한다. 우리는 광대한 우주의 티끌 같은 일부분에 불과하다. 이런 처지에 우리가 온 우주를 좌지우지할 수 있다는 듯이 행동할 때가 있지만, 결국 아무런 소용이 없다. 우리는 이 세상에서 하나의 연약한 존재일 뿐이다.

아이러니하게도 현실을 우리 생각대로 바꿀 수 있다는 통제의 환상이 우리를 더 약한 존재로 만든다. 우리는 가망 없는 싸움을 벌이며, 바꿀 수 없는 현실에 기를 쓰고 저항하느라 미처 생각지도 못한 가능성을 놓치고 만다.

저항은 결코 우리를 강하게 해주지 않는다. 우리는 인정과 그 이후의 '적응'을 통해 강해진다. 적응은 생존과 직결되는 창의력이다. 우리는 적응력을 유리하게 이용할 줄 알아야 한다. 식물과 동물, 인간 등 지구상의 모든 생명체가 지금까지 살아남은 것은 적응이라는 놀라운 능력 덕분이다. 허버트 스펜서Herbert Spencer가 창안하고 찰스 다윈Charles Darwin이 인용한 '적자생존'이라는 유명한 개념은 흔히 '강자 생존'으로 잘못 이해되곤 한다. 그것은 다윈이 말하고자 하는 바와 분명히 다르다. 그가 말하는 핵심은, 환경에 가장 적합한 종은 도전에 가장 잘 적응한 종이라는 것이다. 생존에 성공한 동물은 환경 변화에 맞게 적응한 놈들이다. 이미 살펴봤듯이 자연에는 안티프래질 능력이 있다. 물이 부족한 땅에서 자라는 식물은 가장 깊이 뿌리 내리는 법을 터득한 종이다. 적응은 혁신을 낳는다.[1]

아무것도 판단하지 않는 마음 상태가 어떤 긍정적인 효과를 낳는지 궁금하다면 다른 사람의 말을 인정하는 자세로 경청해보면 알 수 있다. 다른 사람의 생각과 감정을 성실하게 듣는 모습은 그들을 인정한다는 인식을 심어준다. 이는 곧 마술과 같은 힘을 발휘한다. 특히 아이들에게 이런 태도를 보여주면 드라마틱한 효과를 거둘 수 있다. 육아 문제(사실상 사회나 인간관계의 모든 문제)의 상당수는 아이들이 자신을 있는 그대로 보고, 듣고, 인정해주는 사람이 아무도 없다고 느끼는 데서 온다. 세계적인 베스트셀러《조건 없는 사랑Love Without Conditions》의 저자 폴 페리니Paul Ferrini는 이렇게 말했다. "사랑은 불평도, 주장도, 비난도 하지 않는다. 사랑은 상대방을 있는 그대로 포용하는 것이다."

인정의 위력은 한 임시 교장이 불만에 찬 교사들에게 자기 경영 철학을 설득할 때도 큰 도움이 되었다. 교사들은 그전에 이미 단단하게 결속하고 있었고, 그중 몇몇은 교장에게 "아무도 우리 말을 들어주지 않아요"라고 불만을 호소했다. 교장은 교사들이 모두 참석하는 특별 회의를 열었다. 그는 그들이 제기하는 문제를 잘 이해하기 위해 무조건 경청하겠다고 마음먹었다. 그들의 감정을 그대로 인정하겠다는 자세였다. 교사 중 한 명이 이렇게 말했다. "우리가 원하는 것은 더 많은 정보와 학교 측의 개방적이고 투명한 태도입니다." 모두가 동의했다. 교장이 물었다. "예를 들면, 학교 예산을 공개하라는 말씀입니까?" 일부가 곧바로 "맞습니다"라고 대답했다. 그런데 대부분은 "아니오"라고 했다. 그러자 이를 두고 교사들끼리 토론이 이어졌다. 어떻게 되었을까? 교장에게 저항하려는 결속력이 곧바로 눈에 띄게 약해졌다. 교장의 예상처럼, 문제의 본질은 자신들의 말에 귀 기울여주는 사람이 없다는 교사들의 생각이었다.

인정의 핵심은 경청이다. 내가 아는 젊은이 중에 이 전략으로 까다로운 집주인을 상대한 사람이 있다. 집주인은 수시로 찾아와서 안부를 묻고는, 건물주가 얼마나 힘든 줄 아느냐는 둥 신세타령을 늘어놓으며 세입자의 시간을 잡아먹었다. 그러면서도 세입자가 건물 수리나 여러 문제를 호소할 때는 듣는 척도 하지 않았다. 여러분이라면 어떻게 하겠는가? 당장이라도 집주인을 들이받고 싶지만, 한편으로는 좋은 관계를 유지하는 것이 나에게도 유리하다.

결국 젊은이는 몇 번 정도 정중하게 방문을 거절한 다음, 그와 이야기할 시간을 마련했다. 커피도 한잔 대접했다. 집주인은 자기 집과 세입자들 그리고 집에 관련된 모든 일을 솔직하게 말했다. 그가 말하는 동안 젊은이는 고개를 끄덕이며 동의했고 가끔 질문을 던지며 대화를 계속 이어갔다. 그리고 이 도시에서 살기 좋은 곳을 찾기가 쉽지 않다고 말했다. 그로부터 석 달이 흐른 뒤, 두 사람은 아주 가까운 사이가 되었다. 세입자는 필요한 것이 있으면 언제든 주인에게 전화했고, 혹시 집을 비워드릴까요? 하고 물으면 주인은 이렇게 말한다. "나가고 싶으면 언제든 말만 해. 좋은 가격에 적당한 곳이 있는지 알아봐줄 테니까."

경청의 기술을 배우는 일은 꽤 쉽다. 기초적인 의사소통 강좌는 모두 이것을 가르친다고 봐도 된다. 질문으로 관심을 표현하기, 자주 고개를 끄덕이고 맞장구를 치며 동의하기, 상대방 말에 끼어들지 않기, 다 듣고 난 다음에 자신의 표현으로 요약하기 등이다. 그러나 설사 이 모든 노하우를 안다고 해도 그대로 실천하기는 어렵다. 특히 상대방이 짜증을 내거나, 동의할 수 없는 말을 할 때는 더욱 그렇다.

인정의 태도로 문제를 기회로 바꾸는 또 다른 방법을 몇 가지 소개한다. '쉽게 받아들일 수 있는' 문제에서 '좀 더 어려운' 문제, 마지막에는 '거의 받아들이기 힘든' 문제까지 등장한다. 사례를 읽으면서 여러분이라면 어떻게 대처할 것인지 생각해보기를 바란다. 과연 인정하고 적용할 수 있을까?

1900년까지만 해도 차는 깡통에 담긴 말린 찻잎 형태로만 구할 수 있었다. 게다가 깡통의 재료인 주석은 꽤 비싼 물건이었다. 전해오는 이야기에 따르면 뉴욕의 차 수입상 토머스 설리번Thomas Sullivan은 시장 경쟁이 너무 치열한 나머지 비용을 아끼려고 잠재 고객에게 보내는 샘플을 주석 깡통보다 훨씬 저렴한 비단 봉지에 담았다고 한다. 설리번은 그저 이 주머니를 포장 대용품으로 골랐을 뿐인데, 일부 고객이 찻물을 우려내는 금속제 용기에 찻잎을 주머니째 담근다는 것을 알게 되었다. 그런데 비단 주머니가 너무 촘촘해서 차가 잘 우러나지 않는다고 불평하는 사람이 있었다. 설리번은 그 주머니를 원래 포장 용도로 만든 것이 아니라고 설명하는 대신, 그들의 불평을 그대로 받아들였다. 그리고 비단 대신 좀 더 성긴 소재인 거즈 직물을 사용하면 되겠다고 생각했다. 그렇게 해서 탄생한 것이 바로 오늘날의 티백이다. 설리번은 고객의 불평에 맞서지 않은 것만으로 엄청난 기회를 발견한 것이다.

이런 사례는 너무나 간단하면서도 어려운 일이다. 기회를 포착하는 것도 분명히 기술이다. 지난 삶을 되돌아보면 놓치고 지나간 기회가 얼마나 많은가? 우리 모두 마찬가지고, 이유도 제각각이다. 아이디어 하나를 우직하게 밀고 나가기에는 인생에 너무 많은 격동이 몰아닥치기 때문이다. 지금 직장에서 누리는 안정감을 포기하기 어렵다. 그러나 무엇보다 가장 큰 이유는 문제 속에서 기회를 찾는 일이 너무 어렵기 때문이다. 설리번은 운이 좋았다고 생각할 수도 있겠지만, 결국 설리번도 고객들로부터 영감을 얻은 셈이다. 좋다, 이제 조금 더 어려운 사례를 살펴보자.

여러분이 운영하는 사업체에서 고객의 절도 행위가 만연한다면 어떨까? 그런 상황을 과연 받아들일 수 있을까? 리처드 브랜슨Richard Branson이 운영하는 버진 애틀랜틱 항공Virgin Atlantic Airways의 일등석 기내식에는 특별한 소금과 후추통이 딸려 나온다. 그들은 작은 비행기 모양의 이 양념통에 비행의 개척자 라이트 형제의 이름을 따 윌버Wilbur와 오빌Orville이라는 애칭까지 붙였다. 승객들은 여기에 열광했다. 이 양념통을 너무 좋아한 나머지 짐가방에 슬쩍 집어넣는 승객이 많아졌다.

너무나 많은 승객이 양념통을 훔쳐가자, 다시 채워 넣는 비용이 만만치 않은 지경이 되었다. 결국 버진 애틀랜틱의 재무부서는 이 물건을 없애야 한다고 생각했다. 그러나 리처드 브랜슨은 전혀 그럴 생각이 없었다. 이렇게 인기를 끄는 물건을 왜 없앤단 말인가? 그는 기가 막힌 아이디어를 냈다. 양념통 곁에 '버진 애틀랜틱에서 훔친 물건입니다'라는 문구를 써넣기로 한 것이었다. 그래서 어떻게 되었을까? 윌버와 오빌은 여전히 도둑맞았다. 그러나 이 상품은 머지않아 버진 애틀랜틱의 가장 성공적인 홍보 수단이 되었다. 원래 승객들은 그 물건을 선물용으로 활용하고 있었는데, 재미있는 문구가 들어가는 바람에 즐거운 화젯거리가 되었고, 그 덕분에 대대적인 홍보가 되었다. 더구나 버진이 보여준 너그러운 태도가 브랜드의 이미지를 한껏 끌어올리기까지 했다.

이제 조금 더 어려운 상황을 보자. 다른 이들의 행동을 도저히 바꿀 수 없고, 심지어 그 행동 때문에 그들 스스로 위험에 빠질 때에 우리는 어떻게 해야 할까?

독일 뒤셀도르프의 벤라트 양로원 직원들은 그 어려운 일을 해냈다. 그곳에 있는 노인 중에는 알츠하이머에 시달리는 사람들이 많았다. 그들은 때때로 집으로 돌아가겠다면서 시설을 무작정 나가버리곤 했다. 돌아갈 집도 없으면서 말이다. 물론 그러면 안 된다고 아무리 말해줘도 소용없었다. 무슨 말인지 전혀 못 알아들었기 때문이다. 양로원 측은 어떻게 했을까? 그들은 양로원 입구에 가짜 버스 정류장을 하나 세웠다. 진짜와 똑같이 생긴 것이었다. 그러자 양로원에서 탈출한 노인을 버스 정류장에서 쉽게 찾을 수 있게 되었다. 간호사들이 그들에게 정중히 다가갔다. 버스가 약간 늦는다고 말하고 안으로 들어와 커피 한잔하면서 기다리시라고 권했다. 환자들은 5분도 안 되어 자기가 버스를 기다리고 있었다는 사실을 까맣게 잊었다. 이 아이디어는 크게 성공해서 전 유럽의 모든 양로원이 도입하게 되었다.

이제는 가장 받아들이기 힘든 예를 생각해보자. 바로 배우자가 부정행위를 저지른 상황이다. 내가 잘 아는 지인 중에 딸 하나를 둔 기혼 여성이 있었다. 그런데 남편이 다른 여자와 아이를 가졌고, 그녀 또한 아이를 낳으려고 한다는 것을 알게 되었다. 남편은 두 여성을 모두 사랑한다고 말했다. 아마 이런 상황에 처한 사람이라면 95퍼센트는 심각한 갈등으로 치달으리라고 쉽게 짐작할 수 있다. 대부분의 아내는 남편을 떠나거나, 두 사람 중 하나를 선택하라고 남편에게 요구할 것이다.

그러나 내 지인은 그렇게 하지 않고 자신의 본질적인 가치와 인생의 원칙을 깊이 고민했다. 아울러 결혼제도와 사회적 통념 그리고 이런 상황에 대한 성경의 가르침까지 두루 고려했다. 그녀는 마침내 '그래요, 그리고'의 삶을 선택하기로 용감하게 결단했다. 그녀는 가정을 유지하기로 했다. 그리고 최선을 다해 남편을 용서하며 함께 노력하기로 했다(물론 이를 위해 남편이 훨씬 더 노력해야 했다). 그녀는 남편의 또 다른 가정을 인정했다. 무려 20년 전의 일이다. 그녀는 지금 생각해도(물론 그동안 많은 어려움이 있었지만) 그것이 옳은 결정이었다고 생각한다.

아마도 '이것이 어떻게 플립 싱킹의 사례인가'라고 생각하는 사람이 있을 것이다. 물론 '인정하기'를 보여주는 사례는 분명하지만, 도대체 그녀에게 무슨 기회가 있단 말인가? '긍정'이나 '그래요, 그리고'가 어디에 존재한단 말인가? 사실 그녀도 처음에는 전혀 기회 같은 것을 볼 수 없었다. 그녀는 자신의 심정을 이렇게 털어놓았다.

"남편에게 두 가정이 생겼다는 것은 우리 가족과 그 가족에게 쓰는 시간을 나누어야 했다는 뜻입니다. 처음에는 저도 이 상황을 문제라고만 생각했습니다. 그래서 최선을 다해 견뎌내려고 노력했지요. 그러던 어느 날, 집에 혼자 앉아 있을 때였습니다. 앞으로 사흘간 딸아이와 나만 집을 지켜야 하는 날이었어요. 그때 문득, 이 상황이 사실은 내가 원하는 것이었음을 깨달았습니다. 그이와 내가 결혼생활을 시작할 때, 각자 삶의 방식을 유지하기로 약속했었다는 사실이 갑자기 떠올랐습니다. 그래서 아이도 일부러 하나만 낳은 거죠. 처음에 그러자고 말을 꺼낸 것이 바로 나였다는 사실도 기억났습니다. 그이는 오히려 아이가 더 많이 있었으면 좋겠다고 했습니다. 그렇지만 저는 일주일 내내 부부가 함께 살면서 24시간 내내 아이가 부르면 언제든 달려가야 하는 삶은 너무나 힘겨울 것 같았거든요. 그 순간, 나는 내가 원하던 삶을 살아왔다는 생각이 번뜩 들었습니다. 희한한 일이죠! 어떤 사람은 저에게 이렇게 말하기도 합니다. '맞아, 하지만 너는 결국 딸아이를 혼자 돌보는 신세고, 남편은 너무 쉽게 면죄부를 받지 않았니?'하고 말이죠. 하지만 그들은 이게 정말 내가 원하는 삶이란 걸 모릅니다. 저는 항상 딸아이와 단둘이만 지내는 시간이 좋았어요. 그러면서도 친한 사람들과 어울리고 싶을 때는 얼마든지 그럴 수 있었습니다. 누구나 다 우선순위가 있게 마련이잖아요. 그이가 쉽게 면죄부를 받았다고요? 저는 그렇게 생각하지 않습니다. 사실 저보다 그이가 이 상황을 훨씬 더 힘들어했어요. 지금도 마찬가지고요."[2]

이 이야기가 매우 극단적인 사례라는 것은 나도 알고 있다. 배우자의 부정행위를 무조건 '받아들이라'고 말하는 것도 물론 아니다. 오히려 그 반대다. 그러나 이 여성이 이런 특수한 상황에서 택한 전략은 그녀에게 최선의 결과를 안겨주었다. 그것은 인정하기를 말로만이 아니라 직접 행동으로 보여준 사례였다.

사실 이것이 바로 플립 싱킹의 본질이다. '나의' 욕망과 필요, 목적에 맞는 새로운 생각과 행동의 길을 찾아내는 것이 바로 플립 싱킹이다. 플립 싱킹에서는 세상이 어떻게 되어야 한다는 당위는 중요하지 않다. 언제나 가능성에 초점을 두는 사고방식이다. 보편적인 법칙이 아니라 나에게 맞아야 한다. 나만의 특수한 상황에 필요해야 한다.

상황을 인정하는 것이 항상 최선의 선택지는 아니다. 때로는 크고 분명하게 '노'라고 말할 수 있어야 하고, 그렇게 하지 않으면 물러빠진 약골이 될 수밖에 없는 상황이 분명히 있다. 그러나 수용을 통해 상황을 반전시킬 수 있는 문제가 얼마든지 있다. 그럴 때는 '당위'에 매달리기보다 현실의 가능성을 이용하고 이에 적응하는 편이 훨씬 더 효과적이다.

요약
전략1: 인정

전략 핵심

상황을 받아들이고, 내가 할 수 있는 일이 무엇인지 살펴보라.

즉각적인 효과

꽉 막혔던 상황이 갑자기 새로운 기회로 바뀐다.

적용 상황

현실을 바꿀 수 없고 피할 수도 없을 때. 저항이 소용없을 때. 진실을 직면해야 할 때.

실행 방법

눈앞에 있는 것만 보지 않고, 상황 자체를 받아들인다.

전략2: 의도적 방치
문제가 저절로 해결되게 놔둔다

뭔가를 창조하기 위해서는 기다림이 필요할 때가 있어.
다만, 그 아무것도 하지 않기가 가장 어려운 일이라는 사실은 기억하자.
-<위니 더 푸Winnie-the-Pooh>

중국의 한 농부에 관한 옛 속담이 있다. 어느 날 이 농부에게 우연히 야생마 한 마리가 생겼다. 이웃들이 "대단한 행운이야"라고 부러워했다. 그러자 농부는 "어찌 될지 모르지"라고 대꾸했다. 농부의 장남이 말을 길들이기로 했다. 그러나 아들이 말을 타다 떨어져 다리가 부러졌다. 이웃들이 말했다. "저런, 끔찍한 불운이 있나." 이번에도 농부는 이렇게 말했다. "어찌 될지는 두고 봐야지." 시간이 지나 전쟁이 터졌고, 마을의 건강한 젊은이들이 모두 군대에 소집되었다. 농부의 아들은 다리가 온전치 못해 징집을 피했다. 이웃들이 또 말했다. "다행이네요." 농부는 이번에도 이렇게 답했다. "모르죠, 어떻게 될지."

어떤 일이 행운인지 불행인지는 상황에 따라 달라진다. 의도적인 방치, 즉 기다림의 전략은 이런 지혜를 활용한다. 세상은 끊임없이 변한다. 한때 문제로 보이던 것도 상황이 바뀌면 순식간에 새로운 기회로 탈바꿈할 수 있다. 사물을 있는 그대로 받아들여 생각을 뒤집고, 그에 따라 대처방식을 조정하는 것이야말로 플립싱킹의 가장 본질적인 모습이다. 가장 힘들이지 않고, 있는 그대로, 자연스럽게 현실을 대하는 방식이다. 현실에 동의한 채 기다릴 줄 아는 방식이다. 그것뿐이다. 이 방법이 멋진 이유는 내가 아니라 시간이 다 알아서 한다는 데 있다.

예를 들어보자. 에펠탑은 1889년 세계박람회장의 상징물로 만들어졌다. 에펠탑은 박람회 기간 중 자신의 역할을 훌륭히 해냈으나 그 후에는 방문객이 급격히 줄어들어 결국 아무도 찾지 않게 되었다. 입장료를 낮추는 노력도 전혀 효과가 없었다. 사실 파리 시민들은 324미터에 달하는 이 높은 탑이 처음부터 마음에 들지 않았다. 그들은 존재 목적이 사라진 탑에 더 이상 관심을 보이지 않았다. 파리 시민들은 이 탑을 도시 전체 건축과 어울리지도 않고 스카이라인만 독차지하는 흉물로 여겼다. 그러나 딱 하나 쓸모가 있었다. 워낙 높은 구조물이라 통신탑 역할로는 제격이었으므로 맨 꼭대기에 라디오 안테나를 설치했다. 그렇게 흉물 취급받던 에펠탑은 세월이 흐르면서 파리의 상징이 되었고 매년 600만 명의 관광객을 끌어모으는 관광 명소가 되었다.

도가의 무위無爲 사상이란 한마디로 '아무것도 하지 않는 행동'이라는 뜻이다. 언뜻 들으면 그저 모든 것을 잊고 쉬자는 말인 것 같지만, 그렇지 않다. 사실 이것은 적극적이고 의식적으로 행동하지 않는 편을 선택한다는 말이다. 예를 들면, 축구 경기의 심판은 파울을 보더라도 휘슬을 불지 않는 편을 선택할 수 있다. 파울을 당한 편에게 유리한 상황이 조성되었을 때 경기를 멈추면 오히려 파울을 당한 편이 불이익을 받을 수 있기 때문이다. 이럴 때 휘슬을 불지 않는 것을 어드밴티지 룰이라고 한다. 경기가 진행되도록 내버려 둔 다음 조금 후에 파울을 선언할 수 있다. 휘슬을 불 것인가? 말 것인가? 둘 다 답이 될 수 있다. 즉 기다리는 것이다.

기다림의 전략은 언뜻 보기에는 수동적인 태도지만 고도의 집중력이 필요한 일이다. 중요한 것은 행동에 나서야 할 순간이 언제인지 판단하는 것이다. 기다림의 전략은 현실에 맞춰 사는 방법처럼 보일 수도 있다. 먼저 주도하는 것이 아니라 현실을 '추종하는' 것이니 말이다. 그다음 움직임을 읽는 것이 중요하다. 그 순간에 맞추어야 하고, 내 주변에 작용하는 힘을 끝없이 인식해야 한다. 그러려면 모종의 '계기'에 민감해야 한다. 기다림의 전략을 쓰려면 세밀한 타이밍 감각도 있어야 한다. 기다리기 위해서는 엄청난 인내심을 발휘해야 한다. 밀 수확 시점을 선택해야 하는 농부를 생각해보라. 너무 빨리 수확하면 덜 익은 밀을 손에 넣고, 너무 오래 기다리면 밀이 다 말라버려 수확량이 줄어든다. 기다림의 전략을 제대로 적용하려면 현명한 농부처럼 행동해야 한다.

의도적으로 아무것도 하지 않는 것은 우리에게 매우 낯선 개념이다. 우리는 어려운 일을 만나면 적극적으로 도전하려고 한다. 소매를 걷어붙이고 뛰어든다. 그러면 마치 모든 일을 손아귀에 넣고 통제하는 것처럼 느껴진다. 흐로닝언대학교 리더십 교수 가브리엘 안토니오Gabriël Anthonio는 이것이 얼마나 잘못된 태도인지에 관해 현명한 조언을 남겼다.

복잡한 문제나 이슈에 대해 아무것도 하지 않는다는 것은 무관심이나 심지어 방관의 한 형태로 보일 수 있다. 그러나 그렇지 않다. 의도적으로 아무것도 하지 않는 것은 관찰, 경청, 주목을 행동으로 옮기는 것이다. 그 일과 아무런 관련이 없더라도 주의를 기울이는 것은 이미 한발 가까이 다가가는 것이다. 열린 마음으로 어떤 편견이나 의견도 없이 문제를 바라보는 태도다. 보고서를 쓰지도, 행동을 취하지도 않은 채 관심만 기울이는 것이다. 그것이 전부다. 나는 오랜 세월 관리자와 교수로 일해오면서, 아무리 복잡한 문제도 진지하고 성실한 관심만으로 해결되는 것을 수차례 목격했다. 특히 우리가 해결책을 (아직은) 전혀 모르는 문제일수록 그럴 때가 더욱 많았다. 그러나 '통제'에 대한 현대인의 강박관념이든, 성격상의 이유든, 우리는 대부분의 상황에서 무슨 일이든 해야 한다고 생각하는 경향이 있다. 그러면서도 한편으로는 이런 풍조가 문제 해결에 아무 도움도 안 된다는 것을 누구나 안다. 해결책에 관한 충동적인 사고와 그에 따른 행동은 새로운 문제를 낳을 때가 많다…. 문제에 관심을 기울이는 것만으로 독특한 힘을 발휘한다는 것이 알

려졌다. 문제가 스스로 해결되는 사례는 수도 없이 많다.[3]

그러나 우리 사회는 이런 의도적 방치를 별로 높이 평가하지 않는다. 우리는 일을 해야 보상을 받지, 아무 일도 하지 않았는데 보상을 받는 때는 거의 없다. 더구나 눈에 띄고 측정할 수 있는 일일수록 더 큰 보너스를 받는다. 결국 이런 시스템이 결과를 왜곡한다. 탈장 때문에 찾아온 환자를 그대로 두기로 한 외과 의사가 있었다. 진단해보니 충분히 저절로 나을 수 있다고 생각했기 때문이다. 그 의사는 인체의 안티프래질 능력을 믿었다. 그러나 그가 수술하기로 했다면 수입은 훨씬 더 컸을 것이다. 대신 환자가 더 큰 위험에 빠졌을지도 모르지만 말이다.

그러므로 현명한 방치를 권장하기 위해서는 우리 사회의 보상 구조를 재편해야 한다. 옛날 중국의 어느 마을에서는 마을 사람이 아무 탈 없이 지내면 그 보상으로 의사에게 고정 수입을 제공했다는 이야기가 있다. 거꾸로 말하면 의사들이 하는 일은 사람들에게 균형 잡힌 식사와 운동으로 건강을 유지하도록 조언하는 것이었던 셈이다. 그러다가 아픈 사람이 한 명이라도 나오면 수입이 끊기는 구조였다.

리카르도 세믈러Ricardo Semler는 브라질에서 크게 성공한 회사 셈코의 소유주이자 경영인이다. 그는 상황이 저절로 길을 찾을 때까지 기다리는 법을 터득한 사람이다. 그의 책 《셈코 스토리The Seven-Day Weekend》에는 심각한 문제를 안고 있던 어느 비서의 이야기가 등장한다. 그녀는 동료들과 아무 문제 없이 지내던 사람이었는데 어느 순간부터 주변 사람들과 말다툼을 벌이거나 나쁜 소문을 퍼뜨렸고, 툭하면 화를 내며 사무실 분위기를 망치는 일이 반복되었다. 그녀의 행동을 되돌리려고 온갖 조언을 해봤지만, 아무 소용없었다. 마침내 그녀에 관한 이야기가 세믈러의 귀에까지 들어갔다. 그는 과연 어떻게 했을까? 아무것도 하지 않았다. 전혀 반응하지 않았다. 그는 의도적으로 그녀를 지켜보며 기다리기로 했다. 결과는 어땠을까? 시간이 지나면서 그 비서는 스스로 나쁜 행동을 그만두었다. 모든 일이 정상으로 돌아왔다. 그녀가 왜 한동안 그렇게 기분이 언짢았는지, 또 어떻게 원래대로 돌아왔는지 아무도 아는 사람이 없었다. 심지어 그녀 자신도 몰랐을 것이다. 그러나 그게 뭐가 중요한가? 가끔은 누군가를 홀로 두는 것이 가장 좋은 전략일 때도 있는 법이다.

세믈러는 직원들에게 가능한 한 많은 공간을 제공해야 한다고 생각한다. 그는 직원들을 위해 사내에 급진적인 민주주의 시스템을 구축했다. 관료주의는 거의 찾아볼 수 없다. 이 회사에는 심지어 인사부도 없다. 세믈러는 인사부가 꼭 있어야 하는 경영자는 무능하다고 믿는다. 이 회사에는 조직도도 사명 선언서도 없다. 모든 회의는 참석이 자율이며, 아무도 참석하지 않았다면 해당 주제는 그리 중요하지 않았던 사안으로 판단한다. 직원들은 자신의 근무 시간과 급여, 심지어 상사까지 자기가 선택한다. 그래서 회사가 무질서해졌느냐고? 오히려 정반대다. 3,000명의 직원 중 이직자는 거의 없고, 세믈러가 자기 책을 출간한 2004년 당시 매출 규모는 창업 당시의 400만 달러에서 2억5,000만 달러가 넘는 수준으로 성장했다. 2008년 세계 금융 위기도 무사히 헤쳐나왔다. 세믈러는 지금도 전 세계를 무대로 강연하며 리더십에 관한 그의 비전을 전파하고 있다.

기다림은 어째서 이토록 효과적일 수 있을까? 그 대답은 창의성이 작동하는 방식에서 찾을 수 있다. 정말 새로운 기회가 왔는데(그것을 찾는 것이 바로 이 책의 의의다) 당장은 마땅한 해답이 없다는 사실을 깨달았을 때, 그 문제를 잠시 잊고 다른 일에 관심을 돌리다 보면 해결책이 떠오를 때가 있다. 이를 뒷받침하는 과학적 연구는 무수히 많다. 예를 들어보자. 텍사스A&M대학교의 스티브 스미스Steve Smith 교수가 진행한 연구에서 피험자들은 어떤 수수께끼를 풀어야 했다. 그중 일부에게는 과제 도중 잠깐 쉬는 시간이 주어졌는데, 실험 결과 이들이 다른 그룹보다 훨씬 더 빨리 수수께끼를 푼 것으로 나타났다. 더구나 쉬는 시간이 길수록 해답을 찾는 속도도 더 빨라졌다. 특히 연구자가 수수께끼를 내면서 힌트도 같이 줬을 때 쉬는 시간의 효과가 더욱 두드러졌다. 두 그룹 모두 힌트는 같았지만, 쉬는 시간이 더 길었던 그룹이 힌트를 더 잘 활용했다. 이 실험의 결론은 정보를 활용하는 데는 무의식 작용,

즉 잠복기가 필요하다는 것이었다.[4]

갑작스러운 각성의 순간을 연구한 논문도 많이 보고되어 있다. 이 분야에 관한 흥미로운 논문들은 한결같이 방치와 기다림의 중요성을 강조한다. 훌륭한 아이디어는 시간이 필요하다. 말하자면 잉태 기간이 있어야 한다. 무의식을 통한 문제 해결 능력을 가장 잘 활용하는 방법은 해당 문제와 관련된 정보를 최대한 머릿속에 입력한 후 일단 쉬는 것이다. 잠을 자거나, 목욕하거나, 산책하거나, 잠깐 공상에 빠지는 것도 좋다. 그동안 무의식이 열심히 활동한다. 마치 네트워크 서버가 돌아가면서 복잡한 계산을 조용히 처리해내는 것처럼 말이다. 그러다가 갑자기 아이디어가 번쩍 떠오른다. 도대체 어디서 이런 생각이 났나 할 정도로 말이다. 수많은 과학자와 예술가들이 이런 각성의 순간을 증언해왔다. 그들은 모두 똑같은 패턴을 보인다. 머릿속에 특정 과제를 입력하고 열심히 일한다. 그런 다음 잠시 쉬는 시간을 갖는다. 그러다가 번쩍하고 영감이 떠오른다.

1986년 노벨생리의학상 공동 수상자 리타 레비몬탈치니Rita Levi-Montalcini는 그런 경험을 이렇게 기술했다. "오랫동안 같은 문제를 골똘히 생각하다가 잠시 한쪽으로 치워놓을 때가 있습니다. 그러다 갑자기 문제가 선명해지면서 해답이 보이곤 합니다." 1973년 노벨생리의학상 공동 수상자인 콘래드 로렌츠Konrad Lorenz 도 기다림의 중요성을 역설했다. "인간이 아는 모든 진실은 공중에 뜬 채 퍼즐 맞추기처럼 제자리가 나타나기를 기다리고 있습니다. 그것을 억지로 맞추려고 애쓰는 동안에는 별다른 성과가 없습니다. 여기에는 어떤 신비한 힘이 필요해요. 그리고 잠깐 그냥 놔둬야 합니다. 그러면 번쩍! 하며 해답이 나타납니다." 수학자이자 철학자인 조지 스펜서 브라운George Spencer-Brown은 《형식의 법칙들 Laws of Forms》이라는 책에서 이렇게 말한다. "가장 단순한 진실을 만나기까지는 오랜 사색의 시간이 필요하다. 행동이나 논리, 계산은 필요 없다. 그 어떤 부지런한 활동도 소용없다. 독서도, 대화도 아니다. 노력이나 사고 과정이 필요한 것도 아니다. 알아야 할 것을 마음에 담아두기만 하면 된다."[5]

프랑스 수학자 앙리 푸앵카레Henri Poincaré는 도저히 풀리지 않던 문제의 해답이, 며칠간 잠시 떠난 여행 중에 비로소 떠올랐던 경험을 이야기했다. "여행으로 환경이 바뀌면서 수학 문제는 모두 잊어버렸다. 쿠탕스에 도착한 우리는 다시 버스를 타고 이곳저곳을 돌아다닐 계획이었다. 버스 계단에 발을 올리려는 순간, 갑자기 아이디어가 떠올랐다. 마치 그전까지 머릿속으로 고민했던 생각들은 아무 소용도 없는 것처럼 느껴졌다."[6]

모차르트도 이와 비슷한 경험을 이야기한 적이 있다. 그는 유유히 산책하거나 침대에 누워 잠 못 이룰 때, 새로운 곡에 관한 아이디어가 뇌리에 흘러들어오는 것 같았다고 말했다. 그럴 때마다 그는 곡이 부분별로 떠오르는 것이 아니라 한 곡 전체가 귀에 들려오는 것을 경험했다. 아인슈타인은 가만히 앉아 우주를 응시하거나 욕실에서 샤워할 때 가장 좋은 아이디어가 떠오른다고 말했다.

비교적 최근까지만 해도 무의식은 어두운 지하실에 비유되곤 했다. 그래서 이곳은 주로 의식이 처리하지 못하거나 상처가 된 경험이 저장되는 공간으로 인식되었다. 이런 시각은 최근 심리학 분야의 발전과 함께 급격히 바뀌기 시작했다. 신경과학 분야의 연구를 통해 인간의 사고 과정에는 무의식이 압도적으로 더 큰 비중을 차지한다는 사실이 밝혀졌다. 네덜란드 심리학자로 무의식을 연구하는 압 데익스테르후이스Ap Dijksterhuis는 심지어 인간의 사고 과정에서 차지하는 의식과 무의식의 비율이 무려 1대 20만에 달한다고 말한다. 이것을 길이로 표현해보면, 의식의 거리가 1미터라고 할 때 무의식은 약 250킬로미터 정도의 직선거리가 된다는 말이다.

우리는 의식적으로 생각하지 않아도 매우 복잡한 기술을 수행해낼 수 있다. 아무 생각 없이 몇 분간 운전하다가도 자전거나 어린아이가 도로에 가까이 다가오면 순간 정신을 차린 경험이 누구나 있을 것이다. 여기서 아주 흥미로운 질문이 생긴다. 과연 누가, 혹은 어떤 존재가 그 순간에 우리를 깨운 것일까? 분명히 우리 의식은 아니다. 의식 바깥에 있는 무언가가 그렇게 한 것이다. 마찬가지로 이렇게 물을 수도 있다. 푸앵카레가 쿠탕스에서 버스 계단에 발을 올리던 순간, 그에게 영감을 안겨주었던 주체는 누구 혹은 무엇인가? 그가 그 영감을 '생각한' 것인가? 그렇지 않다는 것은 분명하다. 그는 아무 생각도 하지 않았다. 그는 자신의 무의식으로부터 그 생각을 받았을 뿐이다. 이런 직관적인 지능에 대한 지식을 좀 더 배울 수 있다면 우리는 무한한 창의성의 원천을 활용할 수 있을 것이다. 따지고 보면 인류는 언어나 고차원적인 의식을 활용하지 않고도 수만 년의 진화 과정을 잘 거쳐온 셈이다. 의도적 방치와 기다림은 무의식의 위력을 활용하는 데에도 무척 중요하다. 우리가 짧은 시간 내에 복잡한 이슈를 해결하려고 자신을 압박할수록 결과는 점점 더 실망스러워질 뿐이다.

기다림의 전략은 한편으로는 매우 쉽지만, 문제만 보면 행동하려 드는 우리의 본능 때문에 이를 연습하기는 그리 쉬운 일이 아니다. 중국 노인의 지혜를 다시 되새길 필요가 있다. 야생마를 얻고 아들의 다리가 부러진 일이 과연 어떤 결과로 나타날지 담담하게 지켜본, 그 노인의 지혜를 배워야 한다.

전략 핵심

새로운 기회가 나타날 때까지
기다린다.

즉각적인 효과

약점이 장점으로, 재앙이 축복
으로 변한다.

적용 상황

환경을 바꾸고 싶을 때, 아이
디어가 무르익을 때.

실행 방법

'실패', '문제', '불가능'을 마
음 한구석에 묻어둔다. 산책을
하거나, 커피를 마시거나, 수
영을 하는 등 문제를 머릿속에
서 지운다.

전략3: 선순환

실수를 줄이기보다 장점을 극대화한다

> 맨 처음 바퀴를 발명한 사람은 바보다.
> 나머지 세 개를 더 만들어낸 사람이 진짜 천재다.
> – 아이삭 시드니 캐서Isaac Sidney Caesar, 미국 영화배우

어떤 회사가 처음으로 소비자 만족도를 조사했다. 조사 결과, '만족한다'와 '매우 만족한다'를 합한 비율이 93퍼센트로 나타났다. 회사는 무엇을 더 알아내야 할까?

플립 싱킹의 세 번째 전략인 선순환은 잘되는 것을 바탕으로 더 많은 것을 쌓아가는 방법이다. 요컨대 효과가 있는 방식을 계속해나가는 것이다. 그러나 이렇게 간단하면서도(혹은 바로 그 점 때문에) 이 책이 제시하는 모든 전략 중에 가장 저평가되어 있다고 감히 말할 수 있다. 흔히 간단한 비결은 그리 대단할 리가 없다고 생각하는 사람이 많다. 하지만 그런 생각은 엄청난 실수다. 이 전략이 저평가되는 또 하나의 이유가 있다. 우리가 그것을 이해하지 못하거나 적용할 수 없어서가 아니다. 우리가 어떤 전략이 (문제와 장애에) 효과가 없을까 봐 너무 걱정한 나머지 효과가 있는 것을 너무나 쉽게 간과하기 때문이다.

소비자 만족도 조사 이야기로 돌아가보자. 이 조사에 따르면

만족하지 못한 소비자가 전체의 7퍼센트라고 한다. 그럼 회사는 그 이유를 알아내야 하지 않을까? 그러면 100퍼센트의 만족도를 달성하거나 적어도 그 근처까지는 갈 수 있을 테니 말이다. 그런데 생각해보자. 그보다는 차라리 93퍼센트가 만족하는 이유를 조사해서 그들이 좋아하는 것에 더 집중하는 편이 좋지 않을까? 어쩌면 회사가 의도치 않게, 우연히 소비자들이 좋아하는 일을 하게 되었음을 발견할지도 모른다.

우리는 문제를 해결하기 위해 원인을 찾는 데 익숙하다. 질병을 치료하기 위해 바이러스나 세균을 원인으로 지목하는 것이 좋은 예다. 원인을 찾아내면 없앨 수 있다. 바이러스를 죽이고 세균을 퇴치하면 된다. 질병을 파악하고, 원인을 규명한 다음, 그것을 제거하여 환자를 낫게 한다.

그러나 새로운 기회를 창출해내는 데는 이 방법으로 부족하다. 과거에 잘못된 일과 미래에 잘될 일 사이에는 직접적인 인과 관계가 없다. 생각해보라. 바이러스나 세균에 감염되었지만 어쨌든 발병하지 않은 사람도 있다. 그들의 신체는 어떤 작용을 통해 바이러스와 세균을 막아냈을까? 그들로부터 배울 수 있는 것은 무엇일까? 때로는 문제의 원인을 찾는 것보다 효과를 발휘한 방법을 살펴보는 것이 더 빠르다.

선순환 전략은 우리의 직감을 과감하게 한번 믿어보는 방법이다. 우리는 문제가 생기면 무조건 결함과 원인을 찾아야 한다고 철석같이 믿는다(심지어 문제가 없어도 마찬가지다. 앞의 예에서 보았듯, 소비자 만족도가 93퍼센트라면 꽤 좋은 결과가 아닌가?). 그래서 잘되고 있는 것에 집중하자는 이야기는 순진할 뿐 아니라 무책임한 생각이라고 치부한다. 많은 사람, 특히 완벽주의자들은 이런 생각을 거부할 것이다. 이렇게 말이다. "잘되는 일에 집중하자고요? 참 내, 이렇게 엉망진창인 문제가 보이지도 않으세요? 당연히 그것부터 먼저 처리해야죠!"

그렇다면 문제의 원인을 꼭 알아야겠다는 생각은 어디서 비롯되는지 한번 찬찬히 살펴보자. 지금은 고인이 된 심리학자이자 해결 중심 심리요법의 창시자 스티브 드 세이저Steve de Shazer는 이 문제의 핵심을 추론 오류에서 찾는다. "문제의 원인은 매우 복잡할 때가 많다. 문제를 해결하기 위해 원인을 꼭 알아야 할 필요는 없다."[7] 다시 말해, 문제의 원인을 찾아서 그것과 반대로 한다고 해서 꼭 해결한다는 보장은 없다. 물론 우리 대부분이 의식적으로든 무의식으로든 그렇게 생각하지만 말이다. 우리는 마음속으로 나쁜 결과를 내지 않는 방법만 배우면 바람직한 결과를 낼 수 있다고 생각한다. 언뜻 들으면 논리적인 것 같지만, 사실은 전혀 그렇지 않다. 잘못된 것을 아는 것만으로는 제대로 하는 법을 배웠다고 할 수 없다. 그렇지 않다면 스키 사고의 최고 전문가는 동계올림픽 금메달을 따야 마땅하다.

약점을 알아내어 고치는 것이 좋은 방법이라는 인식이 널리 퍼져 있다. 이것은 흔히 건강한 자기비판 혹은 자기계발이라고 불린다(이를 주제로 한 책, 강연, 행사 등은 차고 넘치게 많다). 우리는 이미 타고난 재능보다 아직 더 배워야 할 것들에 집중하는 태도를 선호한다. 약점을 보완하거나 일이 제대로 되지 않는 이유를 알아내는 것이 잘못되었다는 것이 아니다. 단지 그런 시각 때문에 잘되는 이유를 쉽게 간과하는 것이 문제라는 것이다.

맹인을 도와줄 때는 당연히 그들이 할 수 없는 것, 또는 쉽게 하지 못하는 것에 신경을 써야 한다. 그러나 플립 싱킹에서는 그에 못지않게 그들이 할 수 있는 일에도 관심을 기울인다. 예를 들어 시력을 잃은 사람은 다른 감각이 더 발달하는 경향이 있다. 예를 들어 점자책을 읽는 사람은 촉각이 발달한다. 독일의 사회적 기업인 디스커버링 핸즈는 이런 능력을 활용해 눈부신 성공을 거두었다. 이 기업은 맹인 여성이 훈련을 통해 다른 여성의 유방암을 조기에 감지해낼 수 있도록 도와준다. 맹인 여성의 손가락이 살아 있는 스캐너가 되는 셈이다. 그 결과, 고도로 훈련된 촉각을 이용하여 맹인 여성들은 크기가 4~6밀리미터에 불과한 종양을 감지할 수 있게 되었다. 오랜 경력을 쌓은 의사들이 발견해내는 종양이 겨우 1~2센티미터이다. 이 차이는 엄청나다. 유방암은 조기 진단이 생존율에 엄청난 영향을 미친다. 이 방법은 독일의 산부인과 의사 프랭크 호프만Frank Hoffmann이 창안했다. 2022년 호주의 요아네움 리서치가 수행한 연구에 따르면 디스커버링 핸즈 소속

맹인 전문가들이 발견해낸 종양이 정상 시각의 의사들에 비해 두 배나 더 많았다는 결과가 나왔다. 이 결과는 관련 당사자 모두에게 무궁무진한 가능성을 제공한다. 프로젝트 참가자 한 명은 이렇게 말했다. "저는 태어나서 처음으로 장애인이 아니라 놀라운 재능의 소유자로 대우받았습니다."[8]

'기회 중심 사고'에 관한 연구는 심리학계에서 아직 초기 단계에 머물고 있다. 세계적인 심리학자이자 긍정 심리학 운동의 선구자인 마틴 셀리그먼은 심리학자들이 행복을 주제로 쓴 논문은 아직 100편 중에 하나꼴에 불과하다고 지적한다. 나머지 99편의 주제는 모두 불행이나 혹은 불행의 원인에 관한 것이다. 그는 심리학자나 심리치료사들이 사람들의 행동을 병리적 현상이나 심지어 성공의 원인으로 기술하는 관행에 반대한다. 그는 빌 게이츠의 성과 중심적 성격을 아버지보다 더 성공하는 사람이 되려는 그의 욕망으로 설명한 사례를 언급한다. 부정적인 측면을 더 중시하는 이런 관점은, 무엇보다 '기회를 놓친다'라는 점에서 아쉬움을 드러낸다. 셀리그먼은 이렇게 말한다. "병리적 성격을 없애는 데만 신경 쓰다 보면 언제 행복한 사람이 되겠습니까. 텅 빈 사람이 되고 말겠죠."[9] 따라서 그는 심리학의 핵심 질문이 "불행을 어떻게 견딜 것인가?"가 아니라 "어떻게 행복을 만들어내느냐?"가 되어야 한다고 주장한다.

선순환의 영향력은 엄청나다. 1965년에 로버트 로젠탈Robert

Rosenthal과 레노어 제이콥슨Lenore Jacobson이 연구한 선순환의 위력이 《교실에서 나타나는 피그말리온 효과Pygmalion in the Classroom》라는 책으로 발표되어 세상에 널리 알려졌다. 그들은 선생님이 학생에 거는 기대와 학생의 성적 사이에 어떤 관계가 있는지 연구했다. 연구진은 학생들의 명단을 확보한 후 한 명 한 명의 학습 능력을 무작위로 간단하게 총평해놓았다. 예컨대, "마리는 매우 똑똑함", 또는 "존은 수업을 따라가는 데 어려움이 있음" 같은 식이었다. 그리고 학기 초에 이 명단을 선생님들에게 나눠주었다.

연구 결과, 예컨대 선생님이 이 명단을 보고 마리가 똑똑하다고 생각했을 때는(사실 마리는 평범한 학생에 불과했다) 마리에게 거는 기대가 커지고, 마리의 성적도 더 오르는 것으로 나타났다. 그 반대도 마찬가지였다. 그 명단에 별로 똑똑하지 않다고 나온 학생들은 선생님들이 비교적 관심을 두지 않았다. 예컨대 질문도 적게 하고 시선도 덜 마주쳤으며, 아이들에게 많은 것을 바라지도 않았다. 그랬더니 그 아이들은 시간이 갈수록 성적이 떨어졌다.

로젠탈의 연구는 큰 파장을 불러일으켰다. 교사의 기대와 학생의 성적이 너무나 뚜렷한 상관관계를 보여주었으므로, 일부 국가에서는 이 연구 결과를 활용하는 것이 금지되기도 했다.

선순환의 상승 효과(교사가 똑똑하다고 생각한 학생은 기대에 따라 더 열심히 공부하고, 그 결과 교사의 생각이 옳았음이 증명된다)는 시스템 이론가들이 말하는 긍정적 피드백 루프의 좋은 사례다. 또 다른 예로 입

소문의 긍정 효과에 따라 매출이 증가하는 때이다. 특정 패션의 유행은 이런 선순환이 끊임없이 반복된 결과다. 이렇게 긍정 루프가 형성되면 시스템이 조금만 개입해도 그 결과는 엄청난 차이로 나타날 수 있다. 시스템이 끊임없이 스스로 선순환하기 때문이다.

시스템 이론가들은 이런 선순환 과정을 시각 이미지로 전달하기 위해 '연못을 덮은 수련잎'이라는 프랑스 동요에 빗대어 설명한다. 수련잎은 매일 두 배로 늘어나 30일째가 되면 온 연못을 뒤덮는다. 연못의 절반이 덮이기까지 걸리는 시간은 얼마나 될까? 29일째가 되어서다! 그렇다면 이 기간의 절반에 해당하는 15일째에는 얼마나 많은 면적을 덮었을까? 답을 알면 실망스러울 정도다. 그때까지 수련잎으로 덮인 연못 면적은 겨우 0.003퍼센트에 불과하다. 긍정 루프에서는 처음에는 눈에 보이지도 않을 정도의 작은 변화가 나중에는 엄청난 결과를 만들어낸다.

선순환 효과를 실감할 수 있는 또 다른 예가 있다. 평범한 종이(프린터 용지나 신문지 정도)를 반으로 접기를 몇 번 반복하면 두께가 지구와 달 사이의 거리 정도가 될까? 참고로 지구에서 달까지의 거리는 38만 4,000킬로미터다. 한번 짐작해보라. 100번 정도일까? 아니면 1,000번? 그래도 1만 번 정도는 되지 않을까? 정답은 잠시 후에 공개한다.

물론 선순환에는 하향 작용도 있다. 주식시장 붕괴가 대표적인 예다. 주가가 내려가면 주식을 파는 사람이 점점 많아지고, 그로 인해 주가는 더욱 하락하며, 어느 순간 사람들은 주식을 헐값에 내던지기 시작한다. 선순환 작용은 오랫동안 눈에 보이지 않기 때문에 어느 날 갑자기 큰 변화가 일어난 것 같지만, 사실은 꾸준히 축적되어 온 힘이 무르익어 겉으로 드러난 것뿐이다. 베를린 장벽의 '갑작스러운' 붕괴는 오랜 세월에 걸쳐 불만이 선순환되어온 결과라고 설명할 수도 있다. 우리 같은 일반인의 눈에 인터넷은 월드와이드웹과 여러 웹사이트가 발명되면서 갑자기 등장한 것처럼 보인다. 그러나 그전에 이미 오랫동안 소수의 컴퓨터 기술자가 오랫동안 개발해왔다는 것을 아는 사람은 드물다. 세상에 알려진 발명들은 대부분 이런 과정을 거친다. 첫 발명품은 대체로 사람들이 관심조차 주지 않지만, 그 이후 오랜 기간 개발 과정을 거친다. 그러다가 어느 날 대유행을 일으키며 나타나 기존 제품을 몰아내고 시장을 독점한다. 팩스가 등장하자 전보는 불과 6개월 만에 자취를 감췄다. 컴퓨터와 이메일이 나타난 후 팩스도 똑같은 운명을 맞이했다. 마찬가지로 LP는 카세트테이프의 등장으로 급격히 대체되었고 카세트테이프 역시 CD가 인기를 끌면서 점차 자리를 잃었으며, CD는 MP3 파일의 등장으로 한쪽으로 밀려났고, 이제는 스포티파이를 비롯한 여러 음악 플랫폼의 스트리밍이 대세로 자리 잡았다. 1990년 이전까지 휴대전화는 통신사들의 주목을 거의 받지 못했다. 이제는 여덟 살짜리 아이도 크리스마스 선물로 스마트폰을 받는 시대가 되었다. 아이는 선물받은 스마트폰에 각종 앱을 설치하지만, 부모는 그게 뭔지도 모른다. 불과 몇 년 전까지만 해도 유럽에서 저가 항공편을 찾아보기는 쉬운 일이 아니었지만, 어느 순간부터 바르셀로나행 왕복 항공권을 겨우 49유로에 구할 수 있게 되었다. 이 모든 혁명적인 변화는 사실 오랜 기간의(우리 눈에는 보이지 않지만) 성장 과정을 거쳐온 결과다. 수련잎이 증식하기 시작한 뒤 15일이 지나도 연못이 덮인 면적은 겨우 0.003퍼센트에 지나지 않는다는 것을 늘 명심해야 한다.

그렇다면 긍정 피드백 루프가 플립 싱킹에 적합한 이유는 뭘까? 사실 이런 긍정 효과는 모든 분야에 극적인 개선을 불러올 수 있기 때문이다. 사람들이 함께 일하면서 사는 모든 곳에서는 시스템이 형성된다. 다시 말해 처음에는 미비해도 긍정적인 상호작용이 계속 선순환을 반복하면 나중에는 엄청난 효과를 낳게 된다. 경영학의 대가 톰 피터스는 이 점을 다음과 같이 설명한다.

긍정 강화 작용은 마치 선종 불교 같은 흥미로운 특성을 보인다. 이 과정이 시작되면 원래 주장에 다른 좋은 것을 억지로 씌우는 것이 아니라 자연스럽게 끌어들인다. 긍정 강화의 가치를 제대로 아는 경영자는 거의 없다. 가치를 알기는커녕 아주 보잘것없는 것으로 취급한다.[10]

우리 회사가 네덜란드 베겔의 한 고등학교 교사들을 대상으로

워크숍을 개최한 적이 있었다. 우리는 선생님들에게 최근에 가장 잘한 일이 있느냐고 물어보았다. 그들은 꽤 특이한 일을 자랑스럽게 내세웠다. 주로 이민자 출신 학생들로 구성된 반이 하나 있었다. 처음에 그들은 교사들과 그리 사이가 좋지 않았다. 학생들은 교사들로부터 무시당한다고 말했고 교사들은 학생들이 말을 잘 듣지 않는다고 생각했다. "선생님들은 우리를 싫어해요"라는 학생들의 말이 결정적인 증거였다. 교사들은 그 반 아이들을 참는 데 한계를 느꼈다. 그들은 하향 순환에 갇힌 셈이었다.

교사들은 이 고리를 끊어보기로 했다. 그들은 한 달 동안 그 반 학생들이나 반 전체를 향해 칭찬만 하기로 다짐했다. 그저 말로만 하는 칭찬이 아니라, 모두 학생들의 긍정적인 면을 찾아 진심으로 칭찬을 건넸다. 그 결과 그들은 2주 만에 교실 분위기가 완전히 바뀌었다고 말했다. 학기가 끝나갈 때가 되어 한 남학생이 담임 선생님에게 자랑스럽게 말했다. "선생님, 우리 반이 지금까지 맡으셨던 반 가운데 최고인가요?" 선생님은 그렇다고 말할 수밖에 없었다.

안타깝게도 다른 사람에게 긍정적인 피드백을 주는 것이 익숙지 않은 사람이 많다. 우리는 어려서부터 위험을 피하라는 식의 말을 들으며 부정적인 면에 집중하도록 배워왔다. 부모는 아이가 걱정되어 늘 '함부로 만지지 마라', '조심해라'라는 등의 말을 지겨울 정도로 자주 한다. 그래서 우리는 어릴 때부터 나쁜 것을 먼저 보는 버릇이 있다. 여기에는 자신의 나쁜 점도 포함된다. 우리는 스스로 개선해야 할 점을 먼저 보고, 그런 습관을 다른 사람에게도 똑같이 적용한다.

이 책을 준비하면서 접했던 것 중 내가 가장 좋아하는 이야기는 에이본 멕시코라는 회사의 문화가 크게 달라진 사례다. 이 회사는 '잘못된' 것에 집중하여 실패의 원인부터 찾으려고 할 때는 부정적인 선순환 작용이 일어나지만, '잘된' 것을 순환하는 데 관심을 기울이면 상향 순환을 촉진할 가능성이 커진다는 것을 뚜렷이 보여준다.

에이본 멕시코의 고질적인 문제는 남자 직원들의 빈번한 성희롱과 여직원의 승진 기회 제한 그리고 사내에 만연한 남성 중심 문화 등이었다. 뉴욕의 한 컨설팅 회사를 초빙해서 도움을 받았으나 이러한 노력에도 오히려 역효과만 난 것 같았다. 교육 프로그램을 2년이나 진행했지만, 불만과 소송은 오히려 증가하기만 했다. 직원들은 교육 프로그램의 효과를 부정적으로 평가했고, 워크숍 참석자도 눈에 띄게 줄어들었다. 컨설팅 회사는 방법을 바꿔보기로 했다. 1995년, 그들은 '조직 긍정 혁명Appreciative Inquiry' 기법의 전문가 다이애나 위트니Diana Whitney와 데이비드 쿠퍼라이더 David L. Cooperrider에게 도움을 요청했다. 위트니와 쿠퍼라이더가 맨 처음에 한 일은 이 회사에서 잘되고 있는 것이 뭐냐고 직원들에게 물은 것이었다. 그들은 직원들에게 이렇게 질문하면서 남녀 직원이 각 한 명씩 1개 조를 이루면 좋겠다고 말했다. 질문도 조별로 던지겠다고 설명했다. 그들이 원래 기대했던 신청자 수는 많아야 10개 조 정도였으나, 결국 수백 개의 조가 구성되었다. 이렇게 조별 대화를 통해 나온 조직 문화 개선 아이디어는 모두 적용되었고, 그 결과 또한 놀라웠다. 문제가 해결되었느냐고? 해결된 정도가 아니라, 당초 예상을 훨씬 뛰어넘었다. 회사 문화가 워낙 긍정적으로 변해 2년 후인 1997년, 에이본 멕시코는 여성이 일하기에 가장 좋은 기업에 수여하는 캐털리스트 어워드를 수상하게 되었다. 전례가 없던 성과였다.[11]

앞으로는 문제를 만날 때마다 긍정적인 면에 집중하고 그것을 선순환함으로써 해결할 방법을 고민해보라. 예컨대 사람들이 범죄를 저지르는 이유를 고민한다고 해보자. 그러면 먼저 대다수 사람이 법을 준수하는 이유부터 생각해보는 것도 좋지 않을까?[12]

선순환 전략을 적용하기에 가장 좋은 때는 언제일까? 가장 이상적으로 적용할 수 있는 상황이 세 가지가 있다. 세 가지 모두 작은 선순환 작용으로 거대한 변화를 만들어내는, 이른바 지렛대 효과가 작용한다. 첫째, '아슬아슬한 균형'이 잡힌 상황이다. 저울 양쪽에 같은 무게가 올라가 있는 상황을 생각하면 된다. 여기서 어느 한쪽에 조그마한 무게라도 더해지면 균형이 무너진다. 선거 시즌의 여러 유세도 마찬가지다. 소규모 유권자 그룹이 어디로 움직이느냐에 따라 선거의 승패가 결정되는 상황이 허다하다.

두 번째는 어떤 형태로든 혁신이 필요한 사례다. 즉, 갑작스러운 변화가 일어나는 상황이다. 변화의 조건은 이미 오랫동안 진행되어 왔을 가능성이 크다. 그러다 임계점에 도달하면 급속한 변화가 찾아온다. 마치 물의 온도가 점점 내려가다가 섭씨 0도에 도달하면 얼음이 되는 것과 같다. 사회 혁명도 좋은 사례다.

마지막은 시스템에 긍정적인 피드백 루프가 필요할 때이다. 오랫동안 성적이 나쁘던 스포츠팀도 한 번 이기고 나면 갑자기 연승을 거둘 때가 있다. 팬들의 긍정적인 반응과 팀의 사기를 고양하는 언론의 분위기 등으로 힘을 얻은 선수들은 더욱 열심히 경기에 임하고, 다음 경기, 그다음 경기를 계속해서 이기게 된다.

마지막으로 두 가지 사례를 더 이야기한다.

첫째, 사람들의 부정적인 면이 아니라 긍정적인 면에 집중함으로써 좋은 행동을 더욱 격려할 수 있었던 사례다. 미국 애리조나주 패트리피드 포레스트 국립공원을 찾는 손님들은 그곳의 나무 조각을 선물용으로 가져가는 일이 잦았다. 국립공원 측은 도난을 방지하기 위해 다음과 같은 간판을 세웠다. "규화목 도난으로 발생하는 천연자원 훼손량이 연간 14톤에 달합니다. 그중 대부분은 한 번에 조금씩 사라집니다." 그러나 이런 행동은 전혀 근절되지 않았다. 2002년, 심리학 및 마케팅 교수이자 설득 분야의 전문가인 로버트 치알디니Robert B. Cialdini가 도난 방지 대책을 조언해달라는 요청을 받았다. 그의 팀은 문제의 심각성과 규모를 설명하는 간판이 오히려 역효과를 낸다고 진단했다. 이 간판은 사실상 귀한 나무 조각을 훔칠 생각도 하지 않던 사람들에게 "다른 사람도 다 가져가네? 그럼 나도!"라는 생각이 들도록 오히려 부추기는 셈이었다. 치알디니 팀은 간판 문구를 바꿔보기로 했다. "공원에서 규화목을 가져가지 마세요. 패트리피드 포레스트의 자연환경을 보존합시다." 사람들에게 공공의 이익을 위해 중요한 공헌을 하고 싶다는 의식을 심어주자, 이후 도난 발생 건수는 상당히 줄어들었다.[13]

앞에서 언급한 질문의 답을 밝히겠다. 증폭의 위력이 얼마나 대단한지 분명히 실감할 것이다. 종이 한 장을 몇 번 접으면 두께가 지구에서 달까지의 거리만큼 되느냐는 질문 말이다. 답은 겨우 42번이다. 42번을 접으면 사실은 달을 지나 5만 5,804킬로미터나 더 나아간 거리가 된다. 말도 안 되는 것 같다. 그렇지 않은가? 수련잎도 그랬지만, 누구나 처음 들으면 종이를 접는다고 그렇게까지 두꺼워지리라고는 상상조차 할 수 없다. 8번 접었을 때 두께는 2.5센티미터 정도다. 16번을 접어도 겨우 6.5미터다. 그러나 배가의 위력은 대단하다. 40번을 접으면 달까지 거리의 4분의 1 지점에 도달한다. 41번 접으면 절반이 된다는 소리다. 거기서 한 번 더 접으면 달에 도착한다.[14]

요약
전략3 : 선순환

전략 핵심

더 많은 효과를 가져오는 방향
으로 노력한다.

즉각적인 효과

분위기가 반전되고 협동, 협업
이 자연스러워진다

적용 상황

상황이 불안정할 때, 새로운
방식으로 흐름이 바뀌려 할
때, 시스템에 개입해 의견을
보탤 수 있을 때 .

실행 방법

긍정적인 면을 보고 일이 되는
쪽으로 생각한다. 잘된 것을
더 잘되게 하는 방법을 고민한
다.

전략4: 존중

세상이 복잡해질수록 인간은 단순해진다

사람들은 무엇이든 받아들일 준비가 되어 있다.
하지만 정작 아무도 그런 이들을 진지하게 받아들이지 않는다.

다들 알 것이다. 어떤 노래가 한번 뇌리에 박히면 절대 떠나지 않을 때가 있다. 잊으려고 할수록 계속해서 떠오르면서 흥얼거리게 된다. 이런 현상을 '이어웜earworms'이라고 한다. 암스테르담대학교 음악학자 헨키안 호닝Henkjan Honing의 설명에 따르면, 멜로디나 리듬이 평범한 노래라도 특별히 기억하기 쉬운 부분이 있으면 화음의 긴장이 조성되어 이런 현상이 일어난다고 한다. 이때 가장 좋은 방법은 굳이 지우려고 애쓰지 않는 것이다. 호닝은 악마는 악마로 다스리라고 조언한다. 즉, 아예 처음부터 끝까지 '목청껏' 불러버리는 것이다. 아마도 이렇게 하면 화음의 긴장이 해소되어 마음을 사로잡고 있던 이어웜이 사라지는 것 같다.

저항은 더 큰 문제를 불러오는 데 비해, 존중은 문제를 전환하는 데 도움이 된다는 사실을 우리는 이미 알고 있다. 전략4는 전략1을 조금 더 발전시킨 형태다. 8장의 네 가지 전략 중 마지막인 존중에는 두 가지 뚜렷한 특징이 있다. 첫 번째는 언제나 다른 사람, 또는 다른 집단과 관련이 있다는 것이다. 사람들과의 상호작용이 항상 개입한다. 둘째는 상대방이 보이는 행동의 어떤 측면을 받아들이는 차원을 넘어, 내가 그 행동을 존중한다는 태도를 상대방이 충분히 알 수 있도록 상대방과의 상호작용에 적극적으로 참여한다는 것이다. 즉, 상대방의 행동을 받아들일 뿐 아니라 나도 그 행동에 동의한다는 점을 분명히 보여줌으로써 그를 존중하는 것이다.

내 친구 얀이 훌륭한 예가 될 수 있을 것 같다. 그는 나와 함께 여러 교육 프로그램을 운영한다. 그가 겪은 경험을 이야기해준 적이 있었다. "내가 꾸준히 강의를 나가던 학교가 있었는데, 볼 때마다 인사를 해주던 착한 여성이 있었습니다. 그런데 그녀의 행동 중에 딱 하나 마음에 안 드는 것이 있었어요. 그녀는 강의가 시작되기 전이면 꼭 내 옷에 있지도 않은 먼지를 떠는 것이었습니다. 그녀 입장에서는 친절을 베풀려는 행동이었겠지만, 저는 신경이 쓰였어요. 왜냐하면 옛날에 어머니가 항상 똑같이 하던 행동이 떠올랐거든요. 어느 날 아침에는 제가 관점을 바꿔보기로 마음먹고 일부러 좋아하는 척해봤습니다. 그녀가 옷깃을 턴 다음 내가 뒤로 돌아 이렇게 말했습니다. '등 뒤도 좀 해주시겠어요?' 그녀는 재미있다는 듯한 표정을 지으면서도 정말 털어주었습니다. 그러자 기분이 좋았지요. 마치 미용사가 머리카락을 털어주는 것 같았습니다. 나는 돌아서서 한쪽 다리를 들고 말했습니다. '그럼, 다리도 좀 부탁합니다.' 그녀는 내가 놀리는 것을 알면서도 흔쾌히 다리까지 털

어주었습니다. 그러더니 내가 선을 넘기 전에 먼저 웃으면서 그만
하자고 하더군요."15

내 친구는 거의 존중 전략의 대가라고 할 수 있다. 몇 년 전에
그가 딸에게 고양이를 한 마리 사주었다. 그런데 미처 일주일도
지나지 않아 고양이가 이웃집 연못의 물고기를 잡아먹는 일이 생
겨 그가 아주 난처해졌다. 이웃은 당연히 화가 머리끝까지 치밀었
다. 이윽고 고양이 주인이 말했다. "이것 참, 죄송합니다. 이 고양
이 놈을 살려두지 않겠습니다." 그러자 이웃의 분이 눈 녹듯이 사
라지고 말았다. "아니, 아닙니다. 이만한 일로 뭐 그럴 것까지야."

'존중'이라는 말의 의미는 문화권에 따라 다르다. 어떤 나라에
서는 공경(연장자, 리더, 부모 등에 대한 태도)의 의미가 있고, 또 다른 나
라에서는 타인을 진심 어린 태도로 대하는 것을 뜻하기도 한다. 그
러나 그 근본적인 의미는 우리가 논하는 전략과 정확히 맞아떨어
진다. 영어로 '존중respect'이라는 단어는 라틴어에서 온 것으로, '다
시' 또는 '되돌린다'라는 뜻인 're'와 본다는 뜻의 'spectare'로 이루
어진 합성어다. 따라서 존중이란 다른 사람의 거울이 된다는 뜻이
다. 즉, 나를 통해 상대방이 자기 모습을 본다는 것이다. 내가 상대
방을 이해하고 존중한다는 사실을 그가 알게 해주라는 뜻이다.

존중을 표현하는 행동에는 여러 가지 방법이 있다. 가장 기본
적인 방법은 '인정'이다. 상대방의 생각과 감정 그리고 존재를 있
는 그대로 받아들인다는 것을 보여주는 것이다. 견책이나 지적,

비판을 배제한 채 말이다. 지극정성을 다해 인정하는 태도를 보여주면 상대방도 내 마음을 알 수 있다. 마음을 겉으로 드러내어 분명하게 보여주어야 한다. 우리는 모두 이런 말을 들었던 기억이 있다. "하지만 아빠는 너를 정말 사랑해, 단지 말을 하지 않았을 뿐이야." 인정이란 아빠가 사랑하는 마음을 실제로 보여주는 것을 말한다. 말이든, 안아주는 것이든, 상대방이 분명히 알 수 있는 방식으로 말이다. 인정은 서로 주고받는 행동으로 나타난다.

누군가를 인정하는 일이 항상 쉬운 것만은 아니다. 특히 그의 행동에 문제가 있을 때는 더욱 그렇다. 가정치료 상담가 테오 비저 Téo Visser는 자기 집 유리문을 깬 일로 체포된 소년을 상담한 이야기를 이렇게 전해준다. "'나는 경찰이 아니야, 너를 도와주러 왔어.'라고 했습니다. 그 아이를 이해하려고 했어요. 그래서 이렇게 말했습니다. '네 속마음을 말해줄 수 있겠니, 얘야?' 그 아이는 깜짝 놀랐습니다. 당연히 혼날 줄 알고 있었기 때문입니다. 그는 자기가 존중받았다는 것을 알고 속마음을 털어놓기 시작했습니다." 어떤 사연이 있었을까? 알고 보니 그 아이는 가정폭력으로 만신창이가 된 집에서 자랐다. 비저는 경찰에게 그 이야기를 해주고 다 함께 아이의 집을 찾아갔다. "우리는 부서진 유리문을 지나 안으로 들어가서, 아이의 부모님에게 훌륭한 아들을 둔 것을 축하한다고 말했습니다." 비저는 부모에게 아이가 유리문을 깬 것은 가정폭력에 대한 저항이자 도움을 청하는 신호였다고 알려주었다. "나는 부모에게 '같이 얘기 좀 할까요?'라고 청했습니다." 경청과 이해는 비저의 접근 방식의 핵심이다. 그는 결론 삼아 이렇게 말한다. "아이를 질책하고 옥박질러서는 진심을 나눌 수 없습니다."[16]

인정은 상대방의 감정과 생각뿐만 아니라 그의 삶의 방식까지 존중하는 것이다. 모든 사람은 서로 다른 기질과 성격, 자질, 기술 등을 지니고 있다. 사람들을 인정하기 위해서는 그들의 모든 차이점, 심지어 기벽까지 받아들여야 한다. 나는 어떤 어머니가 우리 회사에 보내온 사연을 특히 좋아한다. 그녀는 몇 년 동안이나 13세 아들과 사각팬티를 갈아입는 문제를 두고 치열한 실랑이를 벌여왔다. 아이는 발달장애를 안고 있었다. 아이는 도대체 팬티를 왜 매일 갈아입어야 하느냐, 닷새에 한 번 갈아입어도 충분하다고 생각했다. 또 매일 갈아입을 팬티를 고르는 데도 어려움을 겪으며 신경질을 내기 일쑤였다. 어느 날 어머니가 아이를 데리고 새 팬티를 사러 갔다. 아이가 좋아할 만한 가게는 모두 돌아다녔지만, 번번이 싫다고 했다. 어머니는 거의 포기하기 직전이었지만, 한 군데만 더 들러보기로 했다. 그런데 거기서 어떤 것을 찾았을까? 한 박스에 일곱 장이 든 포장 상품이 있었다. 그 제품은 한 장마다 각 요일의 첫 글자가 따로따로 인쇄돼 있었다. 드디어 문제가 해결됐다! 이 팬티는 자신의 규칙대로 살아야 하는 소년의 성격에 딱 맞는 것이었다. 소년의 필요를 인정해준 것이다. 그 이후로 아이는 아무 고민할 필요 없이 매일 깨끗한 팬티를 입을 수 있게 되었다.

존중을 표현하는 두 번째 방법은 상대방이 원하는 대로 해주는 것이다. 이것을 실천하다 보면 말 그대로 심신이 망가지는 경험을 할 수도 있다. 상대방이 원하는 것 이상을 해주려고 한다면 더 말할 나위도 없을 것이다. 미국의 예술가 하산 엘라히Hasan Elahi는 2002년 6월에 디트로이트 공항에 도착했다가 FBI 요원들에게 따로 불려가 취조당했다. 인종차별적인 수사에 해당하는 것이 틀림없었다. 수사관이 물었다. "여기 오기 전에 어디 있었습니까?" "거기서 뭘 했습니까?" "9월 12일에는 어디 있었습니까?" 엘라히는 마침 일기를 꼼꼼히 기록해두고 있었는데, 그 내용을 그대로 공개할 수밖에 없었다. 그는 9월 12일에는 가르치는 일을 했고, 물품보관소 요금을 낸 일이 있다고 말해주었다. 수사관은 집요하게 파고들었다. "보관소에 뭐가 있습니까?" 그가 대답했다. "겨울 옷가지와 당장은 쓰지 않는 가구 몇 개입니다." 그러자 이런 질문이 돌아왔다. "폭발물은 없습니까?" 심문은 1시간 반이나 이어졌고, 알라히는 꼼꼼한 일지 덕분에 정말 믿을 수 없을 정도로 상세하게 대답했다. 마침내 그는 풀려나게 되었지만, 앞으로 6개월간 FBI에서 몇 차례 더 심문이 있을 것이라는 말을 들었다. 그동안의 행적을 아주 자세한 것까지 물어보겠다는 것이었다. 그는 심지어 거짓말탐지기 검사까지 받았다. 드디어 심문은 끝났다. 그러나 FBI는 향후 목적지는 어디냐고 또 물었다. 엘라히는 이 모든 심문에 충분히 분노할 만했지만 그러지 않았다. 대신 그들의 요구를 존중하기로 마음먹었다. 그뿐만 아니라 그는 이 상황을 뒤집어 생각하기로 했다.

그는 수사관이 상상도 못했을 만큼 자신의 일거수일투족을 FBI 에 더 많이 제공하기 시작했다. 그는 일 때문에 출장이 잦았는데 그럴 때마다 FBI에 전화해서 이동 정보를 낱낱이 일러바쳤다. 그 다음에는 이메일을 쓰기 시작했다. 내용은 점점 더 상세해져서 이 동 중에 찍은 사진이나 여행 팁 그리고 여러 웹사이트 링크까지 첨부했다. 급기야 그는 아주 자세한 행동까지 숨 막힐 정도로 기 록하는 웹사이트를 직접 만들고야 말았다. 사진에는 기내식이나 쇼핑한 가게, 거기서 산 물건, 심지어 도중에 들른 화장실, 기름을 넣은 주유소 등등 없는 것이 없었다. 엘라히는 생각을 뒤집어 깜 짝 놀랄 만한 새로운 예술 작품을 탄생시킨 것이었다. 이 웹사이 트는 그가 TED 강연에 나와 소개하는 바람에 더욱 유명해졌고, 예술가로서의 그의 명성을 드높였다. 그는 FBI의 요구를 충족시 켰을 뿐 아니라, 그들의 정교한 심문을 통해 우리가 얼마나 철통 같은 감시 사회에 살고 있는지를 깨닫게 해주는 강력한 기회로 삼 았다. 이처럼 존중 전략을 활용하면 판을 뒤집어 오히려 상대방의 나쁜 행동을 그대로 돌려줄 수 있다.*

사람들이 부적절하고 기분 나쁜, 또는 짜증스러운 요구를 할

---

* 재미있는 사실은, 이런 깨알 같은 정보가 산더미처럼 쌓였음에도 우리는 아직 하산 엘 라히가 어떤 사람인지 잘 모른다는 것이다. 그는 도대체 누군가? 동기가 무엇인가? 그 는 무슨 생각을 하고 어떤 기분인가? 엘라히의 결론은 이렇다. "프라이버시를 지키는 가장 좋은 방법은 모든 정보를 줘버리는 것입니다."

때 처음에는 당연히 '아니오'가 본능적으로 튀어나오겠지만, 오히려 진심을 담아 '예'라고 말한다면 너무나 뜻밖의 상황이 펼쳐질 수도 있다. 그럴 때는 사실 다른 누구보다 그렇게 말하는 내 기분이 가장 좋아진다. 제멋대로 구는 학생에게 이 전략을 구사하여 멋지게 성공한 이야기를 해준 선생님이 한 분 있었다. 그는 이렇게 이야기했다. "몇 년 전, 극심한 학습장애를 지닌 아이들을 가르칠 때였습니다. 우리 반에 엄청나게 큰 소리로 트림하는 녀석이 하나 있었지요." 그 아이는 거의 5분 만에 한 번씩 시끄럽게 트림하는 버릇이 있었고, 아이들도 재미있다고 모두 따라 했다. 트림은 그 반 아이들의 놀이가 되어버렸다.

그 선생님이 말했다. "저는 당연히 그게 싫었어요. 그러나 안 된다고 해봐야 소용이 없었습니다. 화를 내거나 벌을 주는 것도 마찬가지였고요. 그러다가 한 가지 생각이 났습니다. 아예 금요일 오후마다 학급 트림 경연대회를 열자고 말입니다." 트림을 가장 길게 내뱉은 아이에게는 탄산음료를 상으로 주었다. 다른 아이들이 모두 야채 주스를 받을 때 말이다. 그가 말했다. "그 후로는 1년 내내 아무 때나 트림하는 아이는 하나도 없었습니다. 다들 금요일 오후 2시 반부터 딱 10분간만 했지요. 가장 좋았던 점이 뭔지 아세요? 저도 트림을 잘하게 되었다는 겁니다."

부적절한 요구를 받고 뜻밖에 '예'라고 대응할 때 의미심장한 영향을 미칠 수 있다는 것은 분명하다. 독일 슈바네베데의 한 집에 강도가 침입해서 아이를 돌보고 있던 여성에게 권총을 겨누었다. 그러자 그녀가 돌보던 두 아이가 그에게 돼지 저금통을 건네주었다. 순간 말문이 막힌 그 강도는 권총을 집어넣더니 한마디도 없이 집을 나가고 말았다.[17]

존중의 세 번째 방법은 상대방이 내가 동의할 수 없는 말을 해도 그대로 동의해주는 것이다. 이 방법은 일종의 정신적 주짓수 기술이라고 비유할 수 있다. 사람들은 실제로 진심이 아니면서, 혹은 그렇게 말하면 상대방이 기분 나빠할 수 있다는 것을 미처 몰라서 거친 말을 할 수도 있다. 이런 모순을 잘 이용할 필요가 있다. 그들의 본심과 입 밖으로 내뱉는 말 사이에 지렛대를 집어넣어 상황을 멋지게 반전시키는 것이다.

예를 들어보자. 어떤 양어머니가 열 살 난 양아들과 세 살짜리 자기 아이를 함께 키우고 있었다. 둘은 나이 차이가 일곱 살이나 났지만 서로 사이좋게 지냈다. 그런데 어느 날 양아들이 말했다. "저는 다른 집에 가거나 진짜 엄마에게 돌아가도 좋아요. 그러면 저 귀찮은 녀석과 함께 있지 않아도 되잖아요." 그녀는 마치 가슴이 칼에 찔린 것 같았다. 어떻게 그런 생각을 하는 거지? 아이들이 아주 사이좋게 지내는 줄 알았는데 말이다. 그녀는 아이의 말에 선뜻 반응하기보다 우선 마음을 굳게 먹었다. 그리고 잘 시간이 되자 큰아들을 침대에 눕히면서 이렇게 말했다. "동생이 그렇게 성가셨다니 마음이 아주 아팠겠구나. 일주일 정도 떨어져 지내면 좀 어떻겠니." 양아들은 눈을 크게 뜨고 엄마를 쳐다보았다. 금세 아랫입술이 떨렸고 눈에는 눈물이 그렁그렁했다. 그는 고개를 저으면서 동생은 아주 착한 아이라고 했고, 내일도 여전히 같이 놀고 싶다고 했다.

사람들이 마음에도 없는 말을 할 때는 주로 다른 사람의 관심을 끌고, 칭찬이나 정신적 도움을 받고 싶어서일 때가 많다. 누군가가 정중하게 "저는 못 할 것 같습니다"라고 하면 우리는 곧바로 "아니요, 할 수 있어요!"라고 말하려고 한다. 그의 처지에서 볼 때, 여러분이 늘 그런 식이라면 얼마나 피곤할지 생각해보라. 이제부터는 그의 말을 진지하게 받아들여 보라. "저는 못 할 것 같습니다"라는 말을 들으면 "그렇네요, 좀 어려우실 수도 있겠네요"라고 화답하는 것이다. 그러면 상대방이 오히려 할 수 있는 이유를 이것저것 찾아낼지도 모른다.

이 방법은 어처구니없는 허세를 부리는 사람에게도 충분히 통한다. 그럴 때는 논리적으로 반박해봤자 역효과만 난다. 오히려 맞장구를 쳐주는 게 더 낫다. 이륙을 앞두고도 좌석벨트를 매지 않겠다고 억지를 부리는 승객이 있었다. 승무원이 왜 그러냐고 묻자 그가 이렇게 답했다. "나는 슈퍼맨이니까 괜찮아요." 승무원은 조금도 짜증 내지 않고 이렇게 말했다. "슈퍼맨이라면 여기 탈 리가 없겠죠. 혼자 날아가시면 되는데." 그 남자는 한바탕 웃더니 알아서 벨트를 맸다.[18]

코미디언 존 클리즈John Cleese (영국의 유명 희극 그룹 몬티 파이튼Monty Python의 멤버다)는 그의 어머니가 극심한 우울증에 빠졌을 때의 이야기를 해주었다. 그가 어머니에게 말했다. "어머니, 혹시 제가 해드릴 일이 없나요, 뭘 하면 도움이 되시겠어요?" 그녀는 그렇게 말해줘서 정말 고맙지만 별로 필요한 것이 없다고 말했다. 그저 우울증이 찾아왔을 뿐, 어떤 것도 도움이 되지 못했다. 이때 그가 상황을 뒤집는 말을 했다. "좋은 생각이 있어요. 풀햄에 제가 아는 꼬마가 있어요. 다음 주까지 계속 이런 기분이시면, 그에게 전화해서 엄마를 죽여달라고 할까요. 엄마만 원하시면 그렇게 할게요. 그렇게 하면 우울증도 싹 날아가겠죠." 아주 잠깐 숨 막히는 정적이 흘렀다. 그리고 어머니가 폭소를 터뜨렸다. 그다음부터 그와 어머니는 아무 일 없었던 것처럼 지냈다. 어머니의 기분이 가라앉을 때면 그가 이렇게 물었다. "풀햄의 꼬마한테 전화할까요?" 그러면 어머니는 이렇게 말했다. "아니, 목요일에 셰리주 파티가 있어."[19]

존중 전략은 사람들에게 다가가는 데 놀랍고 심오한 방식으로 사용되기도 한다. 나는 2004년 로테르담 유럽문화수도축제의 일환으로 어떤 노숙인 그룹과 연극무대를 준비하면서 그들이 살아온 이야기를 들은 적이 있었다. 리허설 기간이었는데, 참가자 중에 프란치스카라는 여성이 그동안 스트레스를 많이 받았는지 어느 날 마음에 담아뒀던 이야기를 불쑥 꺼내는 것이었다. "아무리 생각해도 당신이 내 뒷담화를 하는 것 같아요. 나만 외톨이가 된 기분이거든요." 누구라도 이런 말을 들으면 그녀의 주장을 부정했겠지만, 나는 정반대로 나갔다. "당신 말이 맞아요. 나는 매일 아내에게 전화해서 당신에 관해 이야기합니다. 아 참, 엄마에게도 했어요." 그녀가 화를 내며 말했다. "지금 저를 놀리는 거예요?" 내가 말했다. "예, 맞아요. 놀리는 겁니다. 하지만 지금 이 테이블에 오리가 날아다닌다고 하더라도 당신이 그렇다면 그런 거겠죠, 뭐." 그녀는 아무 말도 하지 않았다. 내가 계속 말했다. "다른 사람을 믿지 않으시는군요. 심리적인 문젠지 뭔지 저야 모릅니다. 저는 전문가가 아니니까요. 그러나 무슨 일이든 상관없이, 당신은 이 그룹의 일원이에요. 그건 100퍼센트 확실합니다." 그녀가 화를 억지로 참고 있는 게 눈에 보였다. 나는 계속 말했다. "저는 도움이 되고 싶습니다. 이건 어때요? 모두 한데 모여 당신이 이 그룹에서 왜 나가야 하는지 한마디씩 해보게 만드는 겁니다. 그래도 되죠?" 내 제안대로 모두 한자리에 모여 각자 자기 생각을 말했다. 어떤 사람이 먼저 말했다. "저 여자분은 좀 짜증스러웠어요." 두 번째 사람도 나섰다. "그녀가 싫어요, 그게 답니다." 한 바퀴를 다 돌고 프란치스카의 차례가 되자 내가 그녀에게 "당신 생각은 어때요, 프란치스카가 여기 남아 있어도 되나요?"라고 물었다. 그때는 이미 그녀가 내 의도를 알아차린 뒤였다. 그녀는 아주 진지한 목소리로 이렇게 말했다. "그녀는 성격이 나쁜 것 같아요. 하지만

한 번 더 기회를 줘봐도 괜찮을 것 같습니다." 좌중에 큰 박수가 쏟아졌다. 그리고 그녀도 활짝 웃었다. 그녀는 연극에 끝까지 참여했고, 그녀가 살아온 비극적이고 기이한 인생 이야기가 많은 이들에게 잊지 못할 인상을 남겼다.

존중 전략을 실천하는 마지막 방법은 '내적 일관성'을 지키고자 하는 강한 심리적 욕구에 바탕을 둔다. 우리는 모순된 행동을 저지른 사람으로 비치기를 싫어한다. 모하메드 B.는 네덜란드 영화감독 테오 반 고흐를 살해한 혐의로 기소된 사람이었다. 그때 판사가 모하메드의 침묵을 깨고 진술을 끌어낸 방법이 바로 이 전략이었다. 모하메드는 범행 일체를 자백한 다음, 자신은 어떤 처벌도 달게 받을 준비가 되어 있으며 자기 행동을 법정에서 변호할 생각은 없다고 말했다. 그는 '네덜란드 이교도'가 세운 이 법정에 자기는 아무것도 설명할 의무가 없다고 주장했다. 그리고 재판이 진행되는 동안 굳게 입을 닫았다.

쿠스 플루이Koos Plooij 검사는 모하메드의 종교적 신념을 존중했다. 어느 날 그가 법정에서 모하메드에게 이렇게 질문했다. "당신은 테오 반 고흐를 악한 무슬림으로 규정했습니다. 하지만 심판의 날에 누가 착한 무슬림인지 아닌지는 오직 알라신만 아는 것이 아닌가요? 만약 그렇다면 이론적으로 알라신이 테오 반 고흐를 착한 무슬림이라고 판결할 수도 있지 않습니까?" 잠시 침묵하던 모하메드 B.가 말문을 열었다. "맞습니다. 이론적으로는 내 판단이 잘못되었을 수 있다는 점을 부인할 수 없습니다." 푸이 검사는 모하메드 B.의 종교적 신념을 진지하게 존중해줌으로써, 모하메드의 마음 속에 살인의 정당성을 의심해보도록 생각을 뒤집을 수 있었다.

존중 전략은 확실히 다양한 상황에서 여러 가지 방식으로 적용할 수 있다. 마지막으로 다소 유머러스하고 가벼운 사례를 소개한다. 네덜란드 희극배우 브리히터 칸도르프Brigitte Kaandorp는 한 라디오 인터뷰에서 자신의 데뷔 시절을 회상하며 자신이 여성 친구 한 명과 함께 매주 암스테르담 본델 공원에서 공연했던 이야기를 들려주었다. 어느 날 그들은 공연 도중에 숲속에서 어떤 남자가 바지에서 '물건'을 꺼내 점잖지 못한 행동을 하는 것을 목격했다. 충격에 휩싸인 두 여성은 곧바로 짐을 싸서 그 자리를 피해버렸다. 1주일 뒤, 같은 장소에서 그 남자가 똑같은 행동을 하기 시작했다. 두 사람은 이번에는 도망가지 않았다. 브리히터는 공연을 멈추더니 신나는 목소리로 이렇게 말했다. "신사 숙녀 여러분, 저기 숲속에 남자분이 한 명 있습니다. 내 생각에는 여러분에게 뭔가를 보여주려는 것 같은데요." 그러자 그 남자가 후다닥 물건을 집어넣고 번개처럼 도망갔다.[20]

요약
전략4: 존중

전략 핵심

사람들이 보이는 태도가 모두 진심은 아니라고 믿는다. 상대방의 행동, 의견, 욕망을 인정하고 받아들인다.

즉각적인 효과

상대방의 부정적 감정이 누그러든다.
불편한 관계가 개선된다.

적용 상황

사람들이 모순된 행동을 할 때, 이랬다저랬다 말을 바꿀 때. 불평하면서도 괜찮다고 할 때.

실행 방법

상대방이 불편한 감정을 토로할 때 충분히 공감한다.

9장

목표의 재구성

이 장에서 소개하는 전략은 성공을 목표로 끝없이 집중해야 하는
문제에 적용된다. 플립 싱킹 중에서도 시행착오를 통한 학습과
많은 연습, 인내, 의지 등을 요구하는 전략이다.

전략5: 인내

성공할 때까지 계속 도전하라

최고의 스승은 가장 최근에 했던 실수다.
−랠프 네이더Ralph Nader

우리가 아는 전등은 하룻밤 사이에 발명한 것이 아니다. 백열전구의 원리는 1800년경에 발견되었다. 이후 약 40년이 지나 파리 콩코르드 광장에 최초의 아크 전등이 켜졌다. 그러나 수명이 길고 조도가 높은 백열전구가 등장하기까지는 훨씬 오랜 기간이 필요했다. 토머스 앨바 에디슨이 대량생산에 적합하고 값이 싸며 오래 가는 백열전구를 발명하는 데 도전했다. 사실상 남은 과제는 단 하나였다. 그것은 바로 전구 안에서 전기를 빛으로 변환해주는 필라멘트용으로 더 적합한 소재를 찾는 것이었다. 이를 위해 에디슨은 아마존의 각종 갈대와 대나무를 비롯해 전 세계 곳곳에서 수천 개의 소재를 구해 실험했다. 그의 연구실에는 온갖 희귀한 재료들이 들어차 있었고, 에디슨이 그것으로 하는 일은 모두 똑같았다. 하나씩 탄화 공정을 거쳐 진공관 안에 조심스럽게 설치하는 것이었다. 그리고 각 소재가 전기를 빛으로 변환하는 성능을 실험했다. 전류가 흐르기도 전에 산산조각이 나는 소재가 허다했다. 고되고 지루하기 짝이 없는 시간이었다. 그러던 어느 날, 그의 눈에 번쩍 뜨인 소재가 있었다. 탄화면char cloth 소재였다. 오늘날의 전구가 탄생한 순간이었다. 그 오랜 세월을 실험으로 보낸 에디슨은 이런 말을 남겼다. "나는 실패한 것이 아니다. 효과가 없는 방법을 1만 가지 찾아낸 것뿐이다."

그의 말이 바로 '인내 전략'을 통해 성취한 플립 싱킹의 핵심이라고 할 수 있다. 어떤 아이디어가 실패로 돌아가더라도 그 실험은 성공이다.

인내 전략은 문제 해결 과정이 항상 논리적이거나 선형적이지 않다는 사실을 인정한다. 나눗셈과 곱셈만 열심히 한다고 되는 것이 아니다. 그렇게 쉬운 일이면 좋겠지만 말이다. 에디슨은 성공적인 해결책을 만나기 위해서는 끊임없는 실험이 필요하다는 사실을 잘 알았다. 그래서 이 유명한 말을 남길 수 있었을 것이다. "천재는 1퍼센트의 영감과 99퍼센트의 땀으로 탄생한다." 한번은 에디슨과 마틴 로사노프Martin Rosanoff라는 화학자가 일종의 코팅 소재를 찾고 있었다. 에디슨이 이 소재를 찾으려면 밤낮없이 일해야 한다고 말했다. 그러자 로사노프가 이렇게 하소연했다. "하지만 에디슨 씨, 이미 4개월간 타당하다고 생각하는 방법은 모두 해봤는데 해결책이 나오지 않았습니다." 에디슨은 이렇게 말했다. "그게 바로 문제예요. '타당한' 방법만 시도했으니 안 될 수밖에요. 이런 일에는 인간이 타당하다고 여기는 논리는 전혀 안 통합니다."

인내 전략은 도저히 풀리지 않는 문제와 씨름하다가 플립 싱킹의 가능성이 엿보일 때 시도하는 방법이다. 논리적으로 타당해 보이는 방법은 이미 모두 시도해보았다. 그리고 인정이나 기다림으로는 도저히 해결책이 보이지 않는다. 그렇다면 적극적으로 찾아보아야 한다. '가만히 서 있지만 말고 뭔가 해봐야' 하는 갈림길에 선 것이다. 그렇다면 도박을 걸어야 한다. 캄캄한 암흑을 향해서라도 창을 찔러봐야 하는 것이다.

연인과 항상 싸운다거나, 반대로 너무나 지겹고 뻔한 권태기가 이어진다고 해보자. 이 문제를 두고 논리적으로 찬찬히 대화도 나눠봤고, 심지어 심리상담도 받아봤다. 그럼 이제 포기하고 헤어져야 하나? 모든 가능성을 다 시도해보기 전에는 그렇게 섣불리 판단할 수 없다. 잠시 떨어져 지내보면 어떨까. 함께 여행을 떠날 수도 있다. 아니면 아예 개방적인 관계를 실험해보는 것도 한 가지 방법이다. 어떤 것이든, '생각지 못한' 방법을 한번 시도해보는 것이다. 이것이 창의적인 시행착오다.*

창의적인 시행착오가 만약 효과가 있다면? 계속하면 된다. 효과가 없다면? 그 방법은 관두고 다른 것을 또 시도해본다. 시간이 지나면서 서로가 새로워 보이고, 몰랐던 매력을 발견할 수도 있

---

* 시행착오는 그저 아무렇게나 만지작거린다는 소리로 들릴 수도 있지만, 사실은 이미 과학계에서 정식 연구 방법의 하나로 인정된 바 있다. 미국의 심리학자 에드워드 리 손다이크Edward Lee Thorndike가 개발한 방법이다.

다. 왜 그런지는 아무도 모른다. 그게 중요한가? 아니다. 중요한 것은 문제를 반전했다는 것이다.

서서히 적자로 빠져드는 사업도 마찬가지다. 부진의 원인을 심층 분석하고, 비용을 삭감하고, 성공을 위해 더 열심히 노력할 수 있다. 물론 대단히 논리적인 조치들이다. 그런데도 눈에 띄는 효과가 안 보인다. 이런 시도가 기껏해야 파산의 시기를 뒤로 '미루는' 정도일지도 모른다. 그렇다면 지금까지 안 해봤던 실험을 세 가지, 네 가지, 다섯 가지라도 시도해야 한다. 새로운 매출처를 찾아보거나 신제품 라인을 도입하는 것이다. 이때 적용되는 법칙은 간단하다. 시도를 많이 할수록 기회도 많아진다는 것이다. 맥도널드가 그렇다. 패스트푸드 업계에서 가장 간단한 메뉴를 운영하는 이 회사는 매년 6,000건 이상의 신제품 메뉴를 개발한다. 그중에서 살아남아 고정 메뉴가 되는 제품은 고작해야 두세 개에 불과하다.

이 전략에서 가장 중요한 것은 '실패할 줄 알면서도' 시도해본다는 데 있다. 바로 이 점이 가장 어려운 대목이다. 우리는 실수한다는 생각만 해도 움찔한다. 이런 반응이 나오는 데는 교육의 영향도 있을 것이다. 우리는 학교에 가자마자 '정답'과 '오답'이 있다고 배운다. 정답을 이미 아는 선생님이 질문한다. 학생들은 '맞다', '틀리다'로 대답한다. 문제를 맞히면 똑똑한 학생이 되고 틀리면 멍청이가 된다. 우리는 그때부터 틀리는 것은 무섭고 창피한 일이라고 배우며 언제나 정답만 찾아왔다. 새로운 도전은 허용되지 않는다. 새로운 통찰을 얻는다거나 새로운 기회를 발견한다는 생각을 배울 기회도 별로 없었다.

　다른 사람의 질문에 대답만 하고 다른 사람이 이미 발견한 사실만 배운다면 창의성은 도대체 어떻게 개발할 수 있을까? 해답이 없는 문제는 어떻게 해결할 수 있을까? 그러기 위해서는 '실수'가 꼭 필요하다. 그것도 아주 많이 말이다. 창의적인 사람들은 평범한 사람보다 훨씬 더 많은 실수를 저지른다는 연구 결과가 있다. 당연한 일이다. 길을 잃어보지 않고 어떻게 새로운 길을 찾을 수 있을까? 실패한 지 오래되었다는 것은 오래된 습관에만 매달려 새로운 혁신을 시도해보지 않았다는 뜻이다.

　이 전략을 최대한 활용하려면 열린 사고가 필요하다. 가능한 해결책뿐만 아니라 내가 가진 목적을 바라보아야 한다. 수색과 발견의 차이가 여기에 있다. 수색은 무엇을 찾아야 할지를 이미 알고 하는 행동이다. 자동차 열쇠를 잃어버렸다. 그것을 찾아야 운전해서 출근할 수 있다. 그래서 열심히 수색한 결과 발견했다. 이제 됐다. 그러나 발견할 때는 원하는 결과가 무엇인지 모른다. 심리학자 에델 맥스Edel Max는 말한다. "수색이란 내가 찾는 것이 뭔지 어느 정도 아는 상태에서 하는 행동이다. 그 과정에서 발견하는 모든 것은 내가 원하는 결과물과 비교하게 되고, 거기에 부합하지 않는 것은 일단 제쳐둔다. 그것은 선별을 통해 범위를 좁혀가는 과정이다. 이미 아는 것을 찾을 때는 훌륭한 전략이다. 그러나 새로운 뭔가를 발견할 때는 이런 방법이 전혀 통하지 않는다."[1]

지금까지 전혀 생각지도 못했던 뭔가를 찾기 위해서는 의식적인 임시변통과 뜻밖의 일들에 마음을 여는 태도가 꼭 필요하다. 심리학자 드 세이저의 표현을 빌리면 "답을 듣기 전까지는 우리가 무슨 질문을 했는지도 모른다."[2] 이런 현상을 영어로는 세렌디피티Serendipity라고 한다. 뜻밖의 기쁨이라는 뜻이다. 네덜란드의 세렌디피티 연구자이자 이그 노벨상(Ig Nobel Prize, 처음에는 웃음을 사지만 한 번 더 생각해보게 만드는 희한한 연구에 부여되는 상) 수상자이기도 한 펙 판 안델Pek van Andel은 세렌디피티가 마치 건초더미에서 바늘을 찾아 의기양양하게 걸어나오는 것과 같다고 했다.

오랜 전통을 자랑하는 회사들도 임시변통에 주저하지 않는다. 널리 알려진 성공 신화 중에는 기존 사례에 '그럴 듯한 논리'를 갖다붙인 것이 허다하다. 경영학 교과서에는 행운이나 우연이 수록되어 있지 않다. 우리는 논리적인 이론과 원리, 시스템 등을 좋아한다. 우리도 그대로 따라 하면 성공할 수 있다는 환상을 얻기 위해서다.

사실은 성공하는 회사들도 수많은 실패를 거듭하며 휘청거리다가 겨우 성공을 거머쥔 것에 불과하다. 현명한 기업은 모두 이런 진실을 안다. 그래서 끊임없이 신제품과 신사업에 도전하며 성공 확률을 높이려고 애쓴다. 그들은 실험을 통해 끝없이 배우고 이를 통해 성장과 적응을 거듭한다. 그들은 안티프래질 특성을 띤다. 역경을 딛고 회복할 줄 아는 것이다. 그들은 침체를 겪은 후에 멋지게 재기해온 역사를 자랑한다. 그런 기업일수록 여러 차례 큰 변화를 겪어온 흔적이 남아 있다. 예를 들어 노키아의 전신은 1865년에 프레드릭 이데스탐Fredrik Idestam이 설립한 펄프 공장이었다. 나중에 이 회사는 타이어나 부츠 같은 고무 제품을 생산하기 시작했다. 1998년부터 2012년까지 노키아는 전 세계 휴대폰 시장의 선두 주자였다. 2005년 여름에 나이지리아에서 휴대폰 누적 판매량 10억 대를 기록하기도 했다. 그러나 이런 변신의 귀재도 경쟁자들의 손에 갑자기 추락할 수 있다. 아이폰이 등장한 지 불과 2년 만에 노키아는 세계 시장에서 밀려나고 말았다. 2013년에 마이크로소프트가 이 회사의 남은 자산을 인수했다. 안티프래질이 영원한 생존을 보장해주지는 않는다.

실수나 우연한 발견이 낳은 유명한 혁신 사례는 너무나 많다. 알렉산더 플레밍이 페니실린을 발견한 것도 순전히 우연 때문이었다. 그는 실험실을 정리하다가 황색포도상구균을 담아둔 페트리 접시에 곰팡이가 피어 있는 것을 본다. 그런데 더 자세히 살펴보니 곰팡이 주변에는 세균이 자라지 않았다는 것을 알 수 있었다. 그는 나중에 이 곰팡이가 만들어낸 물질이 뭔지 분석해보았고, 그것이 바로 페니실린이었다. 뉴욕주 새러토가스프링스 지역에서 요리사로 일하던 조지 크럼George Crum의 이야기도 재미있다. 한 손님이 그가 요리한 감자 절편이 너무 두껍다고 불평했다. 그 말을 들은 크림은 손님을 놀려주려고 감자를 아주 얇게 썬 다음 끓는 기름에 던져넣었다. '감자칩'은 바로 그렇게 탄생했다.

뉴욕주에서 우연히 탄생한 또 하나의 발명품이 있다. 메리 펠프스 제이콥Mary Phelps Jacob이라는 여성이 주인공이다. 어느 날 저녁, 그녀는 사교계 무도회에 입고 갈 드레스를 준비하고 있었다. 그런데 코르셋을 묶어주던 고래수염의 뾰족한 끝이 드레스를 뚫고 비어져 나왔다. 그녀는 할 수 없이 비단 손수건 두 장과 핑크 리본 한 장으로 임시 코르셋을 만들었다. 바로 브래지어가 탄생한 순간이었다. 메리는 1913년에 특허를 신청하면서 커레스 크로스비Caresse Crosby라는 회사를 설립했다. 이 회사는 큰 성공을 거두었다. 워너 브러더스 코르셋 컴퍼니는 그녀에게 1,500달러에 특허를 팔라고 제안했다. 당시로서는 상당한 금액이었던 이 제안에 메리는 기꺼이 응했다. 워너 측도 큰 이익을 거두었다. 이후 30년간 이 회사는 브래지어 특허로만 1,500만 달러 이상을 벌어들였다.

기름종이는 한 제지 회사가 우연히 종이 펄프에 접착제 넣는 것을 깜빡하는 바람에 '발견'되었다. 그 덕분에 극도로 얇고 흡수성이 뛰어난 종이가 세상에 선보였다. 비아그라, LSD, 전자레인지, 인공감미료, 브랜디, 경화고무 등도 모두 우연한 발명품이다. 임시변통은 우리 문화의 본질적 요소이며, 창조와 혁신의 역사에서 핵심적인 위치를 차지한다. 획기적인 혁신 중에 발명자가 그 사용처를 원래부터 정확히 알았던 것은 하나도 없다고 해도 과언이 아니다. 트랜지스터는 원래 극도로 제한된 군사적 목적으로 개발된 것이었으나, 결국 전자산업에 혁신을 몰고 온 발명품이 되었다. 디젤 엔진은 처음에는 기차에만 쓰일 것으로 생각했다. 복사 기술은 매우 특수한 석판 인쇄용으로 만든 것이었다. 처음 이 기술이 나왔을 때는 복사기를 만드는 것은 고사하고 문서를 대량으로 복사한다는 개념조차 전혀 없었다. 이 시대의 가장 파괴적인 혁신이라 할 인터넷은, 컴퓨터끼리 서로 정보를 공유하려는 목적이 여러 차례 시도된 끝에 그 모습을 드러냈다. 그 모든 발명자 중 누구도 인터넷이 오늘날 세상을 이 정도로 바꿔놓을 줄은 꿈에도 상상하지 못했을 것이다.

조직 행동의 대가인 미국 사회학자 제임스 마치James March는 이렇게 주장했다. "우리는 이성의 기술에 어리석음의 기술을 보완해야 한다. 개인과 조직은 아무 이유 없이 행동하는 법을 배워야 한다. 항상 그래야 할 필요는 없다. 그러나 필요할 때가 있다. 가끔은 생각하기 전에 행동부터 할 필요가 있다."[3]

꾸준히 새로운 방법을 찾고 실패에도 굴하지 않는 능력은 어쩌면 성공의 가장 중요한 선결 요건인지도 모른다. 너무나 당연한 말 같지만, 그렇지 않다. 사람들에게 성공을 좌우하는 결정적인 변수가 뭐냐고 물어보면 십중팔구 지능이라고 대답한다. 그러나 지능과 성공의 관계를 연구한 방대한 자료를 보면 지능은 그저 평범한 변수에 지나지 않는다. 성공과 큰 상관관계를 보이는 재능은 따로 있고, 그것은 인내 전략을 발휘하기에 매우 적합하다.

여러분이 이미 들어봤을 유명한 실험이 있다. 1960년대 월터 미셸Walter Mischel이라는 심리학자가 주도한 실험으로, 네 살 난 아이들을 마시멜로와 함께 남겨두고 오랜 시간 동안 관찰한 실험이다. 아이들이 수행한 과제는 무엇이었을까? 연구자는 아이에게 이렇게 말한다. "마시멜로를 먹고 싶으면 지금 당장 먹어도 된단다. 하지만, 아저씨가 돌아올 때까지 참고 기다리면 마시멜로를 하나 더 줄게." 그런 다음 연구자는 몰래 아이를 관찰했다. 아이가 마시멜로를 먹고 싶은 충동을 얼마나 참는지 시간을 재면서 말이다. 아이들의 성향은 천차만별이었다. 어떤 아이는 연구자가 방문을 닫자마자 마시멜로를 삼켜버렸다. 다른 아이들은 먹고 싶은 것을 참기 위해 별별 행동을 다 했다. 가만히 앉아 있는 아이, 입술을 깨무는 아이, 멀리 떨어져 마시멜로를 지켜보는 아이, 노래를 부르거나 의자를 쥐고 흔드는 아이도 있었다. 그중에는 연구자가 떠나 있던 20분 동안 먹고 싶은 충동을 끝까지 참아내는 아이도 있었다.

마시멜로 실험의 진짜 묘미는 이것이 통시적 실험이었다는 데 있다. 오랜 세월이 지나 이 실험에 참여했던 아이들이 그대로 후속 연구에 참여했다. 결과는 어땠을까? 마시멜로를 먹고 싶은 유혹을 가장 오래 참았던 아이들은 여러 측면에서 성공적인 삶을 사는 것으로 나타났다. 그들은 학교 성적도 우수한 편이었고, 학업을 끝까지 마친 비율도 더 높았으며, 인간관계도 원만했다. 자존감도 높았고, 좋은 직장도 다니고 있었다. 각종 중독에 빠진 사람도 적었다. 어려서 그들이 보여준 재능은, 장기적으로 더 소중한 목표를 성취하기 위해 눈앞의 만족을 미룰 줄 아는 능력이었다.[4] 욕망을 뒤로 미루는 능력은 문제 해결을 위한 노력이 실패로 돌아갔을 때, 그 상황을 인내하고 이겨내는 강력한 무기가 된다.

미국 회사 3M의 한 직원이 겪은 일도 좋은 예라고 생각한다. 그는 사포 공장에서 나온 쓰레기를 재활용하기 위해 기필코 다른 용도를 찾아내고 싶었다. 분명히 찾을 수 있다는 확신이 있었다. 그러나 해결책에 너무 골몰하다 보니 본업에 소홀해졌고, 거듭되는 경고 끝에 급기야 해고되고 말았다. 그가 어떻게 대응했을까? 아무 일도 없었다는 듯이 묵묵히 연구에 집중했다! 그가 이런 일을 한다는 것이 알려지자 공장 부지에 접근하는 것조차 금지되었다. 그러나 그는 전혀 굴하지 않고 자기 집 다락방에서 연구를 계속했다. 실험에 필요한 재료를 전 상사에게서 훔쳐오기도 했다. 오랜 실패를 거듭한 끝에 드디어 그는 폐자재를 활용할 용도를 찾아냈다. 그것은 바로 지붕 자재였다. 결국 회사는 그를 다시 채용해서 루핑그래뉼스라는 부서를 신설하고 그에게 부서장을 맡겼다. 이 부서는 곧바로 커다란 수익을 창출하기 시작했다. 그는 15년 전에 큰 부를 쌓고 은퇴했다.

인내 전략의 비결은, 실수 속에 감춰진 기회를 찾으며 전혀 예상치 못한 일에 마음을 연 채 꾸준히 '노력'하는 데 있다. "기회를 몰라보는 이유는, 처음에는 그것이 작업복 차림의 고된 노동으로 보이기 때문이다." 에디슨의 말이다. 인내 전략이란 넘어진 자리에서 툭툭 털고 일어나 계속 앞으로 나아가는 것이다. 알베르트 아인슈타인은 자신이 성공한 비결을 이렇게 설명했다. "건초더미에서 바늘을 찾아보라고 하면 보통 사람들은 바늘을 찾고는 끝났다고 일어섭니다. 그러나 나는 혹시 다른 바늘이 더 없나 계속 찾습니다."

전략 핵심

제목 그대로다. 계속 참으면서 밀고 나가라.

즉각적인 효과

버티는 자가 이긴다. 새로운 기회가 보일 때까지 기다린다.

적용 상황

아직 기회는 어딘가 남아 있고 내가 모든 것을 시도해보지는 않았다고 느끼는 한 언제나 유효하다.

실행 방법

계속 시도하고 실험한다. 시행착오를 통해 배운다. 세렌디피티를 믿는다.

최종 목표에 집중한다

───

> 방해물이란 목표로부터 한눈을 팔 때 보이는 것이다.
> ─조지프 코스먼Joseph Cossman

와인병을 따서 한 모금 마시고 싶은데, 코르크가 빠지지 않는 상황을 생각해보자. 코르크를 빼내려고 온갖 노력을 하며 시간을 보낼 수도 있지만, 그냥 코르크를 안으로 밀어넣는 방법도 있다. 목적은 '코르크를 밖으로 꺼내는 것'이 아니라 '와인을 한 모금 마시는 것'이기 때문이다.

우리는 일상생활이든 중요한 일이든, 목표에서 눈을 떼는 실수를 자주 범한다. 목표와 수단을 혼동해 원하지도 않는 것에 집중하거나, 원래 목적이 무엇이었는지 잊어버리는 것이다. '최종' 목표에 '집중'하기 전략은 진정으로 원하는 구체적인 목표에 집중할 때 발산되는 창의력을 이용하는 전략이다. 목표가 구체적일수록 더 큰 창의력이 발휘된다. 이는 초고압수 절단 기술water jet에 비유할 수 있다. 물에 매우 큰 압력을 가했을 때 발생하는 얇은 증기를 이용하면 석재, 화강암, 철을 비롯한 거의 모든 소재를 크게 힘들이지 않고도 정확하게 자를 수 있다.

집중 전략의 핵심은 간단하다. 최종 목적을 분명히 하라는 것이다. 마음속 깊이 원하는 최종 목표를 뚜렷하고 정확하게 정의한 다음 그 목표를 늘 잊지 않는 것이다. 이것은 사실 생각보다 엄청나게 어려운 일이다. 집중 전략을 제대로 적용하기 위해서는 목표와 수단을 구분할 줄 알아야 한다. 목표가 아니라 수단에 집중하다 보면(와인을 마시는 것보다 코르크를 빼내는 데 더 신경 쓰는 것처럼) 고착 사고에 점점 더 다가간다. 그러나 정말 원하는 목표에 집중하면 도저히 해결할 수 없을 것 같던 문제가 의외로 플립 싱킹으로 해결된다.

유명한 이야기가 있다. 미국 대통령 드와이트 아이젠하워가 컬럼비아대학교 총장이던 시절, 학생들이 기존의 포장도로를 놔두고 캠퍼스를 가로질러 다니는 것이 눈에 띄었다. 학생들이 다녀 길이 생긴 곳에는 잔디가 패어 '코끼리 길' 또는 '욕망의 길'이라는 별명까지 붙어 있었다. 아이젠하워는 어떻게 했을까? 그는 관점을 바꾸었다. 학생들을 포장도로로 다니게 하는 것이 아니라 보기 흉한 길을 없애는 것이 목적이라는 사실을 깨달았다. 그래서 코끼리 길을 멋지고 깔끔하게 포장했다(안타깝게도 아이젠하워에게 이런 일화가 있었다는 이야기가 허구라는 사실이 최근에 밝혀졌다. 이 이야기는 그저 오랫동안 회자된 전설이었을 뿐이다. 그러나 이 장의 교훈에 너무 적합하다고 판단해 그대로 인용하기로 했다. 훌륭한 신화에서 영감을 얻는 편이 쓸데없는 현실로 정신이 흐려지는 것보다 낫다고 생각한다).[5]

성 토마스 아퀴나스는 이렇게 말했다. "선장의 궁극적인 목적이 배를 지키는 것이라면 영원히 항구에 정박해두는 편이 낫다." 자신이 정말 원하는 게 뭔지, 마음속에 어떤 생각을 품고 있는지 끊임없이 자문해야 한다. 그러면 수많은 교착 상태를 풀어낼 수 있다. 이 문제에 대해 연설가이자 작가인 조스 버거스Jos Burgers의 말이 아주 유익할 것이다. "사람들은 드릴을 사고 싶은 것이 아니라 돈을 들여서라도 구멍을 뚫고 싶은 것이다."

폴 아덴Paul Arden의 《생각을 뒤집어라Whatever You Think, Think the Opposite》라는 책을 보면 빅토리아 시대에 어느 문학 교수가 옷을 모두 벗어던진 채 강변에서 쉬는 이야기가 나온다. 원조 나체주의자였던 셈이다. 그 당시는 머리와 손을 제외한 모든 신체를 드러내는 것은 매우 부끄러운 일이었다. 교수는 학생 몇 명이 자신을 향해 다가오는 것을 봤다. 그들은 곧 자신을 알아볼 것이다. 어쩔 수 없는 상황이었다. 숨을 데도 없는 데다 가진 것이라고는 타월 한 장뿐이었다. 몸을 전부 가릴 방법이 전혀 없었다. 거리가 점점 좁혀졌다. 그가 뭘 할 수 있었을까? 아니, 그의 목적은 무엇이었을까? 언뜻 생각하면 그의 목적은 벌거벗은 모습을 남에게 보이지 않는 것이었다고 할 수도 있겠다. 그러나 조금만 더 깊이 생각해보면 그의 진짜 목적은 학생들이 자신을 못 알아보는 것이란 사실을 알 수 있다. 그래서 그는 어떻게 했을까? 자신의 목적에 뚜렷이 집중한 덕에, 그는 타월로 자기 얼굴을 덮었다.[6]

심리학자이자 작가인 에드워드 드 보노Edward de Bono는 '수평적 사고'라는 용어를 창안한 인물이다. 그가 쓴 책에는 어떤 섬에 관한 이야기가 나온다. 그 섬과 육지를 연결하는 다리는 딱 하나 있고, 왕복 차로 양방향에 통행료를 받는 요금소가 하나씩 있다. 다리가 건설되고 50년이 지난 후에야 요금소는 섬 진입로 쪽에만 있으면 된다는 사실을 누군가가 깨닫는다. 섬에 도착한 차량은 어디에 있더라도 다시 같은 곳을 지나기 때문이다. 섬에 드나드는 차량을 모두 지켜보는 것은 목적이 아니다. 돈을 버는 것이 목적이라면 요금소 하나를 없애 비용을 줄이는 편이 더 낫다.

위의 사례는 무척 간단하지만 목적과 수단을 구분하기가 꽤 어려울 때도 많다. 제2차 세계대전 시기에 미군은 독일에서 돌아온 폭격기 각 부분에 탄흔이 몇 개씩 있는지 분석했다. 미군은 폭격기가 격추되지 않게 효율적으로 보강하려면 가장 많이 피격당한 지점이 어디인지 알아야 한다고 판단했다. 그들은 뛰어난 통계학자 에이브러햄 왈드Abraham Wald에게 데이터를 진단해달라고 부탁했다. 왈드는 문제를 뒤집어 생각했다. 그는 오히려 탄흔이 가장 적은 부위에 보강을 집중해야 한다고 말했다.

엔지니어들은 출격에 나선 모든 폭격기를 조사하지 않았다는 점을 깜빡하고 있었다. 그들은 격추당하지 '않은' 기체만 조사했을 뿐이었다. 왈드의 분석은 비행기가 특정 부위, 예컨대 동체에 피격을 많이 당하고도 귀환했을 정도면 오히려 그곳은 별로 치명적인 부위가 아니라는 점을 간파했다. 특정 부위에 한두 발 이상 피격당한 채 귀환한 폭격기가 드물다는 사실은, 그곳은 한두 발만 명중해도 격추당하기에 충분했다고 볼 수 있었다. 귀환한 항공기에서 비교적 탄흔이 가장 적은 부위는 엔진이었다. 따라서 왈드는 바로 그곳에 추가 장갑을 집중적으로 설치해야 한다고 제안했다. 미군은 그의 조언을 받아들였고, 그때부터 모든 항공기의 손상되지 않은 엔진 부위에 집중적으로 보강 장갑을 설치했다. 왈드의 현명한 제안(탄흔이 없는 곳에 집중하라)으로 이후 더 많은 폭격기가 무사 귀환할 수 있었다.[7]

주변을 돌아보면 목적과 수단을 재정의함으로써 플립 싱킹을 적용한 사례가 많다는 것을 알 수 있다. 꽤 최근까지만 해도 기업들은 대체로 모든 직원에게 사무 공간을 제공할 필요가 있다고 생각했다. 그러나 이 말은 곧 휴가나 병가 등의 사유로 빈자리가 항상 존재한다는 뜻이기도 하다.

한편 한정된 공간과 비용 때문에 사무 공간 부족 문제는 여전히 해소되지 않는다. 이런 문제는 '모든 직원은 전용 사무 공간이 필요하다'에서 '출근한 모든 직원은 전용 작업공간이 필요하다'로 목표를 바꾸면 해결할 수 있다.

미묘하지만 중요한 변화다. 이런 식으로 목표를 바꾼 다음 한 발만 더 나간 결과가 바로 핫데스킹Hotdesking, 즉 공용 사무 공간이라는 개념이다. 직원들은 각자 지급받은 개인 서랍을 빈 사무 공간 어디에나 설치하면 된다. 핫데스킹을 도입한 회사는 사무 공간을 50퍼센트나 절감할 수 있고, 연간 사무실 임대료도 25퍼센트나 줄어든다.

집중 전략을 잘 활용하려면 목표를 제대로 세우는 법은 물론이고 어떤 목표가 잘못된 것인지도 알아야 한다. 그렇다면 목표를 정할 때 흔히 저지르는 실수는 무엇일까?

이미 살펴봤듯이, 가장 흔하게 저지르는 실수는 '부정적인' 목표를 세우는 것이다. 예를 들어 휴가를 어디로 갈지 정하지 못해 여행사에 상담을 받는다고 해보자. 어디로 가고 싶으냐는 여행사의 질문에 여러분은 이렇게 대답한다. "글쎄요, 스페인은 가고 싶지 않네요. 지난번에 가봤더니 너무 싫었어요." 이런 대답은 전혀 도움이 안 될 것이다.

원하지 않는 것에 초점을 맞추다가 아이러니하게도 원하지 않았던 바로 그 결과를 맞이하는 상황이 우리에게는 너무도 많다. 잠을 자고 싶은데 불면증에 자꾸 신경 쓰다 보면 점점 더 못 잘 가능성이 커진다. 문제의 부정적인 측면에만 집중하면 기회를 놓칠 위험이 있다. 산불이 크게 났을 때 진화하는 방법을 생각해보자. 맞불을 놓으면 된다(물론 매우 통제된 환경에서 해야 한다). 그 결과 더 이상 불에 탈 나무가 없는 지역이 조성된다. 이 지점에 이르면 다음에는 더 이상 산불이 번지지 않는다.

심리학자 수잔 세거스트롬Suzanne C. Segerstrom의 《반쯤 찬 물잔The

Glass Half-Full》이라는 책에는 사이렌 소리가 두려웠던 사나이의 이야기가 나온다. 그는 그 소리를 피하려 하다가 어느 날 사이렌 소리에 도전해야겠다고 결심했다. 그래서 딸아이에게 사이렌 소리가 나는 장난감 구급차를 사주고 그 소리가 진짜와 얼마나 닮았는지 조사해보기로 했다. 그러기 위해서는 진짜 사이렌 소리를 들어야만 했다.[8]

악몽도 비슷한 방식으로 치료할 수 있다. 의사는 악몽에 시달리는 사람에게 지난밤에 꾼 악몽을 최대한 있는 그대로 묘사해보라고 한다. 티베트 불교의 밀라레빠 설화를 빌리자면 이 방법은 '악마의 입에 머리를 집어넣는' 행위다. 비유컨대 불을 뿜는 용을 만났을 때 도망치기만 한다면 용이 나를 향해 불을 더 세게 토해낼 것이다. 오히려 용의 입에 머리를 들이밀면 용은 원래 없었다는 것을 알게 된다. 문제는 오직 내 머릿속에 들어있다.

우리가 흔히 하는 두 번째 실수는 목표를 모호하게 정하는 것이다. 두 자매가 오렌지 하나를 두고 다투고 있었다. 오렌지는 하나밖에 없는데 둘 다 그것을 원했다. 아무리 생각해도 방법은 오렌지를 두 쪽으로 잘라 각각 반씩 가지는 것이다. 그런데 원하는 것이 뭔지 정확하게 말했더라면 처음부터 아무 문제 없었을 것이다. 한 사람은 주스를 마시고 싶었고, 다른 사람은 껍질을 갈아서 케이크에 넣고 싶었기 때문이다.

목표를 너무 거창하게 잡는 것도 문제다. "'언젠가' 전 세계를 여행할 것이다", "'언젠가는' 자서전을 쓰겠다"라는 식이다. 첫 번째 목적지가 어디인지, 자서전을 언제까지 출간하고 싶은지 정하지 않으면 영원히 시작도 못 할 것이다. 목표를 그렇게 거창하게 잡는 것은 어쩌면 더 근본적인 문제가 드러난 결과인지도 모른다. 전 세계를 돌아다니고 싶다는 소원은 지겨운 일상에서 벗어나고 픈 갈망에서 비롯된 것일 수 있다. 자서전을 쓰겠다는 생각의 밑바탕에는 이 세상에서 잊히거나 중요하지 않은 존재가 된다는 두려움이 있을 것이다.

목표를 정의할 때 저지르는 세 번째 실수는 분명하게 선택하지 못하는 것이다. 양손에 쥔 떡을 다 놓지 못하는 것이다. 희한하게도 축구팀이 이기고 있을 때 이런 딜레마에 자주 빠지는 것을 볼 수 있다. 일단 앞서기 시작하면 어떤 목표가 생길까? 골을 더 많이 넣어 점수 차를 벌리는 데 신경 써야 할까, 아니면 앞선 점수를 지키는 데 집중해야 할까?

네 번째 실수는 우리가 직접 영향을 미칠 수 없는 분야에서 목표를 정하는 것이다. 행복을 추구하려는 마음은 충분히 이해할 수 있다. 그러나 무슨 방법으로 그렇게 할 수 있을까? 감정은 변덕이 심하다. 의지로 감정을 다스리기는 무척 어렵다. 사실, 어떤 감정을 억지로 추구하다가는 오히려 정반대의 결과가 빚어지기도 한다. 심리학자 스쿨러J.W. Schooler의 연구는 행복을 추구하는 것이 오히려 역효과를 낼 수 있다는 것을 밝혔다. 그는 두 그룹의 피험자들에게 스트라빈스키의 〈봄의 제전〉을 들려주었다. 첫 번째 그룹을 향해서는 그냥 듣기만 하라고 했고, 두 번째 그룹에는 음악을 들으면서 기운을 내보라고 주문했다. 어떤 결과가 나왔을까? 첫 번째 그룹은 음악을 듣는 동안 행복했다고 대답했다. 행복한 기분을 느껴보라고 주문했던 두 번째 그룹은 오히려 그렇지 않았다.[9]

마지막 다섯 번째 실수는 실제로는 원하지 않는 목표를 추구하는 것이다. 내적 동기를 자극하지 못하는 것을 목표로 삼는 것이다. 뭔가를 원한다고 스스로 말은 하지만, 마음속으로는 그렇지 않다는 것을 본인도 안다. 사회적으로 대단하다고 여겨지는 것, 혹은 부모가 권하는 가치를 목표로 삼았을 때 주로 이런 일이 발생한다. 유명 가수나 프로 운동선수, 발레단의 주역 무용수 등이 되면 그야말로 멋질 것 같지만, 목표를 달성하는 데는 엄청난 희생이 따른다. 그런 희생을 원치 않을 이유는 너무나 많다. 모두가 우러러보는 이런 목표를 달성하려면 거의 집착에 가까운 노력이 필요하고, 가족이나 친구와 좋은 시간을 보내는 일 등 정작 우리에게 중요한 다른 목표를 포기해야 하기 때문이다.

그러므로 집중 전략을 효과적으로 사용하려면 목표를 정의하고 선택하는 데 신중해야 한다. 구체적으로 어떻게 해야 한다는 말일까? 최근에 기업을 비롯한 여러 조직에서 주목하는 방법이 있다. 이른바 SMART라는 방법으로, 구체적이고(Specific), 측정할 수 있으며(Measurable), 타당하고(Acceptable), 현실적이며(Realistic),

시간이 정해진(Time-bound) 목표를 수립해야 한다는 다섯 가지 원칙을 기준으로 삼는 것을 말한다. 또 하나의 강력한 방법은 심리적 중재 기법의 하나로 더 잘 알려진 이른바 '해결 중심 방법론'이다. 이 방법은 원래 심리 치료 기법에서 출발했으나 이제는 비즈니스 코칭, 교육, 훈련 등에 널리 사용되고 있다. 다른 말로는 '기적의 질문'이라고도 한다. 심리치료사 김인수의 치료 경험에서 나온 말이다. 김인수가 던진 질문에 어떤 환자가 "그렇게만 된다면 기적이겠군요!"라고 하자 그녀가 매우 논리적으로 다시 질문했다. "그렇군요, 그런 기적이 실제로 일어났다고 가정해봅시다. 과연 세상은 도대체 어떻게 보일까요?" 우리가 정한 목표가 어떤 것이든, 이 질문에 대한 답을 상상해본다면 긍정적인 면에 집중하는데 분명히 도움이 될 것이다.[10]

목표를 통해 실제로 동기 부여를 얻으려면, 역설적으로 다소 과할 정도로 야심찬 목표를 세워야 한다. 목표를 너무 쉽게 잡으면 일이 지루하고 무감각해진다. 달성하기 힘들 정도의 목표는 몰입을 안겨준다.

몰입이란 어떤 일에 완전히 빠져드는 심리 상태를 말한다. 목표가 너무나 커서 전력을 다하지 않으면 달성할 수 없을 정도가 되어야 내가 어디까지 해낼 수 있는지를 알게 되고 스스로 감탄할 수 있다. 나는 이 사실을 깨닫고부터는 항상 일부러라도 어이없을 정도로 높은 목표를 세운다. 오늘은 두 챕터를 써보자고 하거나,

원래 12시까지 끝내려던 일을 10시 마감으로 앞당기는 식이다. 원래 가능하리라고 생각했던 것보다 두 배 더 높이 설정하면 대단한 주의력과 에너지를 발휘해 언제나 목표를 달성할 수 있었다.

마지막으로 한 가지 예를 더 살펴보자. 목적을 위해 수단을 바꾼 이야기다.

포드 자동차에 납품하는 협력업체는 카뷰레터, 범퍼, 와이퍼 등 모든 부품을 규격별 목재 상자로 포장해 포드에 공급했다. 부품이 도착하면 포드 직원들이 포장을 벗겨 부품을 꺼낸 다음, 이 나무 포장재는 폐기했다. 그런데 헨리 포드가 이것을 '낭비'라고 규정했다. 나무를 폐기하는 데도 시간과 비용이 들어가고, 소중한 원자재가 버려진다. 그래서 포드는 모든 협력업체에 목재 상자를 정확한 규격에 맞춰 제작하도록 요구했다. 나무의 종류는 물론이고 판재 두께와 길이까지 정확하게 명시했다. 그리고 이 포장용 나무를 포드의 '모델 T'에서 실내 바닥재로 재활용했다.

포드 자동차 사례는 집중 전략의 잠재력을 뚜렷하게 보여준다. 문제를 대할 때는 자신이 원하지 않는 것은 과감하게 덜어내야 한다. 이 사례에서는 목재 상자 폐기라는 분명히 쓸데없는 일을 어떻게 없앨 수 있는가에 집중하면 안 된다. 문제를 만나면 숨을 한 번 들이쉬고 자신이 '정말' 원하는 것이 무엇인가를 찬찬히 생각해봐야 한다. 포드가 '정말' 원하는 것은 자동차를 최대한 저렴하면서도 효율적으로 만드는 것이었다. 그게 포드의 가장 중요한 목표였다. 그렇기 때문에 목재 상자를 자동차 부품으로 재활용한다는 아이디어가 나올 수 있었다.

포드 자동차의 성공 사례는 우리에게도 그대로 적용된다. 당면한 문제에 사로잡히지 말고, 궁극적인 목표와 가치에 집중하며, 한발 물러서서 큰 그림을 보고, 미처 생각지 못했던 새로운 기회를 발견하는 것이다.

요약
전략6: 본질

전략 핵심

목표에 집중하라. 내가 달성하려는 것은 무엇인가? 목표를 가능한 한 정확히 설정하라.

즉각적인 효과

억지로 밤을 새며 무리하게 일하지 않는다.

적용 상황

의욕이 생기는 즉시 곧바로.

실행 방법

내가 원하지 않는 것은 버려라. 임시방편, 방법, 조건은 모두 잊어라. 시작할 때부터 내가 원하는 최종 목표를 바라보라. 궁극적인 목표를 염두에 두고, 앞으로 나아가는 동안에도 계속해서 그 목표를 확인해야 한다. 중간에 목표를 수정하는 것은 나쁜 일이 아니다. 잘못된 목표라면 포기하는 것도 한 방법이다.

사방에 널린 가능성을 포착한다

탐색을 멈추면 비로소 목적지에 도착했다는 것을 깨닫게 된다.

보통 우리는 문제를 발견하고 해결책을 찾을 때, 그 해결책이란 미래의 언젠가 나타나리라고 생각한다(물론 그 미래가 그리 멀지 않기를 바라며). 그러나 항상 그런 것만은 아니다. 해결책이 이미 오래전부터 존재했는데 그동안 파묻혀 있는 상황이 존재한다는 것이다. 아마 당시에는 그 누구도 적절한 용도를 못 찾았는데 오랜 세월이 흘러 문제가 발생한 뒤에야 비로소 재조명된 것이리라.

우리가 비교적 최근에 동참했다고 생각하는 발견과 발명 중에 사실은 이미 오래전부터 존재했던 것이 꽤 많다. 고대 그리스인들은 지구가 둥글다는 생각을 이미 기원전 240년에 했다. 심지어 에라토스테네스가 계산한 지구의 둘레는 4만 킬로미터로 실제 둘레인 40,074킬로미터와 거의 흡사하다. 그러나 수 세기에 걸쳐 이 사실은 감춰져 왔다. 초기 기독교 세계관에 따르면 지구는 평평했고, 땅 밑에는 지옥이, 위에는 하늘이 있었다. 육지의 끝에는 바다가 펼쳐졌고, 배를 타고 나가 바다 끝에 가까워질수록 낭떠러지 아래로 떨어질 위험이 있었다. 라틴 아메리카 원주민들은 바퀴가 세상을 바꿔놓기 훨씬 전에 이미 이것을 발명했으나, 당시 그들이 생각해낸 용도는 고작 어린이용 장난감이었다. 마찬가지로 산업 혁명의 기폭제가 된 증기 기관도 그 초기 형태는 이미 1,700년 전에 그리스의 기계학자이자 수학자인 헤론Heron of Alexandria이 발명한 것이었다. 이것 역시 당시에는 장난감으로 사용되었다. 오늘날 우리가 아는 에스컬레이터 역시 처음에는 놀이기구에 불과했다. 1897년, 찰스 시버거Charles Seeberger라는 사람이 '지옥으로 가는 계단'이라는 축제 행사용 눈요깃거리로 개발했는데, 그 후 오랜 시간이 지나 이것을 다른 층으로 이동하는 장치로 쓰면 되겠다는 생각을 누군가 한 것이다.

여담이지만, 혁신적인 발명의 상당수는 원래 오락용으로 만들어졌다는 점이 참 흥미롭다. 어쩌면 우리는 진지하게 일할 때보다 재미있게 놀 때 더 창의력이 발휘되는 것이 아닐까? 다시 본론으로 돌아가보자.

전 세계의 수많은 기관에 등록된 특허 중에 얼마나 많은 것들이 빛도 못 보고 사장되어 있는지 상상해본 적이 있는가? 그러나 내가 말하고자 하는 핵심은 어둠 속으로 사라져간 발명이 많다는 것이 아니다. 여기서 강조하고 싶은 것은 인류는 실제로 어디에 사용될지 모르면서도 뛰어난 발명을 해낼 때가 있다는 사실이다. 우리는 손에 금덩이를 들고도 못 알아본다. '입체적 시각'은 상황과 자원을 전혀 다른 시각으로 보고, 그 속에 숨겨진 가능성을 찾게 해준다. 가능성을 바로 눈앞에 두고도 인지하지 못할 때가 있다. 가능성을 발견한 순간이 문제에 부닥친 순간과 똑같을 때가 있다. 둘 다 알아보지 못할 뿐이다. 실제로는 가능성을 마주했으면서도 정작 나는 문제에 빠졌다고 생각한다. 환한 대낮을 캄캄한 밤이라고 생각하는 것이다.

어쩌면 이쯤에서 인내 전략과 입체적 시각 전략을 비교해보며 무엇이 다른지 의문이 들 수도 있다. 어떻게 보면 둘은 매우 유사하다. 그러나 중요한 차이가 있다. 인내 전략에서는 우리가 원래 있던 자리에서 출발해 기존에 하던 일을 끈질기게 추진하다가 예상치 못했던 기회와 마주치게 된다. 입체적 시각 전략은 정반대다. 먼저 가능성에서 시작해 현실을 파악해가는 과정에서 문제와 마주친다. 그리고 그 문제는 이미 있던 가능성에 의해 급격하게 반전된다.

디즈니가 제작한 〈비글 보이스Beagle Boys〉라는 만화가 이 점을 생생하게 보여준다. 비글 보이스는 범죄 갱단으로, 작중에서는 감옥에 있는 것으로 나온다. 시간이 흘러 그들은 출소일을 맞이해 한껏 기분이 들떠 있다. 그리고 미래를 꿈꾼다. 상상의 나래를 펼친다. 그들의 꿈은 두꺼운 벽에 아름다운 정원이 딸린 거대한 성에 사는 것이다. 그리고 집사들이 대접해주는 음식을 먹는 것이다. 어떻게 되었을까? 막상 감옥 문이 열리고 밖으로 나오자, 그들은 나가기가 싫어졌다. 물론 감옥은 화려한 성이 아니다. 그러나 이야기의 핵심은 다들 알 것이다.

이 전략이 실생활에 적용된 가장 대표적인 사례는 역시 스펜서 실버Spencer Silver라는 3M 연구원의 이야기다. 1960년대 말, 실버는 접착테이프의 성능을 개선하는 연구를 하고 있었다. 실버는 접착력이 매우 강한 소재를 찾고 있었지만, 정작 자신이 개발한 제품은 그 반대였다. 그는 우연히 접착력이 아주 약한 소재를 만들었고 경화 속도도 매우 느렸다. 큰 문제였다. 아니, 아직 문제를 만나지 못한 잠재력이었다. 그 후 5년이 흘러, 실버의 접착제가 풀어야 할 문제가 비로소 나타났다. 그의 동료 아서 프라이는 교회 성가대에서 노래할 때 성가집에 끼워둔 책갈피 표가 자꾸 떨어지는 것이 신경 쓰였다. 그때 갑자기 스펜서 실버가 만든 접착제가 뇌리에 떠올랐다. 그가 떠올렸던 영감으로 탄생한 것이 바로 포스트잇이다.

오늘날 포스트잇은 사무용품 업계에서 종이 클립 이후 가장 중요한 혁신으로 인정받는다. 실버와 프라이는 그들이 이룩한 혁신 덕분에 3M에서 가장 영예로운 상을 받았다.

실패한 상품이었으나 잠재력이 가득했던 또 하나의 예로 20세기의 가장 놀라운 장난감, 실리 퍼티를 들 수 있다. 이것을 만든 사람은 1940년대 제너럴 일렉트릭의 연구원이었던 제임스 라이트James Wright였다. 그는 전시에 고무 수요를 대체할 합성 소재를 연구하고 있었지만, 군은 신축성 있는 소재에 별 관심을 두지 않았다. 그러나 장난감 가게를 운영하던 루스 폴게터Ruth Fallgatter가 온갖 형태로 변화한다는 이 소재의 소문을 들었다. 이것을 유리창에 던지면 찰싹 달라붙었다. 신문지 위에 놓고 굴리면 글자를 그대로 베끼기도 했다. 너무 재미있었다! 그녀는 사업가였던 피터 호지슨Peter Hodgson에게 이 물건을 추천하며 훌륭한 장난감이 될지도 모른다고 했고, 결국 1950년 부활절 직전에 달걀 모양의 플라스틱 상자에 담긴 실리 퍼티가 출시되었다. 이 장난감의 인기가 얼마나 대단했던지, 1968년에 아폴로 8호가 달에 착륙했을 때 우주인들이 실리 퍼티로 장비를 고정했다는 소문이 돌기도 했다. 1976년 호지슨이 사망할 당시 그의 개인 재산 추정액은 무려 1억 4,000만 달러에 달했다.

입체적 시각 전략에 필요한 태도는 낙관주의다. 평범한 눈에는 가능성이 보이지 않으므로 보일 때까지 집요하게 찾아야 한다. 심리학자 리처드 와이즈먼Richard Wiseman의 연구를 보면 비관주의가 얼마나 우리 눈을 가리는지 깜짝 놀랄 것이다. 그는 피험자들을 두 그룹으로 나누었다. 한쪽은 평소 자신이 운이 좋다고 생각했고, 다른 쪽은 운이 없다고 생각하는 사람들이었다. 와이즈먼은 그들을 모두 한 식당으로 데려갔다. 식당 문 앞에는 그가 놓아둔 10파운드짜리 지폐가 있었다. 그 결과 '불운한' 피험자 중에는 10파운드 지폐를 본 사람이 아무도 없었고, '운이 좋은' 피험자들은

거의 모두가 지폐를 봤다. 비관적인 사람은 잠재력보다 문제를 먼저 보는 경향이 있다.[11]

집요하게 잠재력을 탐색하고자 할 때 되새기면 도움이 되는 개념이 있다. '떠다니는 가능성drifting possibility'이라는 것이다. 말 그대로 우리 주변에는 온갖 가능성이 공중에 둥둥 떠다니지만, 우리 눈에는 아직 보이지 않는다는 것이다. 그것을 보려면 적극적으로 찾아야 한다. 찾고 보면 바로 우리 눈앞에 있었다는 것을 알아차리는 때가 많다.

네덜란드 자동차 회사 DAF는 디젤 엔진을 시험 가동하던 공장에서 그런 가능성을 발견했다. 디젤 엔진을 그토록 오랫동안 테스트해오면서 다른 용도로도 쓸 수 있다고 생각한 사람은 아무도 없었다. 그러던 어느 날 누군가가 이렇게 생각했다. 가만, 어차피 계속 가동해야 하는데 이걸 발전기로 사용하면 어떨까? 이후 디젤 엔진을 발전기로 쓰기 시작했고 거기서 나온 전기는 공장 전체를 환하게 밝히고도 남을 정도였다.

지금까지 우리는 가능성을 파악한다는 것은 이미 있던 상품이나 발명품의 새로운 용도를 찾는 것임을 배웠다. 그런데 사람들이 지금껏 생각하지 못했던 용도를 깨우쳐줌으로써 기회를 창출하는 방법도 있다. 바로 TV 홈쇼핑 채널에서 자주 쓰이는 '해설식 광고 기법'이다. 그들의 특기는 지금껏 아무도 '필요'를 느끼지 못했던 상품을 광고하는 것이다. 대표적인 예가 '슈퍼 효자손'이다.

광고는 이런 미사여구로 시작한다. "아직도 등이 가려운데 손이 닿지 않아 고생하십니까?" 화면에는 형편없는 기존 제품으로 가려운 등을 긁느라 고생하는 사람들이 나온다. 그러다가 피가 나거나 딱지가 앉는 장면도 보여준다. 그럴수록 점점 더 가려워진다. 또 다른 제품은 너무 허술해서 긁다가 부러지기도 하고 사용자가 허리를 삐끗하기도 한다. '이런 끔찍한 제품은 모두 버리세요'라는 대사가 들리면서 기존 제품이 쓰레기통에 던져지는 장면이 나오고 붉은색 X자가 화면을 뒤덮는다. 이윽고 내레이터가 "더 좋은 방법이 있습니다. 세계 최초, 슈퍼 효자손!"이라고 우렁차게 외친다. 활기찬 음악이 울려 퍼진다. 점잖은 신사가 한 손으로는 전화하면서 슈퍼 효자손을 만족스럽게 쓰고 있다. 화면이 바뀌어 온 가족이 활짝 웃으며 저마다 등을 긁고 있다. 거실에서 TV 보면서, 휴가지에서, 심지어 운동하면서도 긁는다. 아이들의 학교 성적이 오르고, 어른들은 업무 성과가 향상되고, 심지어 수명도 평균 3년이 늘어난다고 한다! 그게 다가 아니다. 이제는 주문만 하면 슈퍼 효자손이 집으로 배달된다!

물론 좀 과장되고 우스꽝스러운 예를 들었지만, 우리는 이렇게 자문해볼 필요가 있다. 내가 가지고 있는 것 중에 지금 당장은 아무 쓸모도 없지만, 혹시 그것만의 독특한 잠재력을 가진 건 없을까, 또 그것으로 나나 다른 사람들의 문제를 해결할 수는 없을까 하고 말이다. 내가 가진 자동차가 다른 사람에게는 없다면, 그들에게는 내 자동차가 하나의 기회다. 혹시 내가 외딴곳에 빈 공장을 가지고 있다면, 광란의 파티를 열고 싶은 사람에게는 최적의 장소가 될 수도 있다. 직장이 없다면, 물론 큰 문제다. 그러나 내가 가진 것이 과연 하나도 없을까? 우선 시간이 많다. 남아도는 시간을 해결해야 할 문제가 아니라 아직 드러나지 않은 잠재력이라고 생각해보라. 어쩌면 드디어 세계일주 여행을 떠날 때가 온 건지도 모른다. 개인 사업을 시작할 기회일 수도 있고, 안식년을 보낼 수도 있다. 장소든, 소유물이든, 내가 처한 현실을 가능성으로 여기고 지금까지 간과했던 기회를 살펴봐야 한다.

인류 역사상 입체적 시각 전략을 적용하기에 지금보다 더 좋은 시기는 없었다. 인터넷 덕분에 이 전략은 어느 때보다 더 큰 기회가 되었다. 인터넷이 우리 삶을 송두리째 바꿔놨고, 앞으로도 더욱 급격하게 바꿀 것이라는 데 이의를 제기할 사람은 없다. 인터넷은 재고 전략에 무한한 잠재력을 제공한다. 과거에 도저히 풀리지 않았던 문제들이 이제는 새롭게 조명되고 있다. 예전에는 인구 2,000명인 마을에 사는 사람이 집에 쌓인 장난감 자동차를 팔거나 데이트 상대를 만나는 일이 큰 문제였지만, 인터넷이 있는 지금은 얼마든지 기회를 찾을 수 있다.

입체적 시각 전략은 다른 방식으로 사용할 수도 있다. 과거를 돌아보는 시각뿐 아니라 미래를 내다보는 눈으로 말이다. 인간이 지닌 장점 중 하나는 과거를 성찰할 수 있을 뿐 아니라 미래의 눈으로 현재를 인식하는 능력도 있다는 것이다. 나는 35세에 개인 사업을 시작할 때 과연 직장을 그만두는 것이 옳은 결정일까 고민도 많이 했다. 그럴 때마다 상상 속의 나 자신과 대화를 자주 했다. 35세의 나와 70세의 내가 서로 대화하는 식이었다. 가령 35세의 내가 "과연 내가 번 돈으로 가족을 먹여 살릴 수 있을까?"라고 질문하면, 70세의 나는 이렇게 대답하곤 했다. "지금은 돈 문제가 가장 걱정이라는 것을 이해한다만, 그런 걱정은 접어두고 네가 잘하는 일이 뭔지, 피가 끓어오르는 일이 뭔지를 생각해보렴"이라고 말이다. 나는 언제나 이런 대화에서 확신을 얻었다. 마치 내 안에 정말 70세의 내가 있어서 35세의 나보다 나를 훨씬 더 믿어주는 것 같았다.

미래를 상상하는 입체적 시각 전략은 다른 사람과 대화를 나눌 때도 충분히 적용할 수 있다. 몇 년 전에 놀라운 이야기를 들은 적이 있다. 어느 학교의 교감 선생님과 학생 사이에 심한 갈등이 빚어졌다. 한 학생이 학교 경비원과 다툼을 벌였다. 교감 선생님은 학생더러 사과하라고 했다. 그러나 학생은 경비원의 처사가 부당했으므로 사과하지 않겠다고 했다. 그래서 상담교사가 그 학생을 만났다. 그리고 앞으로 2년 후에 어디 있을 것 같으냐고 물어보았다. 학생은 로테르담에 있는 대학에 다니고 있을 거라고 답했다. 상담교사는 로테르담에서 공부할 때도 이런 문제를 일으킬 것 같은지 다시 물었다. 학생은 웃음을 터뜨렸다. 말도 안 된다며,

그때는 이런 일을 겪을 나이가 아니지 않느냐고 했다. 마지막으로 상담교사는 미래의 자신이 현재의 자신에게 이런 문제에 관해 어떻게 조언할 것 같냐고 질문했다. 학생이 어떻게 했을까? 그는 교감 선생님이 지시한 내용을 그대로 외우다시피 했다. 그는 더 나이 많고 철든 성인이 되어 상황을 새로운 시각으로 바라보았다.

마지막으로, 입체적 시각 전략을 더 재미있게 활용할 수 있는 비법을 살펴보자.

벨기에 예술가 카마구르카Kamagurka는 연극 연출과 TV 프로듀서 일을 하면서 만화가와 화가로도 성공한 인물이다. 그는 예술가로 성공을 거두고 있음에도 재능이 그리 뛰어나지는 않으며 특히 인물을 사실적으로 묘사하는 데 자신이 없는 편이라고 자평한다. 그러나 카마구르카는 자신의 이런 약점에서 잠재력을 발견했다. 그는 우연주의Accidentalism라는, 인터넷 시대의 새로운 예술 사조를 개척했다. 그는 대상이 누구인지 생각지도 않고 거친 화풍으로 인물화를 대충 그린 다음, 인터넷에 올린다. 그러면 네티즌이 그 그림과 가장 닮았다고 생각하는 사람을 지목한다. 그렇게 해서 그림과 가장 닮은 사람이 주인공으로 결정된다.

여러분이 어디에 있든, 무슨 일을 하든, 어떤 기술과 재능을 가지고 있든, 지금까지 놓치고 있던 아이디어와 기회는 혹시 없는지 끊임없이 다시 생각하고 들여다보아야 한다. 그 모두가 잠재적인 해결책이라고 생각하라. 무슨 문제의 해결책이란 말인가? 모른다. 어떻게 알겠는가! 모르는 것이 문제인가? 아니다! 아무것도 모른다는 것이 바로 입체적 시각 전략의 핵심이다. 그러므로 이런 잠재력으로부터 시작해, 그것이 기존의 문제나, 미처 있는 줄도 몰랐던 문제를 해결해주지는 않는지 검토해보라. 내 문제도 좋고, 다른 사람의 문제도 좋다. 좋은 점은, 문제에 대한 해답은 이미 얼마든지 있다는 것이다. 단지 내 눈에 안 띄었을 뿐이다.

요약
전략7: 입체적 시각

전략 핵심

문제의 본질에 맞춰 원점에서 다시 생각한다.

즉각적인 효과

세상이 다르게 보인다.

적용 상황

늘, 언제나, 항상!

실행 방법

찾아보라. 검색해보라. 사람들과 이야기해보라. 조사하라. 적극적인 질문을 던져라. 이미 잊어버린 옛날 생각도 다시 꺼내서 생각해보라.

10장

적도 친구처럼

이 전략의 핵심 요소는 제거, 제휴, 협업 그리고 상황 전환이다.
적대적인 현실에 맞서 사용하는 전략이다.
우리는 살아가면서 사기, 조작, 탐욕 등과 같은
인간의 진짜 모습에 대처해야 할 때가 있다.
이 전략을 적절히 활용하면 경쟁자나 적과 협력하여 상호이익을
꾀할 수 있고 최소한 불필요한 소모전을 회피할 수 있다.
그리고 더 나아가 자신만의 독특한 가치를 창출할 수 있다.

하지 말아야 하는 일부터 중단한다

애벌레가 종말을 고하면 나비 한 마리가 탄생한다.
－노자老子

플립 싱킹을 '긍정적인 사고와 행복을 강조하는 히피 운동'쯤으로 생각하는 사람이 있다. 기회와 가능성이 무궁무진한 사고의 천국, 또는 알라딘의 동굴처럼 낙관주의나 긍정적 사고와 100퍼센트 같은 개념이라고 생각하는 것이다. 그러나 그렇지 않다. 플립 싱킹은 하나의 지식 분야나 이론, 방법론이 아니다. 이 전략은 인생만큼이나 다양하고, 가변적이며, 다채롭다. 오히려 슬픔과 상실, 고통이 불가피하다는 현실을 이해하는 데서 출발한다.

2008년 2월, 폴라로이드는 매사추세츠주, 네덜란드의 엔스헤더 그리고 멕시코의 한 지역에 위치한 공장들을 폐쇄한다고 발표했다. 폴라로이드의 필름과 카메라는 디지털카메라로 대체되었다. 이미 2001년에 파산 신청을 한 상태에서, 새로운 소유주가 2008년에 다시 파산을 선언했다. 1937년에 설립된 폴라로이드 주식회사가 불과 70년 남짓 만에 막을 내렸다. 물론 이 브랜드는 또 다른 소유주가 아직도 사용하고 있다.

폴라로이드 외에도 한때 번창했던 수많은 브랜드가 원래 모습을 잃어버렸다. 그리고 기업의 수명은 날로 짧아지고 있다. 오늘날은 한 산업 전체의 생애 주기가 15년에도 미치지 못한다. 미국에서 가장 큰 기업을 모아놓은 포브스 100대 기업 명단이 최초로 작성된 것은 1917년이었다. 그로부터 70년이 지난 1987년에는 100개 중 61곳의 기업이 사라졌다. 나머지 39곳 중 그때까지 100대 기업에 포함되어 있던 회사는 18곳뿐이었다. 그러면 그 18곳은 성장하고 있었을까? 아니다. 70년이 지나는 동안 그들의 경영 실적은 업계 평균에서 20퍼센트나 뒤처진 상태였다. 시장 평균을 넘어서는 실적을 올린 회사는 제너럴 일렉트릭(GE)과 코닥 두 회사뿐이었다. 그 후 코닥 역시 파산의 길로 접어들었다.

생각해보라. 1917년에 포브스 100대 기업에 있던 회사 중 지금까지 살아남아 평균 이상의 실적을 내는 회사는 단 한 곳뿐이다. 나머지 99퍼센트는 사라지거나 평균을 밑도는 성적을 내고 있을 뿐이다. 이 사실에서 우리가 얻을 수 있는 교훈은 무엇일까? 간단하다. 모든 것은 결국 사라진다는 것이다. 앞에서 살펴봤듯이 이것은 슬프지만 피할 수 없는 현실이다. 영원한 것은 아무것도 없다. 우리는 이런 현실을 문제로 볼 수도 있지만, 또 한편으로는 기회로 볼 수도 있다. 이것이 바로 제거 전략의 자세다. 하나의 기회가 종말을 고한다 해도 또 다른 기회가 탄생하는 상황은 자주 찾아온다.

세상은 정신없는 속도로 변하고 있고, 모든 기업은 반드시 이 괴로운 질문에 대답해야 한다. 시대에 발맞추어 적응할 것인가, 문을 닫을 것인가? 2008년에 출간된 이 책의 초판에서 나는 이렇게 썼던 적이 있다.

음악 시장은 다운로드 환경에 어떻게 대응할까? 네덜란드에서는 올해부터 CD 음반 판매가 중단되었다. 마우스 한 번만 클릭하면 '롤링스톤스 추억의 명곡 500집'이 가지런히 담긴 파일을 한꺼번에 다운로드할 수 있다. 그 파일을 컴퓨터에 저장한 다음 아이팟과 연동해놓으면 나중에 일하면서도 들을 수 있다. 이렇게 써놓으니 초현실적인 장면처럼 보이지만, 이 글을 5년 후에 읽으면 한심하기 그지없다고 생각할 것이다.

이 글을 쓴 지도 15년이 흘렀고, 아닌 게 아니라 이 내용이 참 한심스럽게 보인다. 요즘 누가 다운로드를 한단 말인가? 자동차 안에서 스마트폰을 거치대에 끼워놓고 스포티파이만 실행하면 음악이 '스트리밍' 된다. 요즘은 이게 상식이다. 그러나 앞으로 5년 또는 10년 후에는 이 장면이 어떻게 보일까? 그때는 또 무슨 일이 가능할까?

이번 전략의 초반부에서 세상 모든 일은 변화하고, 현존하는 모든 것들은 끊임없이 생존의 위협을 받으며, 새로운 것들이 계속해서 무대에 등장한다고 했다. 왜 그런 말로 시작했는지 의아하게 생각하는 분들이 혹 있을지도 모르겠다. 그 이유는 분명하다. 플립 싱킹의 관점에서 볼 때, 우리는 이런 변화를 반겨야 하기 때문이다. 왜 그럴까? 더 이상 효과가 없거나, 곧 수명을 다할 것은 완전히 내버려야 하기 때문이다. 쓸모없게 된 것을 끊임없이, 철저하게 찾아내 폐기해야만 쓸모 있는 것이 들어설 공간이 생긴다.

그러므로 제거 전략도 마찬가지로 효과가 없는 것을 찾아내는 일부터 시작한다. 이 전략을 진지하게 적용하기 위해서는 가지치기를 할 줄 알아야 한다. 살아 있는 나무에서 죽은 가지를 잘라내야 한다. 그것이 말처럼 쉬운 일은 아니다. 때로는 고통과 슬픔을 각오해야 하는 일이다.

제너럴 일렉트릭(이하 GE)의 예를 보자. GE의 성공은 주로 자기 파괴를 제도화한 덕분이다. 잭 웰치가 오랫동안 CEO로 회사를 이끌던 시절, GE는 성공의 기준을 높게 잡고 거기에 못 미치는 것들에는 과감한 제거 전략을 도입했다. 웰치는 시장 각 분야의 최고가 되든지, 아니면 철수한다는 모토를 내세웠다. 아울러 업무 성과 하위 10퍼센트에 해당하는 직원은 해고한다는 원칙을 세우고 이를 엄격하게 실행했다.[1]

제거 전략에는 여러 방식이 있다. 가장 대표적인 것은 "가까운 미래에 수명이 다할 것으로 생각되는 일은 그만두어야 한다"라는 것이다. 어떤 상품이나 서비스가 곧 사라질 것이 분명하다면 그것이 비록 내가 하는 일의 핵심, 또는 내 존재 자체라 하더라도, 지금 당장 포기해야 한다.

제거 전략이 효과적인 이유는 쓸모없는 것을 그만두기 때문이기도 하지만, 죽은 나뭇가지를 잘라냄으로써 건강한 나무가 살아남기 때문이기도 하다. 가치가 없는 것을 제거하면 남아 있는 가치에 더 집중할 수 있다. 그러므로 제거는 단지 버리기만 하는 것이 아니라 유지하는 것이기도 하다. 제거 전략에는 파괴와 보존이 공존한다.

2008년 금융위기가 한창 고조되던 시기, 금융서비스 회사 ING도 여느 회사처럼 큰 어려움을 겪었다. 이 회사는 매년 상당한 규모의 직원 파티를 열었으나, 경제 침체기에 성대한 파티를 여는 것은 적절치 않은 일이었다. 그렇다고 파티를 아예 없애지는 않았다. ING 직원 중에는 노래나 요리에 능한 사람들이 있었고, 일부 직원들은 저비용 행사를 여는 데 자발적으로 동참하기도 했다. 이런 시도는 큰 성공을 거두었고, 그 덕분에 이듬해에도 파티를 열수 있었다.[2]

제거 전략은 사실 선순환 전략과 비슷하다. 가장 큰 차이는 순서다. 선순환 전략을 쓸 때는 훌륭한 것을 바탕으로 뭘 할 수 있을지를 찾는다. 제거 전략은 효과가 없는 것에서 출발해 남겨둘 것이 무엇인지를 살펴본다. 예를 들어 잔디밭에 무성한 잡초를 제거하고 싶다고 해보자. 이때 잡초를 없앨 수도 있고(제거), 잔디를 더

튼튼하게 키워서 잡초를 질식시킬 수도 있다(선순환). 직관력을 발휘해 상황에 맞는 전략을 선택할 필요가 있다. 잘못된 것이 분명히 보이는 상황인가? 그렇다면 제거 전략을 써야 한다. 무엇이 잘못되었는지 분명치 않다면 잘된 것에 집중하는 선순환 전략을 써야 한다.

제거 전략의 두 번째 방법은 다음과 같은 지혜의 말에 귀 기울이는 것이다. "똑같은 행동을 반복하면서 다른 결과를 기대하는 것처럼 어리석은 일은 없다." 우리는 효과도 없는 방법을 붙들고 열심히 노력만 하는 실수를 범한다. 따라서 두 번째 제거 전략은 "효과가 없는 일은 그만두라"라는 것이다. 그럴 때 오히려 새로운 기회가 나타난다.

어떤 IT 회사가 신입 사원들의 잦은 이직으로 골머리를 앓고 있었다. 이 회사는 고용과 인력관리에 대해서는 전통적 관행을 모두 따르고 있었다. 이 회사의 채용 절차는 복잡하고 비용도 많이 들었다. 신입 사원들은 높은 수준의 연수 프로그램을 이수했다. 급여를 인상해보기도 했으나, 역시 소용이 없었다. 그들 중 다수는 연수를 마치기가 무섭게 경쟁사로 옮겨가곤 했다. 마침내 경영진은 이 상황을 인정하기로 했다. '그래요, 그리고'의 자세를 택한 것이다. 우수한 교육을 이수한 직원들을 모두 끌어안아야 한다는 생각을 버리기로 했다. 그들은 별도의 자회사를 설립해 빠른 승진 코스를 원하는 사람들에게 교육과 훈련을 제공했다. 무엇보다, 회사가 이 분야에 강점이 있다는 것을 발견하고 내린 윈-윈의 해결책이었다. 재능 있는 젊은 직원들이 이 회사에 큰 매력을 느끼게 되었다. 더구나 교육 사업을 통해 돈도 많이 벌었다! 심지어 교육 사업이 워낙 크게 성공해 오히려 이 분야가 또 다른 핵심 사업이 되었다. 회사는 IT 서비스 업무를 대거 포기하고 성공적인 교육 서비스 기업이 되었다.[3]

쓸모없는 일을 중단하면 놀라운 효과를 거둘 수 있다. 뉴욕시 지하철역은 승객들이 플랫폼과 선로에 온갖 쓰레기를 던지는 바람에 오랫동안 거대한 쓰레기통 신세를 면치 못했다. 지하철 당국이 이 문제에 대처하고자 플랫폼에 쓰레기통을 더 많이 비치했다. 그래서 효과가 있었을까? 아니다. 날이 갈수록 쓰레기가 더 늘어났다. 그래서 뉴욕 지하철공사Metropolitan Transportation Authority, MTA는 시험 삼아 두 곳의 역에서 쓰레기통을 모두 치워봤다. 그랬더니 쓰레기양이 50~67퍼센트 정도 감소했다. MTA 관계자는 이런 결론을 내렸다. "쓰레기를 버릴 곳이 없으니 승객들이 그냥 가지고 있거나 역사 밖으로 나가서 처리했다." 어쩌면 그동안 승객들은 역내에 쓰레기통이 있는 것을 보고 쓰레기를 버려도 된다고 생각했는지도 모른다. 거기 버리면 누군가 비울 테니 말이다. 그 후 이 방법은 다른 지하철역과 모든 공공장소로 확대되었다.[4]

그렇다면 이런 제거 전략을 어떻게 일상생활에 적용할 수 있을까? 우선 더 이상 효과가 없는 것들이 무엇인지 살펴보는 것이다.

'오늘 할 일' 목록을 작성해봐도 효과가 없자 새로운 시스템을 도입하거나 각종 다이어리와 스케줄 관리 툴 등을 바꿔가며 시도하려는 사람들이 있다. 뭔가를 더 많이 해야 일을 더 잘할 수 있다는 생각은 가장 흔히 볼 수 있는 실수다. 불필요한 기법과 시스템, 할 일 목록이 넘쳐나는 이유가 바로 거기에 있다. 이미 말했듯이, 효과가 없는 것을 제거하는 것은 나무의 죽은 가지를 쳐내는 방식과 같다. 그렇게 해서 남는 것은 건강하게 살아 있는 조직이다. 생활을 단순하게 해야 한다. 할 일을 (많이) 덜어내면 (훨씬) 더 많은 일을 할 수 있다.

제거의 세 번째 방법은 '해체'다. 어떤 대상의 일부를 덜어내고 남아 있는 것으로 새로운 뭔가를 창조할 수 없는지 살펴보는 방법이다. 식당에 의자가 없다면 어떨까? 축구 경기에서 공이 없으면 어떻게 될까? 리모컨 없이 TV를 보면 무엇이 달라질까? 자동차에서 핸들을 없애면 어떻게 될까? 많은 발명품이 이렇게 해서 만들어졌다. 휴대폰도 따지고 보면 전화선 없는 전화기가 아닌가?

스타트업이 가장 먼저 만나는 장벽은 뭐니 뭐니 해도 사무공간 비용이다. 건물 없이 사업을 해보면 어떨까? 나는 아주 혁신적인 어린이집 운영 기업을 본 적이 있다. 그 회사는 집 앞에서 아이들을 버스에 태워 곧바로 여행을 떠난다. 그리고 숲으로 데려가 같이 산책도 하고, 봄에는 농가를 방문해 양이 새끼 낳는 장면을 지켜보기도 하고, 겨울에는 스케이트나 썰매 타기, 여름에는 수영,

가을에는 낙엽 치우기 같은 활동을 함께한다. 그들은 지금 네 개 도시에서 다섯 개의 프로그램을 활발하게 운영하고 있다. 그들은 건물이 있어서가 아니라 건물이 없어서 성공한 것이다. 발목을 잡는 방해물(건물 임대료)을 제거하면 오히려 나만의 고유한 장점이 된다.

회의 시간을 줄이고 싶은가? 의자를 없애보라. 네덜란드 회사 TNO가 이것을 실험해봤다. 회의 시간에 서 있으면 당연히 훨씬 더 불편하지만, 효율은 확실히 증대된다. TNO가 실험해본 결과 '서서 하는 회의'로 무려 3분의 1이나 시간이 단축되었다고 한다. 네덜란드 전체의 회의 비용이 300억 유로에 달한다는 통계에 빗대어보면, 전국의 모든 회사가 회의를 서서 할 경우 100억 유로를 절감할 수 있다는 결론이 나온다.[5]

이 전략의 네 번째 방법은 '가정을 없애는 것'이다. 어떤 일을 꼭 정해진 대로만 하라는 법이 있는가? 이 방법의 핵심은 머리에 각인된 '고정관념'을 탈피하는 것이다. 농산물 시장에 어느 청과물 가게가 있었다. 매출과 이윤이 충분해서 사업은 비교적 괜찮은 편이었다. 문제는 사장님이 숨 돌릴 새도 없이 바쁘다는 것이었다. 그래서 직원을 두세 명 두었더니 직원 급여와 각종 수당이 큰 부담이 되었고, 그렇다고 급여를 장부 외로 지급하기는 싫었다. 그는 어떻게 했을까? 급여의 절반만 회계 처리하고 절반은 장부 외로 지급했을까? 자원봉사자를 모집했을까? 그는 혼자서만

속을 썩이다가 마침내 직원에 관한 기존의 관념을 전부 포기하기로 했다. 그 결과 식품 업계에서 무려 120년 동안이나 변하지 않던 개념이 재발견되었다. 그가 생각해낸 방법은 바로 셀프서비스였다. 그는 선반이 설치된 가판대를 U자 모양으로 만들어 사람들이 직접 물건을 고르게 했다. 그가 할 일은 매출 전표를 찍는 것뿐이었다.

"모든 조직에는 리더가 있어야 한다"라는 말은 조직 사회의 가장 기초적인 상식이다. 그러나 꼭 그래야 하는 이유가 있는가? 누가 그렇게 정했는가? 남아프리카공화국의 시너지스쿨The Synergy School은 자율 교육을 표방하는 사립학교다. 이 학교의 창립자이자 소유주이며 심장과도 같은(교직원들의 눈에 위대한 스승으로 보일 만한) 인물이 어느 날 갑자기 교장직을 내려놓겠다고 선언했다. 그는 '무질서를 조성해야만 에너지를 발산할 수 있다'라는 평소의 확고한 소신에 따라, 이후 학교 운영에 관해서는 일체 손을 떼겠다고 했다. 신임 교장을 물색할 팀이 황급히 꾸려졌으나, 그의 뒤를 이을 만한 사람은 어디에서도 찾을 수 없다는 것이 곧 명백해졌다. 창립자의 빈자리를 도대체 누가 대신할 수 있단 말인가? 그때 학교 내부에서 대단한 아이디어가 하나 나왔다. 자율 교육 철학을 교직원에게도 적용해보자는 것이었다. 학교에 꼭 교장이 있어야 하는가? 법에 규정된 의무도 아니다. 교사들은 교장의 역할을 나눠 자신들과 교직원, 소유주가 각자 분담하기로 했다. 그 학교는

마침내 자율 관리 조직으로 거듭났다.[6]

가정을 제거하면 커다란 혁신의 길이 열린다. 우리는 열차와 지하철의 출발 시간은 정해져 있다고만 생각한다. 그러나 그런 가정을 없애보면 어떨까? 일부 노선에서는 열차 운행 간격을 훨씬 더 좁혀볼 수 없을까? 예를 들어 15분, 10분, 아니 가능하면 5분마다 한 대씩 출발하면 안 될까? 그렇게 되면 사람들이 열차 시간에 맞춰 일정을 조정할 필요가 없다. 언제든 플랫폼에 도착해서 다음 열차를 타면 된다. 그것이 오히려(가능하기만 하면) 출발 시간이 정해져 있는 것보다는 모두에게 훨씬 더 나은 방법이 아닐까? 작가 리처드 바크는 원래《갈매기의 꿈》을 어린이들 대상으로 썼지만, 나중에는 꼭 아동용 도서로 출간해야 한다는 가정을 버렸다. 성인에게도 교훈을 줄 수 있는 책이라고 그가 설명하기 전까지는 이 책에 관심을 보인 출판사가 한 곳도 없었다. 그렇지만 결국 이 책은 세계적인 베스트셀러가 되었다.

여러분이 하는 일에는 어떤 가정이 있는가? 호주의 론 뮤엑Ron Mueck은 쇼윈도 장식가로 일하고 있었다. 그는 창의력이 뛰어났으므로 틀에 박힌 마네킹을 사용하는 대신, 1980년대부터 자신이 직접 모델을 만들기 시작했다. 나중에는 닭의 껍질이나 혈관, 사람 머리카락 등 실제 생체 물질을 사용해 충격적일 정도로 실제 인물과 유사한 모델을 만들었다. 뮤엑의 작품은 한 미술품 수집가의 눈에 띄었고, 이후 그는 모델 제작자에서 예술가로 발돋움했다.

여러분이 하는 일은 자세한 직무 기술서와 이력서가 필요한 분야일지도 모른다. 그런 것이 여러분의 재능과 경험을 포장해준다고 생각할 수도 있다. 그런 포장지를 벗겨내면 어떻게 될까? 그렇게 되면 어떤 기회가 찾아올까? 혁신 분야의 교수이자 컨설턴트인 제프 개스퍼스Jeff Gaspersz는 대형 컨설팅 회사에서 일하던 시절, 회사를 떠나 직접 컨설팅 사업을 시작하겠다고 결심했다. 다음은 그가 쓴 글이다.

컨설팅 업무를 시작한 후 언젠가부터 정체기가 찾아왔다. 마침 그때 한 친구가 해준 말을 지금도 너무 감사하게 생각하고 있다. 그녀는 이렇게 말했다. "너의 에너지를 생각해봐. 원하는 것을 성취하려는 너의 에너지는 그 누구도 막을 수 없어. 네가 할일은 그것을 계속 발산할 수 있게 환경을 바꿔보는 거야." 그 말을 듣고 상황을 완전히 새로운 시각으로 바라보게 되었다. 나의 창의력이 꼭 한 곳에 한정될 필요가 없다는 것을 곧바로 깨달았다. 시각이 바뀌자 온몸에 전율이 일었다. 일종의 정신적 해방감이었다. 그렇게 내 사업을 시작하게 되었다.[7]

우리는 뭔가를 해야 성공할 수 있다고 생각한다. 물론 합리적인 생각이지만, 그게 전부는 아니다. 때로는 뭔가를 하지 않는 것이 성공의 비결일 수도 있다. 우리는 얼마나 많은 시간을 무의미

한 일로 보내는가? 정말 성공하고 싶다면 그런 일부터 당장 없애야 한다. 스케줄을 비워라. 쓸데없는 일을 모두 치워버려라. 우리는 매일 '할 일 목록'이 아니라 '안 할 일 목록'을 작성해야 한다. 성공하려면 오늘 무슨 일을 안 해야 할까를 물어라. 남의 뒤치다꺼리나 하면서 낭비하는 시간을 지금 당장 없앨 수 있다. 그러나 다른 사람에게 긍정적인 인상을 주기 위해 꼭 필요하다고 생각하는 일도 있다. 전화를 받았으면 꼭 다시 걸어주고, 이메일을 받았으면 빨리 답장해주는 것 등이다. 이런 일은 당연히 신경 써야 한다. 성공은 불필요한 일을 하지 않는 데서 온다. 스티브 잡스는 이렇게 말했다. "집중력이란 '아니오'라고 할 줄 아는 것이다."

없애고 나면 무한한 자유를 맛볼 수 있지만, 한편으로는 고통도 함께 찾아온다. 정원을 가꾸기가 힘들다면 아스팔트로 싹 포장해버리면 된다. 더 이상 안전 운전을 자신할 수 없다면, 자동차를 처분할 수도 있다. 쉽지는 않지만 훌륭한 해결책이다. 더 이상 가망이 없는 관계는 끝내버려라. 직장을 그만둔다. 지인과 연락을 끊는다. 모두 그만두기 어려운 일이라는 것은 분명하다. 그러나 고통스러운 만큼 홀가분한 일이다. 고통의 끝은 곧 새롭게 출발할 기회이기도 하다. 버림받기 전에 내가 먼저 버리는 것이 더 나을 때도 있다. 네덜란드 속담에 "새 신발이 생기기 전에는 헌 신발을 버리지 마라"라는 말이 있다. 현명한 조언 같지만, 제거 전략이 전하는 메시지는 이것과 다르다. 더 이상 가망이 없는 회사를 계속

끌고 가는 것이 포기하는 것보다 더 괴로울 수도 있다. 더 이상 잃을 것이 뭐가 있는가? 오랜 친구가 해준 말이 있다. "새로운 것을 창조하려면 먼저 비워야 한다. 강한 진공 상태일수록 흡인력이 더 크다."

강을 건넌 배를 이제 불태워야 할 때가 왔다. 헌 신발은 던져버려라! 한동안 맨발로 돌아다니다가 물갈퀴를 만들어보면 어떨까? 하는 생각이 든다. 그 사업을 시작해라. 혹은 풍경화를 그리고 싶다는 생각이 들 수도 있다. 스튜디오를 빌리고 붓을 들어라. 여행하고 싶다고? 당장 트레일러를 장만해서 수평선을 향해 달려라. 마음 깊은 곳에서 더 이상 안 되는 일이라는 소리가 들리면, 그만둬라!

요약
전략8: 방해물 제거

전략 핵심

사람, 사물, 생각 등 앞길을 가로막는 방애물은 뭐든 치운다.

즉각적인 효과

방해물을 제거했을 때 드러나는 새로운 기회를 빠르게 포착한다. 앞으로 나아가는 데 꼭 필요한 것들에 에너지를 집중한다.

적용 상황

더 이상 효과가 없다는 것이 분명해졌을 때. 기존의 생각이 현실과 맞지 않을 때. 거추장스러운 짐이 많을 때.

실행 방법

효과가 없는 것을 버리고, 남아 있는 것을 살피고, 그 중 우선순위를 정해 실행한다.

전략9: 전략적 제휴

비즈니스 세계에서 영원한 라이벌은 없다

이길 수 없다면, 사버려라.

네덜란드에서는 매년 9월 셋째 주 화요일을 프린셔스다흐Prin-sjesdag라고 해서, 국왕이 연설하는 날로 정해져 있다. 이날 다음해 국가 예산이 발표된다. 재무부는 이날이 임박해서야 언론에 예산 정보를 알려주고 철저한 보안을 당부한다. 그러나 2004년에는 정보가 누출되는 바람에 네덜란드 제1방송국 RTL의 뉴스가 일주일이나 앞서 예산 정보를 확보하는 일이 발생했다. 다음 해에 재무부는 보안을 더욱 강화했다. 그러나 어찌 된 일인지 RTL 뉴스는 이번에도 특종을 터뜨리고 말았다. 그래서 재무부는 방침을 바꾸기로 했다. 재무부 신임 정보담당관으로 피터 클라인Pieter Klein을 영입한 것이었다. 그의 전직이 무엇이었을까? 맞다. 그는 바로 RTL 뉴스의 정치부 편집장이었다. 이 방법은 주효했다. 어떤 식으로 정보가 누설되는지 그가 알고 있었기에 그해에는 예산을 사전에 누출되지 않은 채 원래 예정된 국왕 연설일에 멋지게 발표할 수 있었다.

적과 싸워서 이길 수도 있지만, 그를 우리 편으로 만드는 방법도 있다. 이길 수 없을 때는 끌어들이면 된다. 아니면 재무부가 그랬던 것처럼 돈을 주고 사버리는 것이다. 제휴 전략의 요체는 '저쪽 편'이던 상대방을 '우리 편'으로 만드는 것이다. 축구팀들은 이 전략을 잘 알고 있다. 그래서 가장 강력한 경쟁팀의 최고 선수와 계약하는 일이 빈번하다. 일거양득이다. 훌륭한 선수가 우리 편이되어 든든한데, 덤으로 경쟁 상대도 크게 힘이 빠지니 말이다.

적군과 '제휴'하는 전략은 우호적인 환경에서 목숨이 오가는 상황까지 다양하게 활용할 수 있다. 단지 이것은 '적'과 어떤 관계를 맺고 있느냐에 따라 달라진다. 여러분이 만약 교사라고 해보자. 교실에서 휴대폰을 사용하는 문제를 두고 학생과 실랑이가 빚어질 수도 있다. 실제로 이런 문제 때문에 골머리를 앓는 교사가 많다. 어떤 학교는 학생들에게 교실 앞에 마련된 상자에 휴대폰을 넣어두고 교실에 들어가도록 한다. 이것은 전형적인 고착 사고를 보여주는 예다. 이렇게 되면 마음이 상하는 학생이 많을 것이다. 그래서 요즘은 학생들이 휴대폰을 학습 도구로 활용하게 해주는 선생님이 많다. 어쨌든 휴대폰은 작은 컴퓨터일 뿐이다. 그 도구를 좋은 용도로 사용하면 되는 것 아닌가?

코미디언 사라 크로스Sara Kroos는 적을 끌어들이는 전략을 좀 더 온건한 형태로 활용했다. 그녀가 공연하는 건물에 어떤 마르디 그라(Mardi Gras, 사육제 기간의 마지막 날이자 축제가 절정에 오르는 날 - 옮긴이) 밴드가 같이 공연하고 있었는데, 그 소리가 너무 시끄러워 크로스의 공연을 방해할 정도였다. 그녀는 그 밴드를 향해 자신의 공연에 출연해달라고 초청했다. 밴드는 흔쾌히 초청에 응했고, 관객들은 크게 환호했다. 밴드의 공연은 곧 시끌벅적한 마르디 그라 파티로 변했다.

적대적 기업 인수는 이 전략이 좀 더 가혹한 방식으로 사용되는 예다. 기본적으로는 축구팀이 경쟁팀의 스타 선수를 영입하는 것과 같은 전략이다. 적을 영입하는 것은 그를 무력화하는 매우 효율적인 수단이다. 경쟁자를 제거하면서 동시에 새로운 인재와 지식을 손에 넣는다. 적대적 인수에 위험이 전혀 없는 것은 아니다. 인수를 통해 새로 탄생한 회사의 이익이 인수 전 두 회사의 이익을 합한 것에 미치지 못하는 경우가 훨씬 더 많다. 그러나 성공만 한다면 '돌 하나로 두 마리의 새를 잡는' 시나리오가 실현될 수 있다. 대표적인 예로 1999년에 필립스가 반도체 제조업체 VLSI를 인수한 건이나, 보다폰이 독일 회사 마네스만을 인수한 건 등을 들 수 있다.[8]

제휴 전략의 기본 원리는 광범위하게 적용될 수 있다. 암스테르담시는 노후화된 전철 차량의 변경을 앞두고 신모델이 과연 공공 기물 파손 행위를 견딜 수 있는지 확인하고 싶었다. 그때, 당시 부시장이던 마크 판 데르 호르스트Mark van der Horst가 대담한 제안을 내놓았다. 악명 높은 기물 파괴범들을 초빙해 차량 하나를 부쉬보게 하자는 것이었다. 사실 그것이야말로 기물 파손을 견딜 수 있는지 확인하는 가장 확실한 방법이었다. 이런 전략은 군사 조직에서도 많이 사용된다. 해커를 고용해서 IT 보안을 강화한다든지, 스파이를 포섭해서 이중간첩으로 활용하는 것이 대표적인 예다. 경찰과 첩보기관도 마찬가지다. 도둑을 잡기 위해 도둑을 이용하는 것이다.

독일의 분지델Wunsiedel이라는 마을은 이 책략을 멋지게 활용했다. 이 마을은 제3제국의 부사령관이던 루돌프 헤스Rudolf Hess의 묘지가 있는 곳이다. 매년 마을을 가로질러 네오나치 행진이 진행되는 바람에 그야말로 극우 시위대의 순례지가 되어 있었다. 마을 주민들은 오랫동안 이 행진을 막으려고 애써왔지만, 번번이 실패했다. 그러다가 2014년 11월에 드디어 그들은 이 문제에 플립 싱킹을 적용했다. 이 지역 상공인들은 나치 행진을 도보 후원 행사로 바꿔놓기로 했다. 시위대가 1미터를 걸을 때마다 10유로를 엑시트 저머니EXIT-Germany라는 나치 반대 단체에 기부하기로 한 것이다. 결과적으로 나치 시위대는 사실상 자신에 대한 반대 시위에 나선 셈이었다. 그들이 더 많이 걸을수록 더 좋은 일이 되었다. 결국 네오나치 그룹은 극단주의 반대 단체를 위해 1만 달러 이상의 돈을 모금했다.[9]

적대 세력이 언제까지나 우리 적으로 남아 있을 필요는 없다. 기업들이 이 점을 명심하면 비판적이거나 심지어 분노에 찬 고객도 충분히 조언자로 바꿀 수 있음을 알게 된다. 비판, 그중에서도 건설적이지 못한 비판은 흔히 적대감을 불러일으킨다. 그래서 우리는 비판을 개인적인 공격으로 받아들인다. 그러나 알고 보면 사람들은 그저 자신이 원하는 바가 이루어지지 않아 좌절과 불만을 드러내는 것뿐일 때가 많다. 모든 조직은 그들의 의견에 귀 기울임으로써 중요한 교훈을 얻을 수 있다. 현명한 기업은 고객의 불만을 세심하게 청취하고 이를 개선의 수단으로 삼는 프로세스를 구축해왔다.

일부 조직은 여기서 한발 더 나아가 비판자들을 자신들의 일에 적극적으로 참여하도록 요청하기도 한다. 그중 하나가 네덜란드 위트레흐트에서 노숙인들에게 쉼터와 지원 서비스를 제공하는 데투센푸어지닝De Tussenvoorziening이라는 단체다. 이 단체의 설립자이자 책임자인 줄스 판 담Jules van Dam은 나에게 "초창기가 가장 어려웠습니다"라고 이야기했다. 당시에는 쉼터가 들어설 지역의 일부 주민들이 격렬하게 반대했다. 이후 이 단체는 주민들의 저항을 자신들이 하는 일의 중요한 일부로 받아들였다. 반 담은 이렇게 말한다. "주민들을 처음 만나보면 언제나 큰 불평이 쏟아져나옵니다. 대개 그중 한두 분이 마을 전체에 반대 여론을 조성합니다. 그런데 시간이 좀 지나면 저희를 찾아와서 주민을 대신해 사과한다는 분들이 또 있습니다. 그들은 우리가 하는 일의 취지는 지지하지만, 걱정도 있다고 말합니다. 이런 분들이야말로 우리가 꼭 협력하고 싶은 분들이지요."

이 단체는 새로 들어서는 쉼터마다 전체 프로그램을 운영하는 관리팀을 조직한다. 그리고 여기에는 우려하면서도 지지한다고 말해준 사람들이 항상 포함된다. 이 단체는 이들을 통해 개선해야 할 점을 들은 다음, 쉼터 설립에 필요한 조건, 예컨대 밤거리를 밝힐 가로등 설치 등을 시 당국에 요청하기도 한다. 반 담은 이렇게 말한다. "우리는 우리 시설이 지역 발전에 공헌하는 것을 목표로 삼고 있습니다. 우리는 주민의 불만을 진지하게 다 듣습니다. 그리고 관련 당사자들이 모두 모여 계약하는 자리에서 그것을 기록으로 남깁니다." 결국 주민들은 쉼터를 인정하고, 그들 중 일부는 주민들의 도움으로 쉼터가 정착할 수 있게 되어 자랑스럽다고 말하기도 한다. 반 담이 말했다. "한 가지를 덧붙이자면, 항상 우리가 먼저 열린 마음으로 정직한 태도를 보일 때만 성공할 수 있었습니다. 물론 어려운 일들에 대해서도요."

이 시설이 운영된 지 1년이 되면 보통 기념 파티가 열린다. 반 담은 대개 이때쯤 되면 처음에 크게 화를 냈던 사람 중 한 명이 찾아와 이렇게 말한다고 한다. "처음부터 이렇게 잘되리라고 말씀하셨어야죠!" 처음에 반대했다가 열렬한 지지자로 돌아선 한 사람은 자기가 다른 마을에 쉼터를 홍보하겠다고 말하기도 했다. 그러나 현실은 그의 생각과 달랐다. 다른 마을 사람들은 그가 진짜 주민이 아니라 반 담이 심어놓은 프락치라고 생각했다. 반 담은 그때 일을 회상하며 "우리 지지자 분이 참 많이 당황하셨지요"라고 말했다. 나중에 나에게 "제가 그렇게 나쁜 사람처럼 보이나요?"라고 물었을 때 내가 정직하게 이렇게 대답했다. "아니요. 완전히 악당 같지요."

제휴 전략을 가장 용기 있게 실천한 사람은 다름 아닌 넬슨 만델라일 것이다. 그의 생애는 한 사람이 어떻게 적을 '우리 편'으로 만들어 세상을 바꿔놓을 수 있는지 보여주는 확실한 증거였다. 그중에서도 대표적인 예가 바로 남아프리카공화국 럭비 대표팀 스프링복스Springboks의 일화다. 스프링복스는 원래 아프리카 백인들로만 구성된 팀이었다. 그래서 아파르트헤이트 정책이 유효하던 시절에 수많은 남아프리카공화국 흑인이 스프링복스를 경멸했다. 이 팀의 상징이었던 스프링복(영양의 일종)은 격렬한 분노를 불러왔고, 따라서 아프리카 국민회의는 1995년에 권력을 장악한 후이 상징의 사용을 금지해달라고 요청한 적도 있었다. 당시 만델라 대통령도 이 문제로 많은 압박을 받았다.

그해, 오랫동안 출전을 거부당해왔던 남아프리카공화국이 다시 한번 럭비 국제대회에 출전 자격을 얻었다. 그리고 인종 차이를 뛰어넘는 전 국민의 열렬한 성원을 한 몸에 받으며 마침내 스프링복스가 럭비 월드컵 결승전에 진출했다. 이 경기는 그해 최고의 경기가 되었다.

경기 시작 직전, 만델라는 경기장으로 들어가 자국팀 선수들에게 승리를 기원했다. 어떤 제스처를 취했을까? 그는 말 그대로 '적'의 상징과 표시를 자기편으로 만들어버렸다. 만델라는 초록색과 금색이 섞인 스프링복스 셔츠를 입고 주장 선수 프랑수아 피에나르Francois Pienaar의 등번호를 달고 있었다. 그러자 경기장은 곧 "넬슨! 넬슨!"을 외치는 엄청난 함성으로 가득 찼다. 경기가 끝난 후 만델라는 스프링복스 팀이 기존 휘장을 그대로 써도 좋다고 공식 선언했다. 강력한 화해의 제스처였다. 경기 결과는 어떻게 되었을까? 남아프리카공화국이 결승전에서 이겨 역사상 최초로 세계 챔피언의 자리에 올랐다.

우리 같은 평범한 사람이 일상생활에 제휴 전략을 쓸 일이 과연 있을까 의아하게 여길 수도 있다. 우선 잠재적 적이나 경쟁자를 만나면 맨 먼저 이런 생각을 해봐야 한다. 상대방이 가진 것 중에 내가 쓸 수 있는 것이 뭘까? 하고 말이다. 그들이 지닌 동기나 성격 중에 내가 목표 달성을 위해 받아들일 만한 것은 무엇일까? 그러므로, 상대방을 '적'으로 규정하고 그와 싸움을 벌이려는 본능을 조금만 억제하고, 그가 혹시 '우리 편'이 될 수 없는지 먼저 살펴볼 필요가 있다. 넬슨 만델라가 그랬던 것처럼 '그들의 셔츠를 입어볼' 수는 없는지 잠시 생각해봐야 한다.

혹시 처형이 우리 부부의 일에 사사건건 간섭하려 드는가? 싸우지 말고 포용해라. 처형이 우리 기념일을 다 준비하게 놔둬라! 삼촌만 만나면 항상 성공담을 떠들어대는 바람에 짜증이 나는가?

다음번 회사 행사 때 그분을 연사로 초빙하라! 회사 사장이 모든 일을 손에 쥐고 놔주지 않는가? 내가 하는 일의 주요 사항을 모두 확인해달라고 부탁해보라. 그러면 나는 시간과 에너지를 좀 아낄 수 있다.

요컨대, 그들과 싸우지 말고, 협력할(전략 10에서 다룬다) 생각도 하지 마라. 그저 끌어안아라. 그들을 내 일에 써먹어라. 내 편으로 삼아라.

요약
전략9: 전략적 제휴

전략 핵심

경쟁자와 라이벌을 내 편으로 만들어라. 해커를 IT 보안 책임자로 삼아라.

즉각적인 효과

경쟁하고 싸워야 할 대상이 나의 목표를 위해 일하기 시작한다.

적용 상황

평범한 방법으로는 이길 수 없거나 도저히 협력할 수 없는 경쟁자가 있을 때(전략 10 참조).

실행 방법

재능이든 능력이든 시간이든, 필요하다면 상대방이 가진 모든 것을 빌리고 활용한다.

전략10: 생산적 협업

이길 수 없다면 협업하는 것도 방법이다

적을 친구로 만들면 무찌르지 않은 것인가?
– 에이브러햄 링컨Abraham Lincoln

어느 학교 학생들이 한 학생에게 시간 날 때마다 니켈(5센트 동전)과 다임(10센트)을 보여주며 어느 쪽을 가지고 싶은지 물었다. 물론 아이를 놀리는 행동이었다. 그 아이는 '더 큰 동전'이라고 대답했고, 나머지 아이들은 못된 표정으로 낄낄 웃곤 했다. 선생님이 그 아이에게 다임이 니켈보다 더 비싼 거라고 설명해주었다. 아이는 이렇게 말했다. "알아요. 그렇지만 내가 그걸 안다는 것을 애들이 알면 앞으로 돈을 안 줄 거잖아요."

우리는 (잠재적) 적을 마주치면 일단 힘겨루기를 시작하려는 경향이 있다. 힘 싸움은 어떻게 진행되는가? 간단하다. 상대방을 힘으로 위협해서 굴복시키려고 한다. 내 힘이 더 세면 원하는 대로 상대의 무릎을 꿇릴 수 있다. 그리고 갈등이 사라진다. 그런데 알고 보니 상대가 나보다 더 세다면 반대의 처지가 된다. 그러나 두 사례 모두 갈등이 종식되는 것은 분명하다. 이런 것을 승자독식 모델이라고 한다.

그러나 안타깝게도 갈등이 이렇게 깔끔하게 해결되는 사례는 드물다. 이후로도 오랫동안 격렬한 갈등이 지속되는 때가 대부분이다. 최악의 상황은 소모전으로 빠져드는 것이다. 양측이 싸움에 시간과 돈, 에너지를 더 많이 투입할수록 점점 더 손을 떼기 어려워진다. 결국 양쪽 모두 지는 싸움이 된다. "'눈에는 눈'으로 심판하면 세상 사람들은 모두 장님이 된다"라는 속담처럼 말이다. 전쟁, 파업, 이혼이 대부분 이런 패턴을 보인다. 나중에는 상대방이 이기게 될까 두려워 엄청난 손해를 기꺼이 감수한다. 마치 별거가 길어진 부부가 서로 이렇게 생각하는 것과 같다. "절대 이혼해주지 않을 거야. 다른 사람을 만나 더 행복해지는 꼴은 도저히 못 보니까."

전투에서 이기더라도 전쟁에서는 진다는 말이 있다. 전투에 이기는 과정에서 적에게 치욕을 안겨주면 그 원한이 나중에 부메랑처럼 나에게 돌아올 수 있다. 제1차 세계대전이 끝나고 찾아온 평화가 왜 오래 가지 못했을까? 독일 사람들은 종전 협정으로 자신들이 가혹한 대접을 받았다고 느꼈기 때문이다. 전쟁을 확실하게 끝내는 방법은 상대방의 항복이 아니라 양측 모두 만족하는 합의를 이루는 것이다. 영국 총리 벤저민 디즈레일리Benjamin Disraeli는 이렇게 말한 적이 있다. "인생에서 가장 중요한 것은 기회를 붙잡는 것이지만, 그다음으로 중요한 것은 언제 포기해야 할지 아는 것이다."[10]

미국 남북전쟁 당시, 에이브러햄 링컨은 한 연설에서 남부의 반란을 매우 우호적으로 표현한 적이 있었다. 그때 어느 연로한 골수 연방주의자 여성이 링컨에게 화를 냈다. 전쟁 중에 상대방을 그렇게 너그럽게 언급하는 법이 어디 있느냐고 말이다. 링컨은 이렇게 대답했다. "그들을 우리 편으로 만들면 적을 무찌르는 게 아닙니까?"

적대적인 상황에서 취할 수 있는 이런 전략(문제를 기회로 바꾸고, 위협을 새로운 기회로 만드는 것)은 보통 사람들에게도 그대로 적용할 수 있다. (잠재적인) 적과 협정을 맺고 그를 동맹으로 삼는 것이다. 그들이 우리를 공격하는 데 쏟던 에너지를 공통의 목적을 향해 돌리는 것이다. 그것이 생산적 협업 전략의 본질이다. 서로의 입장 차이는 잠시 잊고 공통점에 집중하는 것이다.

협력 전략은 우리를 향하던 적의 전력을 서로의 공통 목적으로 향하도록 바꿔놓는 것이다. 서로의 차이점은 일단 제쳐두고 공통점을 극대화한다. 이 전략은 적대 세력뿐만 아니라 중립적인 진영, 심지어 우리 편에게도 쓸 수 있다. 적이나 적처럼 보이는 상대 중에는 여러 형태와 규모가 있다. 따라서 이 전략 내에서도 몇 가지 다른 방법을 사용할 수 있다. 이른바 '하위 전략'이다.

생산적 협업과 전략적 제휴는 언뜻 비슷하게 보이지만, 둘 사이에는 중요한 차이가 있다. 제휴 전략에서는 적대 세력을 우리 진영으로 끌어들여야 한다. 반면 협업 전략은 그들을 여전히 독립적인 존재로 인정한 채 진행해야 한다. 그들과 우리는 파트너로 일한다. 여기에는 다양한 방법이 있지만 가장 좋은 것은 궁극적으로 양측 모두 이익을 얻는 해결책을 찾아내는 것이다.

세상에는 필수 상비약보다 코카콜라를 구하는 편이 더 쉬운 곳이 있다. 말도 안 되는 소리라고 생각할 사람이 있겠지만, 그것이 현실이다. 세계 최대의 음료수 브랜드가 구축해놓은 엄청난 인프라를 이용하지 않을 이유가 어디 있겠는가? 이런 생각으로 탄생한 것이 바로 콜라라이프 운동ColaLife initiative이다. 이 운동은 코카콜라의 유통망을 이용하여 지사제를 잠비아 오지까지 수송한다. 아프리카 전역에서 유아 사망의 제1 원인은 바로 설사로 인한 탈수증이다. 콜라라이프 운동 측은 콜라 상자 사이에 쏙 들어가는 에이드팟즈AidPods라는 전용 포장재를 별도로 제작했다. 실로 상호 이익이었다.[11]

이 운동을 왜 협업 전략의 훌륭한 사례로 꼽는 것일까? 양측이 협업함으로써, 어느 한쪽이 혼자서는 할 수 없었던 목적을 달성할 수 있게 되었기 때문이다. 또, 그 결과가 양쪽 모두에게 이익이 되었다. 콜라라이프가 이 방법을 통해 약품을 유통하면서 코카콜라도 이 운동으로 브랜드 이미지의 상승효과를 누렸다.

한 건축업자가 학교 운동장 일부를 다시 포장하는 일을 맡았다. 그는 학생들이 수업하는 동안 작업 구역 주변에 테이프를 두르고 일을 시작했다. 그러나 휴식 시간이 되자 아이들이 교실을 빠져나와 떼를 지어 그쪽으로 몰려갔다. 아이들은 테이프를 아랑 곳하지 않고 공사 현장을 마구 침범하며 그를 방해했다. 이쪽으로 오지 말라고 아무리 타일러도 말을 듣지 않았다. 그는 아이들의 쉬는 시간이 한 시간이나 된다는 말을 듣고 도저히 이대로는 안 되겠다고 생각했다. 그는 아이들을 조수로 쓰기로 했다. 아이들에 게 바닥에 깔 타일을 건네달라고 한 것이다. 아이들이 신나게 일 해준 덕분에 작업은 순식간에 끝나버렸다.[12]

한 네덜란드 회사 경영진이 구매팀의 조직개편을 구상했다. 그 러나 네덜란드에서 이런 일은 반드시 근로자들의 이익을 대변하 는 사내 중앙근로위원회Central Works Council, CWC의 승인을 얻어야 한다. 역시나 이 회사의 CWC는 경영진의 구상안을 딱 잘라 거 절해버렸다. 보통 이런 갈등이 빚어지면 법정 소송까지 가서 결 판나는 게 대부분이다. 그러나 경영진은 그 방법 대신 이 구상안 의 어디가 잘못되었는지 설명해달라고 CWC에 정중히 요청했다. CWC는 방대한 목록을 작성해서 회사에 제출했다. 경영진은 어 떤 반응을 보였을까? 그들은 CWC의 의견에 전적으로 동의했다. 형식적인 동의가 아니었다. 그들은 구매팀의 운영 방식을 개선하 겠다는 점에서 CWC와 목적이 같았고, CWC의 의견은 중요한 통 찰을 담고 있었다. CWC 위원들은 (문자 그대로) 할 말을 잊었다. 그 들은 당연히 싸움과 갈등이 생기리라 예상했는데, 사측이 너무나 단순하고 비호전적인 반응, 즉 정직한 호기심을 보이자 깜짝 놀라고 말았다. 간단한 질문 하나로 경영진과 CWC의 의견이 완전히 일치한다는 사실을 깨닫게 되자, 이후로 모든 일은 너무나 순조롭게 진행되었다.[13]

공통 관심사에 세심하게 주의를 기울이면 가장 악명 높은 적조차 동맹으로 바꿔놓을 수 있다. 내가 진행하는 플립 싱킹 팟캐스트를 통해 인터뷰한 어느 소녀는 같은 반의 어떤 친구가 습관적으로 소문을 퍼뜨리는 바람에 화가 나곤 했다. 이 친구가 비밀을 지켜줄 거라고 믿고 내용을 말해주었는데, 어느새 모두가 알고 있는 때가 한두 번이 아니었다.

우리는 팟캐스트를 진행하면서 그런 상황을 역으로 이용해보자고 했다. 그 소녀는 사실 자신이 성소수자라는 사실을 자연스럽게 공개하고 싶었는데, 그렇다고 반 아이들에게 일일이 떠들고 싶지는 않았다. 그래서 그 악명 높은 수다쟁이에게만 딱 한 번 말해주었다. 물론 비밀이라고 하면서 말이다. 역시 순식간에 반 아이들이 모두 알게 되었다. 나중에 소녀는 반 아이들의 반응을 두고 "그토록 긍정적일 줄은 몰랐다"라고 말했다.[14]

우리 회사가 네덜란드 보호감찰기구Reclassering Nederland의 관리자와 이사진을 대상으로 이틀짜리 플립 싱킹 행사를 개최한 적이 있었다. 이 기구는 관찰 보호 대상자들을 관리하고, 그들에게 지역 봉사 기회를 부여하는 일을 하는 국립 재단이다. 우리는 참석자들에게 다양한 플립 싱킹 전략을 설명한 다음, 지금 당장 가장 큰 효과를 볼 만한 전략을 머리에 떠오르는 대로 골라보라고 제안했다. 그 결과 가장 많은 사람이 선택한 것이 바로 생산적 협업 전략이었다. 왜 그랬을까? 도대체 그들의 적이 누구란 말인가? 간단했다. 그들의 적은 언론이었다. 이 기구는 최근에 불거진 몇몇 문제로 뉴스에 보도된 적이 있었다. 모임에 참석한 사람들은 언론을 협업 대상으로 삼기로 했다. 그들은 이구동성으로 말했다. "모든 공연 관계자, 광고 업계, 정당 등은 언론의 관심을 많이 받을수록 좋아하지 않겠습니까. 그 점을 이용해보자고요!" 며칠 후, 이 기구의 이사회 의장인 셰프 판 헤닙Sjef van Gennip은 한 중앙일간지에 인터뷰를 요청했다. 어떻게 되었을까? 이 기구의 '일부 문제점'과 개선 계획을 소개하는 기사가 1면에 실렸다. 반 헤닙은 기사에 소개된 비판을 일부 인정했다. 그는 "그러나 우리는 이 문제에 관한 토론이 벌어지기를 기대합니다"라고 덧붙였다. 사실 그 말은 신문의 보도 목적이기도 했다. 적을 동맹으로 삼은 것이다!

엔터테인먼트 종사자에게 언론 노출은 생명줄과도 같다. 악평처럼 나쁜 것은 없다는 말도 있지만, 사실 최악의 상황은 사람들의 뇌리에서 잊히는 것이다. 염력을 이용해 숟가락을 구부리는 것으로 유명한 유리 겔러는 수년간이나 언론의 비난을 한 몸에 받았다. 유리 겔러를 가장 강하게 비판하면서 유명해진 제임스 랜디는 그를 혹평하는 책을 최소한 두 권이나 썼다. 그 책은 유리 겔러를 완전히 산산조각 내고 말았다. 그런데 이토록 심한 공격이 어떤 결과를 낳았을까? 원래 의도와 정반대의 결과를 초래했다! 언론이 그의 마술이 가짜냐 아니냐를 놓고 끊임없이 논쟁을 부추긴 결과가 바로 유리 겔러의 성공 비결이었다. 그의 이름이 마술처럼 높은 위상을 누리게 된 것은 다 언론이 부추긴 관심과 입소문 덕분이었다.

생산적 협업 전략을 적용하려면 먼저 어떤 상황에 관한 나의 관점을 재고해보아야 한다. 그 상황이 문제인지, 아니면 그것을 바라보는 내 시각이 문제인지를 파악해야 한다.

생산적 협업 전략을 이용하는 또 다른 방법은 적에게 도움이나 조언 혹은 호의를 부탁해 그의 선한 본성을 일깨우는 것이다. 사람들은 누구나 자신의 선한 면을 뽐내려는 본능이 있다. 스티븐 스필버그는 13살쯤 되던 무렵, 존 웨인 같은 덩치 큰 이웃집 소년에게 늘 시달렸다. 스필버그는 그때 일을 이렇게 떠올린다. "그 애는 나를 잔디밭에 때려눕히거나, 식수대에 머리를 처박거나, 아니면 진흙탕에 얼굴을 짓누르곤 했어요. 체육 시간에 축구할 때도 코피를 내놓기가 일쑤였죠." 스필버그는 그 녀석과 싸움으로는 도저히 상대가 안 된다는 것을 깨닫고 다른 방법을 쓰기로 했다. 그에게 한 가지 부탁을 한 것이다. 당시에 벌써 영화 제작 일에 발을 들여놓고 있던 스필버그는 그 아이에게 이렇게 말했다. "내가 나치와 싸우는 영화를 하나 만들려고 하는데, 네가 전쟁 영웅 역할을 해줬으면 해." 처음에는 웃음거리로 여기던 그 아이는 어느 새 그 역할을 맡기로 했고, 결국 촬영 기간 내내 온갖 일을 도맡아 했다. 결국 그는 스필버그와 절친이 되었다.[15]

1970년대 말, 네덜란드 부섬이라는 마을의 어느 상점 주인도 비슷한 방식으로 가게에 도둑이 드는 문제를 해결했다. 지긋한 연세의 그 주인에게는 한 가지 문제가 있었다. 동네 악동들이 수시로 가게에 들어와서 사탕을 훔쳐 가는 것이었다. 손님들은 그 녀석들이 다시는 가게에 발을 못 들이게 문단속을 단단히 해야 한다고 생각했다. 그러나 주인의 생각은 달랐다. 어느 날, 그놈들 중에서도 가장 못된 녀석 하나가 가게 주변을 '남몰래' 서성이고 있었다. 주인장은 그에게 이렇게 말했다. "얘야, 내가 어디 좀 다녀올 데가 있는데, 잠시 가게 좀 봐주겠니? 요즘 어떤 아이들이 여기 와서 사탕을 자꾸 훔쳐 가는구나." 그 아이는 고개를 끄덕이더니 마치 문지기처럼 카운터 앞에 떡 버티고 섰다. 주인의 말에 따르면 그 이후로 소년은 상점에서 다시는 물건을 훔치지 않았다고 한다.[16]

적으로 보이는 상대와 협업하는 또 다른 방법은 '명예로운 퇴진'을 할 기회를 주는 것이다. 한마디로 '퇴로를 열어주는 전략'이다. 적에게 치욕을 안겨서 굴복시키는 것은 최악의 방법이다. 갈등에서 물러날 수 있는 명분만 안겨주면, 상대는 문제를 해결한 후 위신을 지키기 위해 얼른 물러나줄 것이다.

서배스천 베일리Sebastian Bailey와 옥타비우스 블랙Octavius Black이 쓴《정신 운동Mind Gym》이라는 책을 보면 이런 명예로운 퇴진에 관한 좋은 사례가 나온다. 어떤 직원과 상사가 갈등을 겪는다. 둘 중 한 사람은 회사를 떠나야 했지만, 둘 다 그럴 생각이 없었다. 아무래도 상사가 더 유리한 위치였으므로, 직원이 헤드헌팅 회사에 이름을 올려두었다. 그런데 직원은 문득 다른 생각이 들었다. 그래서 다음 날 다시 헤드헌터를 찾아가 그 상사에 관해 엄청난 칭찬을 늘어놓았다. 며칠 후 그의 상사가 헤드헌터의 연락을 받았고, 머지않아 다른 회사에서 더 좋은 자리를 제안받았다. 상사는 곧바로 회사를 떠났다. 그는 퇴로를 얻었고, 직원은 만족한 채 자기 자리를 지킬 수 있었다.[17]

생산적 협업 전략 중에서도 가장 세련된 형태는 '문제 교환'이다. 어떤 사람에게는 문제가 되는 것이 다른 사람에게는 기회일 수도 있다. 예를 들어보자. 브라질 젊은이들은 영어를 배우려는 열의가 대단하지만, 학원 등록비는 비싸다. 한편, 미국 노인들은 외롭게 지내고 있어 이야기할 상대가 필요하다. 여기서 CNA 스피킹 익스체인지라는 단체가 이 두 집단을 서로 연결하여 각자의 문제를 멋지게 교환할 수 있게 해주었다.

네덜란드 하를럼Haarlem이라는 도시의 115년 된 성 바보 대성당 Cathedral of St. Bavo은 연간 8만 유로에 달하는 난방비 문제로 고민 중이었다. 그런데 그 지역 IT 기업들은 정반대 문제로 고민했다. 컴퓨터 장비의 발열이 심해서 턱없이 비싼 냉각비를 감내해야만 했다. 여기에서 등장한 해결책이 바로 성당 난방Holy Warming이라는 것이었다. IT 회사는 성당 천정에 컴퓨터를 설치함으로써 자연 냉각 효과를 누릴 수 있었고, 컴퓨터에서 나오는 열은 성당 위층에서 난방기 역할을 한 것이다.*

위와 똑같은 방식으로 영국 북부 지방의 레디치에 있던 화장장은 자신의 문제를 이웃의 수영장과 맞교환했다. 화장장 운영진은 화장장에서 나오는 열을 수영장 난방에 쓰는 방안을 시의회에 제안했다. 물론 격렬히 반대하는 단체도 있었으나 결국 이 제안은 채택되었고, 시의회 측은 이로 인한 에너지 절감액을 매년 1만 4,000파운드로 추산했다.[18]

또 하나의 특별한 형태는 이른바 '프레이저-알리 정신'으로, 서로의 적대 관계를 상호이익의 수단으로 이용하는 것을 말한다. 복싱 선수 조 프레이저와 무하마드 알리는 선수 시절 몇 차례 대결을 벌이면서 최대 라이벌 관계를 이루었다.

이들의 관계는 링 위에서만 한정되지 않았다. 무하마드 알리는 프레이저가 시민 평등권 운동에 적극적으로 참여하지 않는다고 생각해 그를 '고릴라'와 '엉클 톰'으로 불렀다. 프레이저는 알리만큼 독설가는 아니었으나 나중에 알리가 파킨슨병 진단을 받게 되자 드디어 입을 열 기회를 얻었다. 그는 알리가 '하나님의 심판'을

---

* 미국에서도 이와 비슷한 사례가 있다. 마이크로소프트의 엔지니어들은 버지니아대학교 과학자들과 함께 데이터센터의 컴퓨터를 가정 난방용 '데이터 용광로'로 쓰자는 계획을 수립했다.

받았다고 말했다. 몇 년 후 알리의 병세가 악화하자 프레이저는 또 "마지막 결투에서는 내가 이겼다고 생각한다"라고 말하기도 했다.

그들이 이렇게 지독한 논쟁을 펼친 결과 어떤 일이 벌어졌을까? 물론 두 사람 다 마음에 깊은 상처를 받았다. 그러나 그들의 치열한 라이벌 관계가 결국 그들에게 세계적인 명성을 안겨준 가장 큰 힘이라고 봐야 한다. 두 사람은 치열한 결투를 펼치며 라이벌 관계를 링 안팎에 널리 알림으로써 각자의 위상을 전설 수준으로 끌어올리는 데 상부상조한 셈이다. 그들은 그 위치에까지 오르는 동안 서로 알게 모르게 협업하면서 라이벌 관계의 대외 이미지를 쌓았다고 볼 수 있다.*

다당제를 채택한 나라의 선거 기간에는 '적'으로 인식되는 두 당이 서로의 지지 세력을 부추기는 효과를 낼 수 있다. 네덜란드에는 많은 정당이 존재하는데, 2010년 선거에서 노동당PvdA과 보수 정당인 자민당VVD은 모두 상대 당의 득표에 많은 도움을 주었다. 그들은 서로를 격렬하게 공격했다. 둘 사이의 싸움이 격렬할수록 관심은 두 당에만 집중되었고 결과적으로 나머지 정당에 비해 압도적인 표를 끌어모을 수 있었다. 정치 스펙트럼은 양당을 중심으로 순수 좌우 진영 구도로 좁혀졌다. 그런데 막상 선거가 끝나자 유권자들이 깜짝 놀라는 일이 벌어졌다. 그토록 으르렁대

---

* 알리와 프레이저는 앙숙이었지만 훗날 프레이저는 알리의 발언을 용서했고 알리도 암 투병 중이었던 프레이저를 응원하면서 말년에 이르러 화해했다 – 옮긴이

던 양당이 화기애애한 분위기로 협상에 들어가더니 매우 신속하게 내각을 구성하고 협업 관계를 약속하면서 '공통의 이해'를 추구하기 시작했다.

마지막으로 살펴볼 생산적 협업 형태는 뻔뻔하게 상대방을 '착취'하는 것이다(이 책에서는 도덕성에 관한 어떠한 입장도 취할 생각이 없다는 점을 밝힌다. 해석과 판단은 어디까지나 독자의 몫이다. 나는 단지 어떤 메커니즘이 효과적이라는 것을 소개할 뿐이다). 이 방법은 무작위로 걸려오는 낯선 전화 문제를 뒤집어 생각하는 데 사용된 적이 있다. 우리 모두 자주 경험하는 일이다. 휴대폰 요금제를 바꿀 생각이 없느냐고 묻거나, 더 유리한 케이블 TV 회선이 있다거나, 신용카드 한도를 높여주겠다는 등의 전화를 하루에도 몇 통씩 받는다. 영국 북부 리즈의 리 버몬트Lee Beaumont라는 사람은 이런 전화에 시달리다 기가 막힌 해결책을 찾아 지금은 누가 한 통이라도 더 걸어주기를 기다리고 있다. 그는 개인 전화번호를 아주 가까운 가족과 친구 몇 명에게만 알려주고 은행이나 통신사 등 기업 대상으로는 프리미엄 전화번호를 따로 신청해서 개통했다. 프리미엄 번호란 예컨대 기술 지원 회사 같은 서비스 기업이 제공하는 번호로, 발신자가 요금을 내면 요금의 일부가 서비스 기업의 수익이 된다. 버몬트는 전화를 받을 때마다 분당 10페니의 돈을 벌 수 있다. 그는 얼마 안 가 전화를 받는 것으로 300파운드(약 47만 원)의 수입을 올렸고 지금은 전화가 올 때마다 되도록 시간을 끈다고 한다.

이 장을 마무리하면서 기분 좋은 이야기를 하나 준비했다.

파킨슨병을 앓던 벨기에의 한 60세 여성이 욕실에서 넘어져 일어나지 못했다. 그녀는 벨기에 신문《드 스탠다드De Standaard》와의 인터뷰에서 이렇게 말했다. "그날 밤 그렇게 죽는 줄 알았어요. 꼼짝없이 바닥에 누워 있었죠. 근육, 허리, 머리까지 아프지 않은 데가 없었어요. 체온이 떨어지지 않게 수건으로 몸을 덮었습니다." 그렇게 몇 시간 후, 집 안에서 이상한 소리가 나는 바람에 정신이 들었다. 경찰이 왔다고 생각한 그녀는 큰 소리로 도와달라고 외쳤다. 알고 보니 도둑이 두 명 든 것이었다. 그녀는 아랑곳하지 않고 계속 도와달라고 간청했다. 드디어 한 명이 긴급 구조대에 전화해 줬다. 10분 만에 경찰이 출동했고, 도둑들은 훔친 물건을 가져갈 엄두도 못 내고 도망갔다.

요약
전략10: 생산적 협업

전략 핵심

경쟁자가 원하는 것과 내가 원하는 것의 공통점을 찾아라.

즉각적인 효과

평소 같으면 생각하기 어려울 만큼 놀라운 협업.

적용 상황

상대방이 원하는 것과 내가 원하는 것이 같을 때.

실행 방법

비슷한 점을 찾고, 공통의 이해를 강조하라. 갈등과 의견 차이는 잠시 잊어라.

전략11: 상황 전환

내가 원하는 것을 상대가 원하도록 만든다

의미가 왜 필요한가? 인생은 욕망이지 의미가 아니다.
– 찰리 채플린Charlie Chaplin

컴퓨터가 아직 확산되지 않던 시절의 이야기다. 1980년대 말 브리티시 항공의 한 부서는 컴퓨터 시대를 맞이할 준비를 하고 있었다. 이 부서의 직원 대다수는 이 변화를 위협으로 인식했다. 컴퓨터를 도입하면 오랫동안 익숙했던 기존의 업무 방식은 과연 어떻게 달라질까? 충분한 교육 기회는 주어질까? 이런 문제를 논의하기 위해 몇 차례 회의가 열렸으나 직원들은 여전히 동요하고 있었다. 그들을 어떻게 설득할 수 있었을까?

우리가 행동하는 이유는 무엇일까? 본질적으로는 두 가지로 압축된다. 갈망과 두려움이다. 간단하다. 사랑이 아니면 두려움이다. 욕망과 혐오 사이의 대결이다. '그래요, 그리고'와 '그래요, 그런데'의 싸움이다.

어느 편이 더 강력한 동기를 부여할까? 두려움일까, 욕망일까? 우리는 본능적으로 안다. 인간은 보상보다 두려움에 더 강력하게 반응한다. 안전하지 않다고 느낄 때, 두려움이 닥쳐올 때, 우리는 즉각 행동에 나선다. 안전은 생명의 필수조건이므로 모든 것에 우선한다. 노련한 경영자와 컨설턴트는 이 사실을 안다. 이것은 채찍 전략의 기초다. 내 말을 안 들으면 때리겠다는 것이다. 네덜란드에서는 이를 두고 "석유 굴착장치를 태워라"라는 말로 비유한다. 직원들에게 회사 상황이 얼마나 위급한지 알려주면 현상에 매달리기를 멈추고 당장 행동에 나서게 될 것이다. 굴착장치에서 곧바로 바다에 뛰어들 것이다. 뭘 하든 산 채 불타 죽는 것보다는 낫다. 경영자는 직원을 위협하며 다그친다. "성과를 개선하지 않으면 파산한다." "직원 절반은 나가야 할지도 모른다." 이렇게 하면 효과가 있을까? 단기적으로는 분명히 그렇다. 대체로 다들 변화에 뛰어들 것이다. 문제는 두려움이 유일한 동기 부여 요인이라면, 최악의 위험이 사라진 후에는 다시 원래대로 돌아온다는 것이다.

이런 패턴은 기업의 변화 프로세스에서 그대로 재현되는 경우는 상당히 잦다. 한동안은 모든 사람이 동기 충만하고, 모두 한배를 탄 것처럼 보이지만 머지않아 한두 명씩 반발하기 시작한다. 그들이 변화를 수용하도록 만들려면 원하지 않는 것 못지않게 그들이 정말 원하는 것을 찾아 동기부여를 얻게 해야 한다. 어떻게 하면 될까? 어떻게 하면 사람들이 뭔가를 원하게 '만들' 수 있을까? 이 말 자체가 혹시 모순이 아닐까? 속담에도 있다. "말을 물가에 데려갈 수는 있지만, 물을 마시게 할 수는 없다."

브리티시 항공이 컴퓨터를 도입하면서 직원들의 반발에 어떻게 대처했는지를 생각해보자. 이 회사는 그냥 무시하기 작전을 펼 수도 있었을 것이다. 예컨대 계속 불평하는 사람은 해고한다고 위협하면서 말이다. 그러나 그렇게 하지 않았다. 그들은 사무실 한편에 컴퓨터를 설치해두고 직원들에게 와서 한번 살펴보라고 했다. 그러자 다들 각종 기능과 편리함에 놀라움을 금치 못했다. 그리고 컴퓨터를 좀 더 빨리 도입하면 안 되느냐고 건의하기 시작했다.

두려움은 사람들을 잠시 행동하게 만들 뿐이지만, 욕망은 그 변화를 오랫동안 이어갈 수 있게 해준다. 사람들이 진정으로 뭔가를 갈망하면, 그것을 얻기 위해 자발적으로 필요한 일을 찾아서 한다. 그리고 그런 행동을 계속할 것이다. 그러므로 상황 전환 전략의 성패는 얼마나 사람들의 마음을 얻고, 욕망을 자극하느냐에 달려 있다.*

욕망은 열정을 지속시킬 수 있는 가장 아름다운 힘이다. 욕망은 진심이요, 진실이다. 욕망은 한 사람이 느낄 수 있는 가장 순수한 감각이다. 욕망은 자발적이며 통제할 수 없고, 가슴 깊은 곳에서 우러나오는 것이다. 철학자 에른스트 블로흐Ernst Bloch는 다음과 같이 말했다.

---

* 양육과 교육 분야의 플립 싱킹은 다른 책에서 따로 요약한 바 있다. 그중 한 예를 들면, 우리 같은 부모는 우리가 원하지 않는 것(짜증스러운 행동)에서 아이들이 원하는 것(그들의 욕망)으로 관심을 옮겨야 할 필요가 있다.

나는 욕망이 인간의 가장 정직한 품성이라는 결론에 도달했다. 인간은 모든 것에 대해 거짓말할 수 있다. 가짜는 어디에나 존재한다. 사랑은 거짓으로 꾸며낼 수 있고, 예의도 교육하기에 따라 달라진다. 남을 돕는 행동도 이기적 동기에서 나올 수 있다. 그러나 욕망을 꾸며낼 수는 없다. 인간이란 욕망 그 자체다.[19]

나는 지금 도시 외곽의 어느 한적한 집에 앉아 이 글을 쓰고 있다. 창밖에는 넓고 구불구불한 목초지가 보이고 주변에는 담장이 둘러쳐 있다. 내가 앉은 자리에서 그리 멀지 않은 초원 한구석에 작은 말 한 마리가 있다. 소형 품종이다. 초콜릿 브라운색 몸통에 흰색 갈기가 나 있고, 제멋대로 자란 앞갈기 한 가닥이 눈을 덮고 있다. 초원이 꽤 넓은 편인데도 이 녀석은 진흙 바닥 구석에 몇 시간이나 거의 움직이지 않고 서 있다. 그러다 이따금, 마치 맑은 하늘에서 날벼락이 치듯 갑자기 뛰어다니곤 한다. 말 그대로 '달리고' 있다. 마치 미친 짐승처럼 초원을 이리저리 마구 뛰어다닌다. 대단히 활기차게, 엄청난 스피드를 만끽한다. 가끔은 다리가 공중에 뜬 것처럼 보이기도 한다. 실컷 뛴 다음에는 원래 있던 자리로 돌아간다. 그 모습을 보고 있자면 큰 감동이 몰려온다. 이 녀석은 충만한 에너지와 생의 욕망을 가진 것이 틀림없다. 그러니까 저렇게 뛰는 것이다. 이것이야말로 가장 순수한 형태의 욕망이다.

그렇다면 논리적으로 이런 의문이 생긴다. 첫째, 인간이 가지

는 욕망의 대상은 무엇인가? 둘째, 그 욕망을 어떻게 플립 싱킹에
적용할 수 있을까?

인간의 욕망에 관한 이론과 연구는 너무나 많다. 에이브러햄
매슬로는 인간 욕구 5단계 이론으로 유명하다. 인간이 가진 욕구
의 맨 아래에는 음식, 주거 등와 같은 기초적인 욕구가 자리하고,
가장 높은 곳에는 자아실현과 인류에 대한 공헌 등이 위치한다.
교육 이론에서는 세 가지 필요, 즉 관계, 자율성 그리고 능력을 강
조한다. 심리학 교수 로버트 치알디니가 제시하는 여섯 가지 '설
득의 원칙'은 인간의 욕구를 상호성, 일관성, 사회적 증거, 권위,
호감, 희소성으로 나눈다.

나는 문제를 기회로 바꾸고 욕망을 가장 잘 활용하는 법을 알
기 위해 한 가지 플립 싱킹 방식을 도입했다. 나는 어느 하나의 이
론부터 시작하기보다는 내가 오랫동안 모아온, 사람들을 설득하
고 구분하는 것과 관련된 플립 싱킹 스토리를 모두 정리해보았다.
그 결과 상황 전환 전략을 이용하는 데는 네 가지 지렛대, 즉 희소
성, 상호성, 일관성 그리고 자율성이 필요하다는 사실을 알게 되
었다.

희소성 원리란, 공급이 부족한 것일수록 더 강한 욕망을 느낀
다는 것이다. 아무것도 없는 것보다 부족한 것이 훨씬 더 나쁘다.
아예 세상에 없는 것이라면 차라리 쉽게 포기할 수 있다. 깨끗이
단념한다. 그러나 뭔가가 희소하다는 것은 어떤 이는 그것을 손에

넣을 수 있는데 나는 그럴 수 없다는 뜻이다. 그런 상황은 도저히 못 견딘다. 그 상품이 희귀한 것일수록 욕망은 더 심해진다. 로버트 치알디니는 이에 대해 다음과 같이 말한다.

우리는 그 수가 드물어서 싸워 쟁취해야만 하는 것을 원한다. 가게 밖에 긴 줄이 서 있으면 무조건 사야 한다! 한 여인을 두고 경쟁이 붙으면 이겨야 한다! 집이 팔리고 나면 사겠다는 사람이 또 나타난다! 이런 일에는 몸이 반응한다. 동물의 식욕과 비슷한 것이다.[20]

마케팅 전문가는 희소성을 강조하는 다양한 메시지로 소비자를 유혹한다. 이런 방식에는 시간의 희소성('당일 특가', '현장 구매시 특별 할인', '오늘 밤 10시까지만 전화 주문 가능'), 양의 희소성('매진 임박', '곧 재고 부족'), 기회의 희소성('클럽 회원에게만', '가입자 전용') 등이 있다.

마케터들은 '상호성'의 원리도 똑똑하게 이용할 줄 안다. 상호성의 욕구는 인간의 가장 강력한 심리 작용 중 하나다. 우리는 남에게 받은 것이 있으면 꼭 되돌려줘야 한다고 생각한다. 누가 내 등을 긁어줬으면 나도 똑같이 해줘야 한다. 이런 심리의 위력을 결코 간과할 수 없다. 어느 문화권에서나 상호성의 원칙을 어기면 이기적이고 욕심 많은 사람이라는 낙인이 찍힌다. 나는 아버지가 수십 년 지기 어느 '친구'에 관해 분노의 눈빛으로 이야기하시던 장면이 아직도 기억난다. 그 친구는 분명히 담배를 피우면서도 한 번도 가지고 다닌 적 없이 늘 남에게 빌렸다는 것이다. 아버지가 이 이야기를 하시면서 보여준 분노의 표정은 어린 나에게 중요한 교훈을 남겼다. 남에게 받았으면 꼭 베풀어야 한다는 것이다. 저녁에 함께 모인 친구들이 겉으로는 식사비가 어떻든 상관없다고 말해도, 실제로 돈이 아무리 많더라도, 결국은 네덜란드인답게 더치페이하는 것을 볼 수 있다. 그러나 연인 관계에서는 아무리 오래 사귄 관계라고 해도 마음과는 달리 균형이 틀어지기도 한다. 이런 균형이 무너지면 두 사람 다 외로움을 느낀다는 연구 결과도 있다.[21] 심리학자 피테르넬 데이크스트라Pieternel Dijkstra와 거트 얀 멀더Gert Jan Mulder는 이렇게 말한다. "주는 것과 받는 것이 이상적인 균형을 이루어야 한다는 생각은 우정(혹은 사랑)이란 무조건적이어야 한다는 생각과 배치된다. 물론 그것이 진정한 우정이자 고귀한 사상인 것은 분명하지만, 현실은 그렇지 않다."[22]

상호성이 구현되는 과정을 지켜보면 왜 과학자들에게 공짜 여행권을 주는지, 샘플 증정 이벤트가 마케팅 효과를 내는지, 기업들이 공급업체에 주는 선물을 주고 직원 야유회에 왜 그렇게 돈을 쓰는지를 이해할 수 있다. 이런 선물을 받은 사람들은 뭔가 꼭 되돌려줘야 한다고 생각한다. 신제품에 좋은 평을 달아주는 것이든, 샘플로 맛본 맛있는 치즈를 사는 것이든, 혹은 연장 근무를 기꺼이 하는 것이든 간에 말이다. 이런 원리는 또 우리가 '그냥' 주는 것을 받기가 꺼려지는 이유이기도 하다. 우리는 세상에 '공짜'란 없다는 것을 본능적으로 안다. 상대방은 어떤 식으로든 뭔가를 기대하고 있는 게 분명하다.

이런 원리를 거꾸로 이용할 수도 있다. 어떤 동네 사람들은 이웃에 사는 한 남자가 동네 10대 청소년들의 괴롭힘에 늘 시달리는 것을 우려했다. 그들은 기발한 해결책을 하나 떠올렸다. 그 녀석들이 하는 악동 짓에 돈을 주기로 한 것이다. 그들은 청소년들에게 다가가 이렇게 말했다. "너희들 도움이 좀 필요해. 우리는 저 남자가 너무 싫어. 너희들이 저 사람을 괴롭혀주면 매일 10유로씩 줄게." 녀석들은 귀가 쫑긋해져서 그렇게 하기로 했다. 아이들은 열심히 나쁜 짓을 하기 시작했다. 몇 주가 지나 '후원자들'이 악동들을 다시 찾아와 사정이 안 좋아져서 돈을 더 이상 줄 수 없다고 했다. 그래도 그 남자를 괴롭히는 짓은 당분간 계속해줄 수 없겠느냐고 덧붙였다. 악동들은 분개했다. 사람 놀리느냐, 돈도 안 받고 이 짓을 계속할 줄 알았느냐고 화를 버럭 냈다. 그리고 그 남자를 괴롭히는 일을 중단했다.[23]

상호성의 원리는 생명을 살릴 정도의 위력을 발휘하기도 한다. 이레노이스 아이블–아이베스펠트Irenäus Eibl-Eibesfeldt라는 과학자는 제1차 세계대전 당시 참전했던 한 독일군 병사에 관해 이야기한다. 그는 적 진영까지 쳐들어가 적군을 잡을 정도로 우수한 군인이었다. 어느 날 그 독일군 병사가 다시 한번 적군을 놀라게 했다.

상대방은 전혀 눈치채지 못하고 빵을 먹으며 앉아 있었다. 적의 기습에 놀란 그가 어떻게 했을까? 그는 완전히 공포에 질린 채 독일군 병사에게 먹던 빵을 한 조각 떼어 건네주었다. 독일 병사도 이런 희한한 행동에 한동안 멍해 있다가 그를 자기 진영으로 보내주었다.[24]

상황 전환의 세 번째 지렛대는 일관성에 대한 욕구다. 사람은 일관된 모습을 보이고 싶어하는 욕구가 있다. 그래서 다른 사람에게도 같은 태도를 기대한다. 우리는 사람들의 말과 행동이 일치하기를 원한다. 5분마다 태도가 달라지는 사람은 싫어한다. 일관성이 없는 사람은 '믿을 수' 없다. 심지어 정신 나간 사람이라고 보기도 한다. 반대로 일관성이 있는 사람은 변함없는 사람, 대단히 합리적인 사람이라고 본다. 당연한 일이다. 사람들이 모두 약속을 지키고 각자 책무를 다하는 사회는 모든 일이 원활하게 돌아갈 것이다. 약속을 그저 남을 이용하려는 것에 불과하다고 여기는 사회와 차원이 다를 것이다. 일관성을 중시하는 원칙은 인간의 욕구에 깊이 뿌리내리고 있는 만큼 사람들에게 영향을 미치는 데 큰 역할을 한다.

마케팅하는 사람들은 조작의 달인이기도 하다. 그들이 써먹는 기법을 한 가지 예로 들면 그들은 상대방에게 '예'가 나올 질문만 연달아 던지면서 상대를 자기 리듬으로 끌어들인다. 몇 번만 반복해서 '예'라고 답하다 보면 다음에 어떤 질문이 나와도 '아니오'라고 하기가 쉽지 않다. 서로 관련이 없는 질문도 마찬가지다. 냉장고 판매원이 고객이 찾는 것보다 더 크고 비싼 신제품을 팔고 싶은 상황이라고 해보자. 아마 이렇게 권할 것이다. "고객님, 댁에서 맥주 자주 드십니까?" 그러면 십중팔구 고객은 이렇게 답할 것이다. "뭐, 그렇죠." 판매원은 곧바로 이렇게 되묻는다. "맛있는 맥주를 차갑게 드시고 싶으시죠?" 고객은 다시 "그럼요"라고 말한다. 미지근한 맥주를 좋아할 사람은 없다. 그다음에는 이런 질문이 날아든다. "댁에서 친구분들과도 맥주 드셔보셨습니까?" 고객은 이제 대답할 필요도 없다는 듯 고개를 끄덕인다. "냉장고에 맥주를 꽉꽉 채워놓고 언제든 차갑게 마시고 싶죠? 다른 음식을 넣어둘 공간이 없다고 아내에게 잔소리 들을 걱정 없어요." 여기서 고객이 아주 자연스럽게 동의하면 판매원이 결정타를 날린다. "그럼, 언제 끝날지 모르는 멋진 우대 프로그램이 있는데 신청하시겠습니까?"(덤으로, 희소성 원칙도 써먹지 말라는 법이 있겠는가?)

칭찬은 일관성 기법을 적용하기 좋은 아주 현명한 방법이다. 상사가 직원을 향해 아주 효율적으로 일한다고 칭찬하면, 직원은 일관성을 지키려는 본능 때문에 더욱 효율적으로 일하려고 노력한다. 칭찬을 매우 효과적으로 사용하는 방법 중 하나는 적을 칭찬하는 것이다. 그중에서도 적에게 호의를 요청하는 방법이 있다. 역설적으로 들릴 수도 있지만, 여기에는 매우 정교한 논리가 있다. 상대에게 도움을 요청함으로써 그를 대범한 사람으로 여긴다는 메시지를 전달할 수 있다. 그러면 상대는 당신의 그런 평가에 걸맞게 행동해야겠다고 생각한다. 벤저민 프랭클린이 펜실베이니아 주의회 의원이던 시절, 그는 유독 한 정적과 끊임없이 대립한 적이 있었다. 프랭클린이 아무리 공손하게 행동해도 상대방은 늘 적대적인 태도를 보였다. 화해의 제스처를 취해봐도 번번이 냉소만 돌아왔다. 프랭클린은 방법을 바꿔보기로 했다. 그는 그 정적의 서재에 아주 희귀한 도서가 한 권 있다는 것을 알았다. 프랭클린은 그 책을 빌리고 싶다고 서신을 보냈다. 그러자 그 남자가 곧바로 책을 보내주었다. 프랭클린은 일주일 뒤에 그 책을 돌려주면서 정성을 다해 쓴 감사 편지를 동봉했다. 그 후에 어떻게 되었을까? 둘의 관계는 눈 녹듯이 녹았다. 둘 사이의 우정은 점점 깊어졌고, 나중에는 두 사람 다 정계를 은퇴한 후에까지 이어졌다.[25]

우리가 자신을 이성적인 존재로 생각하는 것과 상관없이, 우리의 욕망은 수많은 비이성적인 생각으로 채워지게 된다. 우리는 어떤 것을 가장 갈망하는가? 금지된 것이다. 왜 그럴까? 뭔가를 금지당한다는 것은 우리의 '자율성', 즉 나의 행동을 내가 결정한다는 자기 결정권 개념과 충돌하는 것이기 때문이다. 10대 청소년의 음주와 약물 사용을 금지해봤자 소용이 없는(심지어 역효과가 나는) 이유가 바로 여기에 있다. 금지는 욕망을 더욱 부추긴다. 더 엄격하게 단속할수록 금지된 것에 대한 욕망은 더욱 강해진다. 거꾸로 말하면 사람들에게 뭔가를 금지하거나 손에 넣지 못하도록 방해하는 것이야말로 그것을 원하게 하는 가장 효과적인 방법이다.

그러나 네 번째 방법인 자율성에 대한 욕망을 극대화하는 것은 금지할 필요가 전혀 없다. 아이들이 어렸을 때, 우리 가족의 휴가는 항상 엉망이 되곤 했다. 아이들마다 하고 싶은 것이 제각각이었다. 모두가 즐겁게 할 수 있는 활동을 찾는 것이 엄청난 고통이었다. 그래서 결론을 내보면 아이들은 엄청난 불평을 쏟아냈고 엄마 아빠도 마찬가지로 짜증이 났다. 마침내 우리는 각자 자신이 하고 싶은 것을 적어낸 후, 휴가 동안 최선을 다해 다른 가족이 원하는 방향대로 하기로 했다.

그런데 놀랍게도 목록을 살펴보니, 우리가 짐작했던 것과 달랐다. 예컨대 놀이공원에 가기 같은 것이 아니라 주로 저녁 식사로 뭘 먹고 싶다 같은 내용이 많았다. 우리는 이 목록을 근거로 각자에게 아주 특별한 날을 하루씩 준비해주고 그날은 모든 프로그램을 그 구성원에게 맞춰서 해보기로 했다. 그랬더니 아주 감사하게도 두 가지 긍정적인 효과가 있었다. 모두가 자신만의 특별한 날을 보낼 수 있었다. 그리고 다른 가족들이 특별한 날을 맞이할 때마다 모두 기쁜 마음으로 즐긴다는 것을 알 수 있었다.

어느 지인이 우리 부부에게 아이들이 채소를 스스로 먹을 수 있도록 하는 방법을 알려주었다. 우리 아이들도 여느 아이들처럼 채소를 싫어했다. 그런데 팬케이크는 정말 좋아했다. 지인은 팬케이크에 시금치를 섞어보라했고 우리는 곧바로 팬케이크 반죽에 시금치를 넣어 구워보았다. 아이들은 녹색 팬케이크를 아무 불평 없이 잘 먹었다. 그런데 이야기가 거기서 끝났다면 이 방법을 책에 소개했을 리가 없다. 아이들이 좋아하는 음식에 채소를 집어넣는 방법은 누구나 아는 상식이다. 진짜 생각이 뒤집힌 순간은 몇 년 후에 찾아왔다. 어느 날 식탁에 평범한 팬케이크가 올라왔는데 아이들이 손도 대지 않는 것이었다. 아이들은 이렇게 말했다. "우웩, 저렇게 이상한 연노란색 팬케이크를 누가 먹어요. 보통 팬케이크는 없어요?"

욕망은 우리에게 이로울 수도 있고 해로울 수도 있다. 이 사실을 인정하고 사람들의 욕망을 플립 싱킹으로 활용할 기회에 집중하는 편이 낫다. 그런데 여기서 어려운 것은 사람들의 욕망을 늘 분명하게 알 수 있는 건 아니라는 점이다. 심지어 그들 자신조차 모르거나, 말하지 않으려고 할 때가 많다. 다른 사람에게 내 욕망을 보여주면 내가 상처받기 쉽기 때문이다. 그러나 열심히 찾아보면 사람들의 숨겨진 욕망을 생생하게 알 수도 있다.

마지막으로 코네티컷주 더비의 그리핀 병원 이야기를 살펴보자. 이 이야기의 멋진 점은 이 방법을 너무나 간단하게 사용하면서도 전례 없는 성과를 창출했다는 데 있다.

그리핀 병원은 경영 사정이 안 좋아져서 경쟁력 제고 조치가 필요했다. 운영위원회는 신임 경영자 패트릭 샤멜Patrick Charmel에게 산부인과 병동을 신축해 다른 병원과의 차별화를 모색하라는 과제를 부여했다. 샤멜은 우선 이 병원에서 분만한 여성들을 대상으로 설문 조사를 통해 자신이 생각하는 이상적인 분만실의 모습을 알아봤다. 여성들의 대답은 모두 한 번도 예상치 못했던 것들이었다. 배우자가 밤에 곁에 있었으면 좋겠다는 것부터 분만실에 아이들의 조부모가 들어올 수 있게 해달라, 아이들의 놀이 공간을 마련해달라, 심지어 거품 욕조를 설치해달라, 가족들이 요리할 수 있게 주방을 만들어달라는 내용까지 있었다. 그들이 원하는 목록은 어떤 병원도 시늉조차 못 낼 정도로 희한한 것들뿐이었다. 샤멜은 어떻게 했을까?

그는 이 목록을 모두 실현해보자는 목표를 세웠다. 배우자를 위한 병실 전용 더블 침대를 구할 수 없게 되자, 병원에서 직접 제작하기로 했다. 거품 욕조는 감염 위험이 있다는 말이 있었으나, 조사해본 결과 근거가 없는 것으로 확인했다. 결국 샤멜은 여성들의 희망을 거의 모두 충족할 수 있었다. 환자들은 새 분만실을 주변 사람들에게 열변을 토해가며 자랑했다. 병원은 이전보다 긍정적이고 따뜻한 분위기가 감도는 병동이 되었다. 무질서하고 귀찮은 일들은 없었을까? 있었다. 심지어 가족들이 파티를 열기도 했다. 병원을 그만두는 직원도 나타났다. 그러나 그들 대신 더 좋은 직원을 뽑았다! 결국 새 병동이 환자를 더 정성스럽게 대하는 직원들을 새로 영입하는 데 큰 역할을 한 셈이다.

이 프로젝트는 큰 성공을 거두었다. 환자들의 만족도가 96퍼센트로 대폭 향상되었고, 보건 분야에서도 유례없는 성적을 거두었다. 그뿐만이 아니다. 병원 수익도 향상되었다. 병원은 머지않아 적자를 벗어났고, 나머지 병동 전체를 같은 콘셉트로 리모델링할 재원을 마련했다. 이후 수년 동안 그리핀 병원은 수십 종의 상을 받았고, 《포천》이 선정한 가장 일하기 좋은 100대 기업에 포함되기도 했다. 그리핀 병원은 미국 역사상 최초로 이 100대 기업 리스트에 9년 연속으로 올랐다.[26]

요약
전략11: 상황 전환

전략 핵심

다른 사람의 욕망을 나의 기회로 만들어낸다.

즉각적인 효과

협업 파트너를 얻는다. 애쓰지 않아도 상대방이 내가 원하는 것을 얻기 위해 노력한다.

적용 상황

내 목표를 달성하는 데 도움이 되는 사람이 있는 모든 곳.

실행 방법

상대방이 드러내지 않는 진짜 욕망을 파악한다.

11장

게임하듯 가볍게

'놀이'에서 시작되는 전략의 바탕에는 규칙을 만드는
사람이 이긴다는 원리가 있다. 문제에 관한 생각을 뒤집는
가장 빠른 방법은 게임의 규칙을 바꾸는 것이다.
이 전략에서 중요한 덕목은 창의성과 지능, 유머 등이다.

전략12: 약점 과시

감추면 문제, 드러내면 기회

누구나 하나의 역할을 맡아 연기한다.
몇몇 배우만 빼고.

켄터키주에서는 지하 석회암이 물에 씻겨 내려가 종종 거대한 싱크홀이 발생하곤 한다. 그럴 때는 집 한 채가 통째로 땅 밑에 가라앉기도 한다. 2014년 2월 12일, 콜벳 박물관Corvette Museum에 바로 이런 사태가 닥쳤다. 비디오 영상을 보면 단 몇 분 만에 지름이 12미터에 달하는 구멍이 생겨 최소 여덟 대의 콜벳 자동차를 삼켜버린 것을 확인할 수 있다. 그 재난으로 박물관은 영원히 문을 닫는 줄 알았다. 경영진은 서둘러 싱크홀을 메울 기금을 마련하려고 했지만 이내 이 문제를 다시 생각해보기로 했다. 싱크홀에 빠진 콜벳 자동차의 소문이 퍼지면서 갑자기 관광객들이 모여들기 시작했기 때문이었다. 재난 이후 별다른 광고가 없었는데도 방문객이 60퍼센트나 증가했다. 박물관은 싱크홀 사진을 담은 티셔츠와 엽서를 판매하기까지 했다.

나는 원래 연극 연출가 출신이다. 나는 극장 일을 하면서 가장 좋은 점은 문제를 받아들이는 법을 가르치는 것이라는 것을 깨달

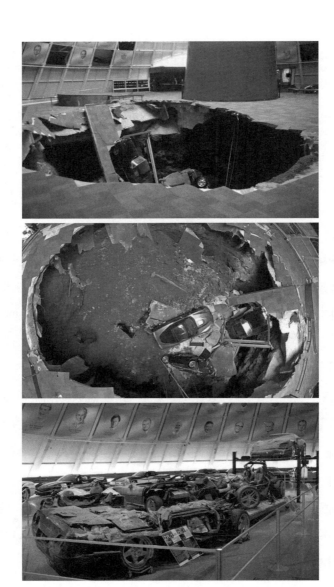

콜벳 박물관은 싱크홀에 빠진 자동차를 꺼내 바로 수리하는 대신
손상된 상태 그대로 전시해 수많은 관광객이 모이게 했다.

왔다. 예를 들어 어떤 즉흥 연기 배우가 무대에 나와서 "크르르, 크르르, 나는 곰이다"라고 했다고 하자. 여기서 상대역이 "아니, 넌 토끼를 더 닮았어"라거나 "넌 곰이 아니라 배우잖아"라고 반응하면 큰일 난다. 무대에서 벌어지는 상황을 반박하는 태도는 그 장면을 완전히 망치고 만다.

그러나 배우가 문제를 잘 받아들이고, 극작가와 시나리오 작가는 문제를 잘 이용하지만, 그것이 전부는 아니다. 사실 그들은 문제를 좋아한다. 드라마가 호소력을 발휘하는 동력은 바로 문제가 생길 때다. 관객들은 편안한 의자에 앉아서 영웅이 고생하는 과정을 즐긴다. 물론 손에 맥주나 와인이라도 들고 있다면 더할 나위 없다. 흥행하는 대본의 가장 중요한 법칙은 자기가 직접 고생하고 싶지는 않지만 이루고 싶은 꿈을 위해 무대 위의 주인공이 90분간 열정을 다해 분투한다는 점이다.

현실에서는 성공하든 실패하든 결과가 나온다. 연극은 그렇지 않다. 문제가 생겨도 안전한 환경이다. 9시 25분에 연인의 죽음을 목격하고 하늘을 향해 울부짖던 배우가 9시 32분에는 배우 휴게실에서 맥주를 손에 들고 지난번에 다녀온 파티 이야기로 수다 꽃을 피우고 있다. 이 직업에 부수적으로 따르는 좋은 점은 문제를 즐기는 법을 배운다는 데 있다. 연기를 하다 보면 마치 겁 많은 말을 타듯이 문제를 길들이는 법을 터득한다. 문제를 모든 각도에서 바라볼 줄 알게 된다. 문제를 즐기다 보면 그것을 통제할 수 있다.

문제를 내 것으로 삼고 무슨 일이든 할 수 있다.

여기서 열두 번째 전략인 '약점 과시 전략'이 나온다. 평소라면 감추고 싶었던 일을 드러내어 자랑하는 전략이다.

교육 세션을 진행해야 하는 자리에 지각한 적이 있었다. 다행히 나는 그 그룹 사람들이 유머 감각이 훌륭하다는 점을 알고 있었다. 나는 도착하자마자 이렇게 말했다. "죄송합니다. 제가 15분 늦었습니다. 교육 내용을 좀 생략할 수도 있지만, 그보다는 이렇게 하는 게 어떨까요? 모두 시계 침을 15분 전으로 늦춘 다음 가방과 외투를 들고 강의실을 나가시는 겁니다. 그동안 저는 교육 준비를 좀 하겠습니다(몇 가지 소품을 사용하는 강의였다). 제가 들어오라고 하면 들어오세요. 교육은 15분 일찍 끝내겠습니다. 다만, 내용은 15분만큼 더 전해드릴게요. 좋습니까?" 모두 흔쾌히 동의하고 내 말대로 했다. 심지어 오히려 자기가 지각했다며 사과하는 유쾌한 이도 있었다.

보통 우리는 문제가 있을 때 숨기려고 한다. 그렇게 되면 상황이 굉장히 어색해진다. 말더듬이는 이런 상황을 누구보다 잘 안다. 더듬기를 고치려고 애를 쓰면 쓸수록 문제는 점점 더 심각해진다. "말 더듬기란 더듬지 않으려고 하는 모든 행동이다"라는 유명한 말도 있다. 자기강화 시스템이 악순환을 초래하는 대표적인 사례다. 심리학자 파울 바츨라빅Paul Watzlawick은 말을 더듬던 세일즈맨을 치료한 적이 있다. 바츨라빅은 그에게 말 더듬기를 재현해보라고 했다. 평소 하는 행동을 그대로 따라서 해보라고 한 것이다. 세일즈맨은 말을 더듬으려고 할수록 오히려 정상적으로 말이 나왔다.

약점 과시 전략의 본질은 문제를 감추지 않고 드러내는 것이다. 이 전략은 일상생활의 여러 분야에 적용할 수 있다. 사실 우리는 문제를 감추려는 본능이 너무나 강하므로 그 반대 행동, 즉 문제를 일부러 드러내는 것이야말로 가장 효과적인 플립 싱킹 전략이라고 볼 수 있다. 이 전략을 실제로 써보면 인생이 얼마나 재미있고 편한지, 또 얼마나 창의적일 수 있는지 알 수 있다. 나뿐만 아니라 주변 사람들에게도 말이다.

내가 이 전략을 파악할 수 있었던 밑바탕에는 수많은 사례를 분석한 결과가 있지만, 그중 하나를 선택해서 소개한다는 것은 쉬운 일이 아니다. 약점 과시 전략에 관한 한, 하나하나가 모두 놀라운 일 투성이기 때문이다. 따라서 여기서는 네 가지 핵심 방식을 중심으로 몇 가지 이야기만 소개하기로 한다. 첫 번째는 이미 소개했다. 콜벳 박물관이 재난을 오히려 기회로 이용했다는 이야기다. 문제에 매이지 말고 그것을 이용하라는 교훈을 전해준다. 또 하나의 사례는 하와이 카우아이섬의 어느 직물 염색 회사 이야기다. 1992년에 허리케인 이니키가 하와이를 덮쳤을 때, 이 회사는 물과 붉은 진흙이 공장 안까지 밀고 들어오는 바람에 엄청난 손해를 입었다. 염색해야 할 흰색 티셔츠가 전부 물과 진흙으로 망가져버렸다. 그러나 이 회사는 티셔츠를 버린 것이 아니라 모두 붉은 진흙물이 밴 채로 말리기로 했다. 그 결과 코냐 색 바탕에 하와이 문자와 이미지를 새긴 독특한 티셔츠가 탄생했다. 이 '붉은 진흙물 셔츠'는 큰 인기를 끌었고 그때부터 이 회사는 진흙 염색만 전문적으로 하는 회사가 되었다.

이보다 더 극단적인 사례로는 뉴질랜드에서 있었던 일을 꼽을 수 있다. 역시 재난을 기회로 바꾼 사례다. 크라이스처치에 지진이 나서 필 존스Phil Johnson라는 사람의 집 헛간에 25톤 무게의 거대한 바위가 덮쳤다. 바위가 지붕을 뚫고 들어와 현관 입구를 막아버렸다. 엄청난 참사였다. 피해도 피해였지만, 필이 혼자서 그 돌을 치우기에는 엄두가 나지 않았다. 그는 곰곰이 생각하다가 묘수를 생각해냈다. 우선 그 돌에다 '록키'라는 애칭을 붙였다. 그리고 록키를 트레이드미(Trade Me, 뉴질랜드의 온라인 경매 및 광고 사이트 - 옮긴이)에 팔려고 내놓았다. 필은 바위 사진과 함께 올려놓은 광고 문구에서 이 돌이 얼마나 멋진 투자 대상인지 설득력 있게 설명했다. 물론 유머러스하게 표현했다. 그의 광고에 즉각 댓글이 수백 개가 달렸다. 바위와 관련된 농담도 다수 보였다. 필의 특이한 광고는 세계적인 화제가 되었다. 결국 어떻게 되었을까? 2011년 3월 4일, 경매는 최소 6만 50뉴질랜드달러(약 4만 달러)로 마감되었다. 더 좋은 것은, 필이 광고 맨 아래에 깨알 같은 글씨로 써둔 조건에 따라 낙찰자가 바위를 알아서 가져가게 되었다는 점이었다.*

---

* 필 존슨은 록키 판매 수익금을 지진 피해 희생자를 돕는 재단에 기부한다고 밝혔다.

약점 과시 전략의 두 번째 형태는 이른바 '숨길 수 없다면 붉은 색 페인트로 칠해버려라'라는 전략이다. 엘튼 존은 눈에 이상이 있어 공연할 때도 안경을 써야 했다. 결코 멋지다고 볼 수 없었다. 처음에는 이런 조건이 가수에게 불리한 것처럼 보였으나, 그는 이 상황을 오히려 긍정적으로 이용했다. 엘튼 존이 쓰고 다니는 현란한 안경은 오늘날 그의 트레이드마크가 되어 있다.

기네스 맥주 한 잔을 따르려면 만만치 않은 시간이 필요하다. 바텐더는 먼저 잔을 4분의 3 정도만 채운다. 그리고 거품이 가라앉기를 기다려 조금씩 더 따르기를 몇 번이나 반복해야 한다. 마지막에는 잔 가장자리까지 거품을 정확하게 맞춰야 한다. 현대인의 생활이 나날이 바빠지고 있던 1990년대 초에 이 점은 분명히 문제였다. 펍 고객들은 주문한 맥주가 나올 때까지 몇 분씩이나 기다리기를 싫어했는데, 영국 전역에서 기네스 맥주 매출은 급격히 치솟고 있었다. 이 회사는 광고에서 기네스를 따르는 '올바른' 방법은 단 하나밖에 없다고 설명했다. 그리고 '기다리는 자에게 좋은 것이 온다', 또는 '잔을 완벽하게 채우는 시간은 119.53초' 같은 슬로건을 내세웠다. 기네스 마스터 브루어로 활동한 퍼겔 머레이Fergal Murray는 이렇게 말했다. "맛있게 보이는 잔은 아무나 따르는 게 아닙니다." 기네스 한 잔을 멋지게 따라 올리는 행위는 술집에서 행하는 성스러운 의식이 되었다. 기네스는 불과 얼마 전까지만 해도 문제라고 여긴 제품의 특성을 당당하게 과시한 덕분에

잃어버린 시장 점유율을 회복할 수 있었다.[1]

이제 '붉은색 페인트칠하기' 기법의 마지막 사례다. 저가 호텔을 경영한다고 생각해보자. 여러분이 사장이라면 다른 호텔들과 어떻게 경쟁하겠는가? 암스테르담의 한스 브링커Hans Brinker 저가 호텔은 어떻게 했을까? 이 호텔 체인은 광고회사 케셀스크라머 KesselsKramer의 조언을 받아 자신들이 (초)저가 브랜드라는 점을 천연덕스럽게 강조하기로 했다. 그리고 이런 슬로건을 내걸었다. "세계 최악의 호텔에 와서 묵어보세요!" 그럼 이 호텔만의 강점은 무엇이었을까? 주차장 없음, 사우나 없음, 에어컨 없음, 미니바, 룸서비스 다 없음…. 죄다 이런 식이었다. 광고에는 곧 무너질 것 같은 침대, 더러운 매트리스, 지저분한 샤워실 등을 보여주는 뻔뻔한 사진이 실려 있었다. 아침에 일어나면 허리가 아프고, 먹을 수 없는 음식이 아침 식사 메뉴로 나왔다.

심지어 손님이 묵기 전과 후를 보여주는 사진도 있었다. 들어올 때는 생기 넘치는 모습이었으나, 하룻밤을 묵고 나니 사방에 머리카락이 굴러다니고 온몸에 발진이 났다. 어떤 광고에는 호텔 간판의 글자 몇 개에 네온사인이 꺼져 있다고 소개하며 이에 대해 "우리는 지구 환경 보호에 더 신경 씁니다"라는 카피를 넣었다. 이 캠페인의 기세는 도저히 막을 수 없다. 벌써 15년 넘게 계속되는 이 광고는 지금도 이 호텔에 신선하고 재미있는 곳이라는 이미지를 더해주고 있다.

한스 브링커 저가 호텔의 마케팅 사진.
뻔뻔하기 그지없지만 훌륭한 약점 과시 전략이다.

세 번째 방식은 '열등 전략'을 과시하는 것이라고 부르고 싶다.
이 전략은 영국의 코미디언이자 작가, TV 프로듀서인 스티븐 머천트Stephen Merchant가 "저는 항상 관객보다 낮은 자세를 취합니다"라고 말한 데서 따왔다.[2] 연사, 코미디언, 배우 등은 항상 관객보다 겸손한 자세를 취해야 한다. 어쩌다 재치 있는 말을 할 수도 있지만, 그것 역시 언제나 약자의 위치에서 나와야 한다. 왜 그럴까? 나의 인간적인 면모를 보여주기 때문이다. 사람들은 누가 봐도 성공한 것처럼 보이는 사람보다 어설프고 실수투성이인 사람에게 훨씬 더 빨리 공감한다. 사람들은 그들에게서 자기 모습을 본다. 도대체 실수하지 않는 사람이 어디 있는가?

토크쇼 진행자 데이비드 레터맨David Letterman은 큰 문제를 숨기고 있었다. 그는 몇 차례나 남몰래 여자 동료들과 부적절한 관계를 가져왔다. 어느 날 그에게 편지가 한 통 날아왔다. 200만 달러를 주지 않으면 그의 비밀을 폭로하겠다는 협박이었다. 레터맨은 이 협박 편지를 보낸 CBS의 모 프로듀서에게 가짜 수표를 보내는 것으로 답장을 대신했다. 그 사람은 수표를 바꾸러 은행에 갔다가 체포되었고, 그렇게 사건은 종결되었다. 그러나 레터맨은 협박 편지 건과 성적 스캔들을 TV쇼에서 공개하기로 했다. 그는 이렇게 해명했다. "나는 동료들을 지켜줘야 한다고 생각했습니다. 물론 제 가정도 지켜야 했습니다." 그는 자신의 과오를 인정하고 아내와 동료 그리고 스튜디오를 찾은 관객에게 사과했다. 관객은 그에게 야유하지 않았다. 오히려 그의 솔직한 태도에 박수를 보냈다. 더 놀라운 점은, 그의 고백이 엄청난 히트를 기록했다는 사실이다. 그 방송은 그가 진행하는 TV쇼 역사상 가장 높은 시청률을 기록했다.

약점 과시 전략의 마지막 사례는 이른바 '사그라다 파밀리아 Sagrada Família 방식'이다. 이것은 유명 건축가 안토니 가우디 Antoni Gaudí 가 설계한 바르셀로나의 바실리카 교회당 이름에서 따왔다. 이 건축은 1882년부터 시작해 마치 빙하가 움직이듯이 천천히 진행되어왔다. 가우디는 이 교회 건축에만 매달리느라 다른 일은 전혀 맡지도 못하고 1926년에 세상을 뜰 때까지 전 생애를 바쳤다. 그는 사실상 이곳에서 살다시피 했다. 가우디의 예술적 야망이 얼마나 대단했던지 죽을 때까지 건물을 완성하지 못할 정도였고, 그의 뒤를 이어 이 프로젝트를 맡은 또 다른 건축가도 가우디에 버금가는 완벽주의를 고수하며 똑같은 속도로 건축을 진행했다. 건축은 지금도 계속되고 있다. 현재 일정대로라면 가우디 사망 100주년이 되는 2026년 6월 10일까지도 완성되지 않을 가능성이 크다. 그러나 이 교회가 완성되지 않았다는 것이 과연 문제일까? 전혀 그렇지 않다. 이 교회당은 매년 수백만에 달하는 방문객을 유치하고 있으며, 완성되지 않았다는 사실 자체가 전설의 일부가 되고 있다. 만약 사그라다 파밀리아가 완성된다면 오히려 매력이 크게 떨어질 것이라고 해도 과언이 아니다.

우리는 사그라다 파밀리아 이야기에서 어떤 교훈을 얻을 수 있을까? 최종 상품보다 그 과정 자체에 관심을 기울이는 편이 더 나을 때가 있다는 것이다. 그 과정에서 맞이하는 어려움을 오히려 과시할 수도 있다. 훌륭한 드라마의 사례에서 봤듯이, 우리는 어려움을 만나 실패와 좌절을 경험하면서 헤쳐가는 사람에게 공감한다. 우리는 흔히 사람들이 누군가의 성공에만 관심을 보인다고 생각하지만, 그들은 우리의 여정과 어려움, 숱한 난관, 자기희생에도 똑같이 관심을 기울인다. 이런 어려움을 숨기는 것보다 드러낼 때 오히려 더 많은 공감과 감탄을 자아낼 수 있다고 감히 말할 수 있다. 자식들의 성공담만 끊임없이 떠들어대는 사람들을 주변에서 볼 때 얼마나 짜증이 났는지 생각해보라. 우리는 사람들과 아이 기르는 일이 얼마나 힘든지에 관해 이야기하기를 더 좋아한다. 성공 이야기로 얻을 수 있는 것은 존경뿐이지만, 걱정거리는 남들과 함께 나눌 수 있다.

존슨앤드존슨은 진통제 타이레놀로 대박을 친 회사다. 이 약품은 12억 달러의 연간 매출로 37퍼센트의 시장 점유율을 차지하고 있다. 그러나 1982년에 이 회사에 재앙이 닥쳤다. 시카고 소매점에서 팔리던 일부 타이레놀 제품이 청산가리로 오염된 사건이 발생했다. 이 사태로 일곱 명의 사망자가 나왔고, 가해자는 끝내 찾지 못했다. 모든 언론이 이 사건을 대대적으로 보도했고, 타이레놀의 시장 점유율은 즉각 7퍼센트로 폭락했다. 애널리스트들은 이제 이 상품은 끝났다고 예상했다. 어쩌면 회사가 망할지도 몰랐다. 그러나 이 모든 사태에도 불구하고 존슨앤드존슨은 불과 6개월 만에 타이레놀의 시장 점유율을 이전 수준으로 회복시켰고 회사 이미지는 그 어느 때보다 높아졌다. 도대체 어떤 비결이 있었을까? 경영진은 회사의 결백을 주장하며 책임지기를 거부하는 것은 잘못된 전략이라는 사실을 정확히 인지했다. 회사는 오히려 투명성을 극대화하는 방향을 선택했다. 아울러 일정 수준의 책임을 인정하는 태도를 보였다. 사건이 직접 영향을 미친 지역은 시카고뿐이었음에도, 반품 사태는 전국으로 번져나가고 있었다. 전국 매장에서 철수한 상품이 무려 3,100만 통에 이르렀다. CEO 제임스 버크James Burke는 기자 회견을 열고 뉴스 프로그램에 출연하는 등 적극적으로 언론에 대응했다. 그는 회사가 이 사태에 책임을 느끼고 있다고 끊임없이 강조했고, 무료 상담 전화를 개설해 고객의 질문에 응대했다. 타이레놀은 사건 발생 후 10주 만에 3중 밀봉 포장으로 무장한 채 다시 전국 매장에 입점했다.

이 전략은 결국 큰 성공이었음이 입증되었다. 로널드 레이건 대통령까지 나서서 회사가 책임감을 보여준 것을 치하했다. 오늘날까지도 수많은 경영대학 교과 과정에서는 존슨앤드존슨의 대응을 위기관리의 '교본'으로 평하고 있다.

실패에 직면했을 때 이를 이겨낼 수 없는 문제라고 생각하면 안 된다. 실패를 드러내는 방안을 항상 고려해야 한다. 마지막으로, 명백한 재앙 속에서도 기회는 언제나 고개를 쳐들 수 있음을 보여주는 사례를 살펴보자.

스페인 보르하의 한 교회 벽에 남아 있던 '에코 호모(Ecco Homo, 이 사람을 보라)' 벽화는 심하게 색이 바랜 상태였다. 교구 주민 중에 세실리아 히메네스라는 81세의 할머니는, 자신이 직접 붓으로 덧칠해서 그림을 살려보겠다고 했다. 그러나 할머니는 이내 복원이 아무나 하는 일이 아님을 깨닫게 되었다. 할머니는 그림을 오히려 망쳐놓고 말았다. 인물화가 워낙 흉한 모습으로 바뀐 탓에 사람들은 그리스도가 아니라 원숭이처럼 보인다고 수군대기도 했다. 에코 호모가 아니라 에코 모노(Ecco Mono, 이 원숭이를 보라)가 되어버린 것이다. 비평가들은 이를 두고 '역사상 최악의 복원'이라고 단언했다. 그러나 이것이 정말 재앙이었을까? 그럴 수도 있고 아닐 수도 있다.

보르하시는 전문 복원가를 초빙해 손상을 회복할 계획이었으나, 프레스코화를 그대로 보존하자는 청원이 인터넷에서 퍼졌고, 여기에 서명한 사람이 무려 1만 8,000명에 이르렀다. 이듬해 여름이 되자 손상된 프레스코화를 보려는 수천 명의 여행객이 이 마을에 모여들었다. 교회는 여행객들에게 관람료를 받기로 했고, 결국 수천 유로의 관광 수입을 올리게 되었다. 라이언에어 항공사는 스페인 사람들에게는 국내 항공 할인 혜택을 주기도 했다. 복원 전문가가 제대로 작업했더라면 보르하에 이런 뜻밖의 횡재가 생기지는 못했을 것이다.

전략 핵심

감추고 싶은 것을 자랑하라.
남부끄러운 것을 크게 보여주
어라.

즉각적인 효과

걱정과 불안을 자아냈던 콤플
렉스, 열등감, 불안 등이 사라
진다.

적용 상황

실제 내 모습보다 과대평가 받
고 있다고 생각할 때, 남들에
게 들키고 싶지 않은 것이 점
점 많아진다고 느낄 때.

실행 방법

시기적절한 순간에 무심한 듯
나의 약점을 자연스레 드러낸
다. 상황에 따라 때로는 연기하
듯 조금은 과장스럽게 표현할
수도 있다.

전략13 : 역할 바꾸기
비교보다 강력한 공감의 힘

👤⇄👤

그들을 나에게 오게 만드는 유일한 방법은 떠나보내는 것이다.[3]

이런 상황을 가정해보자. 어떤 남자가 잠자리에 들려다가 누군가가 자기 집 창고 문을 따고 들어가는 것을 봤다. 그는 당장 경찰서에 전화했다. 그러나 경찰관이 아무도 자리에 없다는 답변을 받았다. "누구든 먼저 복귀하는 대로 금방 출동하라고 하겠습니다." 그는 전화를 끊었다가 몇 분 후에 다시 전화했다. "여보세요. 조금 전에 창고에 도둑이 들어서 전화했던 사람입니다. 그런데 출동하실 필요 없습니다. 제가 녀석들을 총으로 쐈거든요." 몇 분 안에 대여섯 대의 경찰차가 현장에 들이닥쳤다. 헬리콥터와 소방대도 출동했다. 도둑은 그 자리에서 붙잡혔다. 경찰관 중 한 명이 말했다. "당신이 쐈다고 말하지 않았나요?" 남자가 이렇게 대답했다. "경찰관이 아무도 없다고 하지 않았나요?"

이 이야기는 '역할 바꾸기 전략'에 해당한다. 이 전략은 상대방의 역할을 자처함으로써 기존의 역할 패턴을 깨는 방법이다. 그러면 상대방도 똑같이 따라 하지 않을 수 없다. 그들은 내 역할을 맡게 되고, 관점이 바뀐다. 한번은 내가 네덜란드 남부의 한 학교 선생님들을 대상으로 강의한 적이 있었다. 여성 교사 한 분이 말하길, 몇 주 전에 남학생 하나가 화를 내며 찾아왔다고 했다. 왜 자신만 6점이고 여학생들은 전부 7점이나 8점이냐는 것이었다. 교사는 반박하려다 말고, 그의 입장을 거꾸로 이용하기로 했다. 그녀는 똑같이 화난 어조로 이렇게 말했다. "그러게 말이야. 나도 놀랐어. 진짜 사나이라면 최소한 8점은 받아야지." 이번에는 학생이 어이없다는 표정을 지었다.

역할을 바꾸려면 어느 정도 연기가 필요하다. 말만 한다고 되는 것이 아니라, 상대방에게 진짜라는 인상을 줘야 한다. 창고에 도둑이 들었다고 말한 남자는 공포에 질린 목소리로 전화했지만, 조금 후에는 완전히 차분한 어조로 말했다. 위험 상황이 다 끝났다고 말해야 했기 때문이다. 그러자 경찰이 공포에 질려버렸다. 역할이 뒤바뀐 것이다!

다행히, 연기력은 누구나 조금씩 타고난다. 내 친구 중 한 명이 장난감 가게에 갔다가 부모와 함께 온 소년을 지켜봤다. 아이는 디지털 드럼 세트를 사달라고 시끄럽게 떼를 쓰고 있었다. 부모는 드럼을 안 사주려고 마음먹고 아이에게 참을성 있게 설명했다. 며칠 전 생일날에 장난감 선물을 많이 받지 않았느냐, 드럼 세트는 너무 비싸다 등이었다. 아이는 계속 징징거렸다. 안 사줄 거니까 더 이상 이야기하지 말라고 부모가 말해도, 아이는 더 큰 소리로 보채기만 했다. 이때쯤 내 친구는 애를 야단치고 싶은 생각이 굴뚝 같았다. "야! 부모님 하시는 말씀 못 들었니? 안 된다고 하시잖아!" 그러나 그는 그렇게 하지 않고 아이와 연대하기로 했다. 아이에게 큰 소리로 이렇게 말했다. "우연히 들었는데, 그런 법이 어디 있니? 드럼 세트도 안 사주고 말이야. 아주 못된 부모님이구나." 그리고 부모를 쳐다보며 또 말했다. "부끄러운 줄 아세요! 너무하시네요, 정말." 그들 모두 할 말을 잃었다. 아이는 몸을 움츠리며 엄마 아빠 곁으로 한발 다가서더니 기어드는 목소리로 말했다. "우리 엄마 아빠 좋은 분이에요."

역할 바꾸기 전략이라고 모두 이렇게 뻔뻔하게 할 필요는 없다. 아주 부드러운 방식으로 하는 것도 얼마든지 가능하다. 자폐증 딸의 이를 닦아준 아빠의 사례를 살펴보자. 교육 세션에서 만난 이 아빠는 딸과의 사이에 문제가 하나 있었다고 말했다. 원래 아이가 이를 닦은 후에 아빠가 확인하고 양치질을 끝내곤 했다. 그런데 여기서 문제가 벌어졌다. 누군들 다른 사람이 자기 입 안을 뚫어져라 쳐다보는 것을 좋아할 리가 없을 것이다. 그래서 딸아이가 이를 한번 닦으려면 매일 전쟁이 일어나곤 했다. 그의 이야기를 다 듣고 역할을 한번 바꿔보라고 했다. 아버지가 먼저 이를 닦고 딸이 아빠의 입 안을 확인하면 어떨까? 그렇게 되면 아이가 더 많이 아는 사람이 된다. 그 사람은 코칭이 끝난 다음에 집에 가서 실제로 그렇게 해봤고, 아주 효과가 컸다고 말했다. 그의 딸은 더 이상 도움이 필요한 아이가 아니라 어엿하게 한몫하는 사람이 된 기분이 들었다. 결과는 같았지만, 과정은 훨씬 더 부드럽게 진행되었다.

역할 바꾸기는 이론적으로는 쉽지만, 실제로 해보려면 너무나 어려운 일임을 알 수 있다. 우리는 본능은 익숙한 행동을 따르라고 말하기 때문이다. 우리는 사람들의 행동에 동조하기보다 반대하는 데 익숙하다. 다른 사람의 행동과 무조건 반대로만 하려는 이런 성향을 나는 '대조하기'라고 부른다.

예를 들어보자. 누군가가 아침에 일어나 아직 덜 깬 모습으로 부엌을 어슬렁거린다. 그 모습을 본 우리는 "좋은 아침!"이라고 우렁차게 소리치거나 약간 비꼬듯이 "좋은 오후!" 또는 "이거 잠자는 공주 아니신가!"라고 한다. 부엌을 우스꽝스럽게 돌아다니며 분위기를 띄우려고 할 때도 마찬가지다. 이렇게 놀리는 행동을 하면 어떻게 될까? 대개 상대방은 기분이 더 상하고 만다. 대조하기는 고착 사고의 또 다른 형태다. 문제(인지도 잘 모르지만)를 풀려다가 오히려 역효과가 나는 것이다.

우리는 사람들이 축 처져 있으면 기운을 북돋우려고 한다. 슬픔에 빠져 있으면 기분 좋게 해주려고 한다. 상대방이 화를 내면 진정시키려고 한다. 아이들이 소파에 앉아 TV를 보고 있으면 "나가서 뭐라도 좀 해봐"라고 나무라고, 아이들이 뛰어다니면 "조용히 해!"라고 소리를 지른다.

대조하기의 비극은 이런 행동을 항상 좋은 의도로 한다는 점이다. 이런 일이 계속 반복되는 이유가 바로 여기에 있다. 우리는 상대방을 도와주려고 그렇게 했다고 말한다. 하지만 솔직하게 말해서 가장 큰 이유는 우리 맘이 편치 않기 때문이다.

우리는 도와주는 사람과 도움을 받는 사람, 희생자와 가해자 등 여러 상황에서 자신도 모르게 대조하기의 함정에 빠지곤 한다. 그러나 결국 문제는 더 악화된다. 어머니는 자신이 나이 들어가는 이유가 아들이 자신을 돌보지 않아서라고 생각하고 스스로 희생자를 자처한다. 아들에게 보호자의 역할을 떠맡겨 자주 찾아오게 만들 수 있다고 생각하는 것이다. 그러나 그런 생각으로 아들에게 불평을 늘어놓음으로써 오히려 그를 더 밀어내고 있는지도 모른다.

좋은 소식은 우리가 역효과의 덫에 빠져 있음을 깨닫는 순간, 역할 바꾸기 전략을 통해 거기서 탈출할 수 있다는 것이다. 플립 싱킹의 열렬한 팬 한 분이 열세 살 난 아들에게 이 방법을 시도했다는 이야기를 편지로 보내왔다. 아들이 수학 시험을 앞두고 걱정되어 엄마에게 공부를 도와달라고 했다. 엄마는 기꺼이 가정교사 역할을 맡았다. 그러나 문제는 엄마가 도와주려고 할수록 아들의 시험 걱정은 더 쌓여만 갔다는 것이다. 엄마가 자세히 설명해줄수록 아들은 여태 이런 것도 모르고 있었다는 생각이 들었다. 게다가 사실은 엄마의 수학 실력도 그리 대단치 않았다. 그녀는 대조하기에 매달릴 필요가 없다고 생각했다. 권위자를 자처할 필요가 없었다. 그녀는 이렇게 생각했다. "역할을 바꿔서 아들이 학교에서 배운 수학 공식을 나한테 설명하라고 하면 어떨까? 나보다야 많이 알겠지." 엄마와 아들은 역할을 바꿨다. 며칠 후 아들은 엄마 곁에 아주 편안한 마음으로 앉아 있었다. 그리고 자신이 아는 수학 문제를 엄마에게 잘 설명해주었다.[4]

대조하기가 오히려 문제를 악화시키는 또 다른 상황을 살펴보자. 지저분한 남자와 깔끔한 여자가 함께 살면 어떤 일이 일어날까? 둘의 차이가 더욱 극대화될 가능성이 크다. 여자는 조금이라도 지저분해지면 혼자 살 때보다도 더 빨리 청소한다. 그러면 남자는, '내가 손대기도 전에 치워버리네. 앞으로도 저렇게 청소하겠구나'라고 생각한다. 이런 식으로 청소는 점점 여자 일이 되어간다. 악순환은 계속되어 결국 여자가 집안일을 다 하게 되고, 친구에게 전화해서는 "그이는 아무것도 안 해"라고 하소연한다.

대조하기의 아이러니는 정작 문제를 일으킨 사람은 그 문제의 책임을 지지 않는다는 것이다. 그들의 부담을 우리가 안는 것도 문제지만, 사실 그들에게도 도움이 안 된다. 남을 돕겠다고 나서면 상대방의 무력감과 의존성은 점점 더 심해진다. 결국 스스로 문제를 해결할 자신감을 잃어버린다. 역할 바꾸기는 이런 부정적인 패턴을 깰 수 있다. 역할 바꾸기를 통해 각자의 책임을 아주 미세한 부분까지 확인할 수 있다.

여러분이 의사이고, 환자들 모임에 참석해 의약품의 책임 있는 사용을 주제로 강연한다고 해보자. 참석자들은 매우 비판적인 태도로 자리에 앉아 있다. 그들은 여러 차례 나쁜 경험을 한 탓에 의사와 약사를 불신한다. 여러분이라면 이런 상황에 어떤 식으로 접근할 것인가? 나 같으면 우선 책임 있는 권위자의 역할을 맡아서 그들의 냉소를 잠재우려고 할 것 같다. 그러나 지금까지 살펴본 대로 사람들과 말싸움을 벌이면 그들의 관점을 더욱 고착시킬 뿐이다.

우리 팀의 온라인 팔로어 중에 이런 문제를 아주 멋지게 해결한 의사 한 분이 있다. 그는 청중들에게 장광설을 늘어놓는 대신 우선 이런 질문을 던졌다. "의사나 약사, 혹은 약품과 관련해 어떤 경험을 하셨습니까?" 그러자 청중은 저마다 자신이 겪을 일들을 이야기했다. 모두 잘못된 일들이었다. 그러나 그는 방어적인 태도를 보이지 않았다. 그저 "예, 정말 안 좋은 일이군요"라거나 "안타깝지만 그런 일이 많이 있지요"라고만 했다. 그는 마지막에 가서야 이렇게 말했다. "여러분 모두 많은 일을 겪으셨군요. 그것도 아주 나쁜 일들을 말이죠. 오늘 저는 의약품이 어떤 작용을 하는지, 여러분이 그것을 어떻게 활용할 수 있는지 설명드리려고 합니다. 이와 관련해서 여러분 스스로 할 수 있는 일은 어떤 것들이 있을까요?" 그는 청중들을 먼저 의약 전문가의 자리에 앉혀놓은 다음 강의를 시작했다. 결과는 어땠을까? 모든 사람이 경청했고, 분위기는 대단히 긍정적이고 건설적이었다. 나중에 한 사람이 보험 적

용이 되지 않는 의약품에 대해 불평할 때조차 긍정적인 분위기는 그대로 유지되었다.[5]

역할 바꾸기 전략의 가장 큰 목적은 비생산적인 '대조하기'의 패턴을 깨는 데 있다. 이를 위해 가장 효과적인 수단이 '동조하기'다. 이것은 상대의 부정적인 행동을 깨닫게 하는 것뿐만 아니라 진심으로 상대방의 입장이 되어보는 것을 말한다. 그 의사가 스스럼없는 강연으로 성공한 이유는 의료 문제에 대한 청중의 비판적 태도를 진심으로 '동조해준' 덕분이었다. 누군가의 걱정에 진심으로 동조해주는 일은 상대방을 인정하는 마음을 보여주는 것이다. 동조하기는 공감의 한 형태이자 '사랑을 행동으로 보여주는 것'이다.

동조하기의 정말 멋진 점은 우리가 비생산적인 역할에서 벗어날 수 있다는 데 있다. 한번은 세미나가 끝나고 나를 찾아온 여성이 아버지가 늘 불평만 늘어놓는다고 하소연한 적이 있었다. 자신의 건강, 집 돌보미, 매일 먹어야 하는 약 등 끝도 없었다. 그녀는 아버지의 말을 들어주는 역할을 자처하다가 문득 그의 불평에 동조할 수도 있겠다고 생각했다. 그녀는 아버지에게 자신의 문제를 불평해도 되겠느냐고 나에게 물었다. 내가 말했다. "아뇨, 불평하지는 마세요. 아픔을 그대로 표현하기만 하면 됩니다. 가슴에 담아둔 것을 다 내어놓으세요." 그녀는 두려움이 가시지 않는 눈빛이었지만, 그래보겠다고 하고 돌아갔다. 일주일 뒤 그녀에게서 전화가 왔다. 며칠 전에는 아버지 입에서 딱 두 마디가 나오자마자 그녀가 자기 불만을 줄줄 늘어놓았다는 것이었다. "아빠, 한번 생각해보세요. 지금도 그렇지만 늘 정신을 못 차릴 정도라니까요. 막내를 치과에 데려다줘야 하는데, 아직도 큰놈 숙제를 봐주고 있잖아요. 남편은 오늘도 늦네요. 지금 저녁 준비도 해야 하고요…" 그녀가 몇 마디를 더 하고 잠깐 한숨을 돌릴 때, 아버지가 말했다. 역사적인 순간이었다. "얘야, 아주 고생이구나. 항상 그렇게 힘들었니." 지난 30년간 그녀는 늘 아버지를 도와주는 역할을 맡아왔다. 그런데 지금, 그녀가 처음으로 그 패턴을 깨자 불과 2분 만에 아버지도 똑같은 행동을 한 것이다! 그녀가 나에게 말했다. "제가 깨달은 가장 중요한 사실은 그동안 나는 불평하면 안 된다고 생각해왔다는 겁니다. 저는 항상 용감한 표정을 지은 채 강하고 착한 여자가 되어야 한다고 생각했습니다. 그럴 필요가 없다는 것을 깨달았어요. 가끔은 저도 불평할 수 있는 거지요, 뭐."

동조하기는 긴장된 상황을 곧바로 반전시키는 힘이 있다. 한번은 어떤 병원으로부터 새로운 사명 선언서를 마련하는 토론회의 좌장을 맡아달라는 요청을 받았다. 커뮤니케이션 팀장과 홍보 부서장은 사전 모임에서 이 토론회의 목적을 설명하기가 쉽지 않다는 사실을 알게 되었다. 토론회는 이사회가 주관하는 자리임을 생각해, 우리는 다음 주에 다시 만나 토론회의 목표에 대해 이야기를 나누기로 했다. 나는 새로운 사명 선언서가 담긴 깔끔한 안내서와 진행 상황이 담긴 두꺼운 보고서를 받아 집으로 돌아왔다.

일주일 후, 이사회실에 들어갔더니 커다란 타원형 탁자에 네 명이 앉아 있고 앞쪽에 빈자리가 하나 보였다. 분명히 내 자리인 것 같았다. 일어서서 나를 반겨주거나 커피를 권하는 사람은 아무도 없었다. 자리에 앉았다.

그중 한 명이 자기소개도 안 하고(나는 그가 이사장이라는 것을 알 수 있었다) 차가운 목소리로 말했다. "하시고 싶은 말씀이 있나요?" 그 것뿐이었다. 무거운 침묵이 이어졌다. 어색하기 그지없었다. 아마 내가 자신들을 추궁할 것이라고 생각했는지 꽤 적대적인 태도가 느껴졌다.

나는 그의 어조를 그대로 따라 심술을 부리듯이 말했다. "예, 이 토론회의 목적이 뭔지 모르겠습니다." 다시 침묵이 흘렀다. 그리고 그가 퉁명스럽게 말했다. "사명 선언서 받아보셨죠?" 나는 그냥 담백하게 "예, 읽어봤습니다"라고 말해도 됐을 텐데 한층 더 퉁명하게 받아쳤다. "나는 평범한 질문을 드렸을 뿐인데 당신도 평범하게 대답하시면 안 되나요?" 다시 잠깐 정적이 흐르다가 지금까지 나를 심문하듯 대하던 그가 드디어 웃음을 터뜨렸다. 그리고 다른 사람에게 윙크하는 것이 보였다. 마치 "이 친구 진짜 물건이네!"라고 하듯이 말이다. 냉랭했던 분위기가 눈 녹듯이 사라졌고 이후로는 유익한 대화가 이어졌다.

동조하기의 좋은 점 중 하나는 다른 사람의 '필요'를 느낄 수 있다는 점이다. 수학 시험을 준비하는 아이의 필요는 무엇일까? 자신감을 가지는 것이었다. 의학 강연에 참석한 사람의 필요는 무엇일까? 자신들의 불만을 누군가가 진지하게 들어주는 것이었다. 병원 이사진은 무엇이 필요했을까? 그들은 직원들이 과연 사명 선언서를 잘 받아들일 수 있을까를 걱정하고 있었다. 그 불안감이 나를 향한 퉁명한 태도로 드러난 것이었다. 내가 사명 선언서를 요모조모 비판할 것 같으니까 지레 방어적인 자세가 된 것이다. 나는 그들의 어조를 따라 함으로써 그들이 얼마나 적대적인지를 깨닫게 해주었고, 나아가 내가 무슨 말을 할지 걱정하고 있는 그들의 심리를 정확히 꿰뚫어 볼 수 있었다.

처음에는 역할 바꾸기 전략이 상대방의 행동과 맞서 싸우기 위한 것으로 보일 수 있지만, 이것은 우리 자신을 위한 것이기도 하다. 나와 '상대방'은 생각만큼 서로 떨어져 있는 사이가 아니다. 우리는 모두 보이지 않는 끈으로 연결되어 있다. 진심으로 상대방의 처지가 되어보려고 노력하고, 그들의 생각을 정말 이해하려고 노력하다 보면, 그들의 관점뿐 아니라 나의 관점까지도 바꿀 수 있다. 넬슨 만델라가 말했다. "내가 바뀌지 않으면 상대방을 바꿀 수 없다."

요약
전략13: 역할 바꾸기

전략 핵심

상대방의 행동을 그대로 따라 하거나, 상대방의 입장에서 문제를 바라본다.

즉각적인 효과

아무도 더 이상 피해자인 척하지 않고, 나도 상대방에게 내 입장을 강요하지 않는다. 서로의 처지를 자연스럽게 이해하게 된다.

적용 상황

사람들이 일방적 배려와 양보를 요구할 때. 자신의 입장을 쉽게 꺾으려 하지 않을 때.

실행 방법

가능한 모든 방법을 써서 상대방에게 일단 동조한다.

전략14: 규칙 와해

쓸모없는 규칙은 무시해야 할 때도 있다

문제를 해결하는 가장 좋은 방법은 유머를 찾아내는 것이다.

우편 종사자들이 들고일어났다. 더운 여름에 반바지 착용이 금지된다는 발표를 듣고서였다. 문제를 뒤집어 생각한 사람이 곧바로 나타났다. 드레스 차림으로 출근한 것이다. '이건 입어도 되죠?' 하고 대든 것이다.

게임의 규칙을 누가 정하는가? 창의적 사고를 주제로 여러 권의 책을 쓴 작가 폴 아덴은 이렇게 말한다. "문제가 풀리지 않는 이유는 내가 규칙에 휘둘리고 있기 때문이다." 이제 열네 번째 전략인 '규칙 와해 전략'에 대해 알아볼 차례다. 이 전략은 규칙으로 인해 상황이 제한되거나, 억눌리거나, 고착되었을 때 유용하다. 이 전략은 법과 규정 등의 명시적 규칙뿐만 아니라 일상생활 어디에나 존재하는 암묵적 규칙에도 적용된다. 도발, 충격, 경악, 차단, 좌절 혹은 방해 등 어떤 이름으로 불러도 된다. 다른 사람의 게임의 규칙을 무너뜨리는 전략은 모두 여기에 해당한다. 규칙이 무너지면 일순간 진공 상태가 조성되고 새로운 규칙이 만들어진다. 물론 우리 손으로 만들어야 한다.

이 전략이 세계적인 뉴스가 된 사건이 2004년 9월에 있었다. 프랑스 정부는 '노골적인 종교 상징'을 금지하는 조치를 도입했다. 무슬림 여성들의 히잡(머리와 얼굴 일부를 둘러싸는 스카프) 착용이 주 표적이었다. 당시 스트라스버그에 살던 열다섯 살 무슬림 소녀 잰넷 도가네이Cennet Doganay는 "프랑스 법과 하나님의 법을 모두" 존중한다고 말했다. 그녀는 이미 머리 스카프 대신 베레모나 반다나 등을 착용해보았으나 당국은 여전히 그녀의 등교를 불허하고 있었다. 그녀는 어떻게 했을까? 머리를 깨끗이 밀고 학교에 갔다. 그 일로 언론이 한바탕 떠들썩해졌다. 열다섯 살짜리 소녀의 어디서 그런 용기가 나왔을까?

훌륭한 유머 감각은 와해 전략을 실천하는 데 큰 도움이 된다. 모든 상황을 진지하게만 받아들이고 정해진 틀을 벗어나지 않으려는 사람에게는 좀 어려운 것이 사실이다. '도발 심리학'을 주창하는 제프리 와인버그는 게임의 규칙, 그중에서도 정신과 의사와 환자 사이에 존재하는 암묵적 규칙을 흔들어야 한다는 신념을 가지고 있다. 그는 환자들에게 신선하고 유연한 사고를 유도하는 것만큼 효과적인 방식은 없다는 것을 보여준다. 예를 들어보자. 피곤한 표정에 초라한 행색으로 와인버그를 찾아온 환자가 있었다. 그는 이렇게 불평했다. "아내가 여전히 저를 사랑하는지 잘 모르겠습니다." 와인버그는 이렇게 대답했다. "그런데 아직 안 도망갔나요?" 남자는 당황했다. 와인버그가 말했다. "글쎄요, 그 부스스한 머리로 진료실에 들어설 때부터 아직도 당신과 같이 살겠다는 여자가 있다는 사실에 놀랐습니다. 말씀해보세요, 비결이 뭡니까?" 남자는 이렇게 대답했다. "하지만 선생님, 저는 그 이야기를 하러 온 게 아닌데요. 제 이야기 좀 들어보세요." 와인버그는 짐짓 근엄한 표정으로 이렇게 말했다. "의사는 저고요, 어떤 질문이 적합한지는 제가 잘 압니다. 말씀해보세요. 가정 관리를 어떻게 하시는 겁니까?"

도발 심리학은 와해 전략을 논할 때 매우 흥미로운 영감을 던져준다. 아주 신선하면서도 논쟁적인 이 심리학 운동을 창안한 사람은 미국 심리학자 프랭크 패럴리Frank Farrelly다. 1974년에 출간된 그의 책《도발 요법Provocative Therapy》에 이 운동의 원리가 설명되어 있다. 그중에서도 와해 전략을 적용하는 데 특히 유용한 두 가지 기법을 소개한다.

첫째는 이른바 '적록 색맹'이라는 기법이다. 환자가 어떤 주제를 말하려고 하면, 즉 어떤 주제에 녹색등을 켜려고 할 때 심리학자는 그쪽으로 가지 않고 반대 방향을 선택한다. 반대로 손님이 뭔가를 거론하기를 꺼리면, 즉 빨간색 불을 켜면, 심리학자는 오히려 그 문제를 더 파고든다. 와인버그가 그 부스스한 손님을 상대한 방식이 바로 이것이다. 그가 자신의 초라한 행색을 거론하기를 거부할수록 와인버그는 더욱더 그를 이 문제로 몰아붙여야 한다는 것을 알아차린다.

두 번째 기법은 이른바 '시소 타기'다. 이 방법은 인간은 누구나 내면에 서로 충돌하는 욕망을 안고 있다는 사실을 기반으로 한다. 우리는 수입이 보장된 안전한 직장을 원하지만, 그러면서도 한 상사에게 매여 살기는 싫다. 자기 사업을 시작하려는 꿈은 있지만, 그에 따른 불확실성은 감내하고 싶지 않다. 이런 내적 갈등을 이용하는 것은 여느 정신과 의사도 다 마찬가지지만, 그들은 대개 중립적인 관찰자 또는 객관적인 분석가의 자세를 취한다. 그러나 도발 심리학자들은 높은 수준의 극적 감각을 발휘하여 이 양극단을 자유자재로 오가며 상대방을 대한다. "사업을 시작해야 할지 확신이 안 선다고요? 그럴 줄 알았습니다! 저라도 마찬가지겠네요. 그 불확실한 사업을 어떻게 감당하겠어요. 아무래도 당신은 안전한 직장이 맞는 것 같네요."*

그러면 손님은 십중팔구 반발하게 되어 있다. "그런데 저는 이미 오랫동안 사업 구상을 해온 걸요. 정말 시작해야 합니다. 모험을 걸어봐야죠." 심리학자는 어떻게 대응할까? 신나게 반대편 시소로 올라탄다. "맞습니다. 움직여야 얻는 게 있죠. 저축해놓은 거 투자하세요. 물론 가정도 지켜야 하고, 부인은 다발성 경화증 때

---

* 흥미로운 점은, 심리학자는 이런 방식으로 개입하면서 존중 전략도 함께 적용한다는 사실이다. 그는 갈등의 어느 한쪽을 존중하면서도 그것을 중립적으로 표현하지 않는다. 오히려 증폭시킨다. 심리학자는 사실 고객 자신보다 더 고객의 마음을 잘 아는 것이다.

문에 일도 못 하신다면서요. 그래도 꿈이 중요한 거 아니겠어요? 그나저나 파산이라도 하면 어쩌시게요? 뭐 인생 한 방 아닙니까! 수치스럽게 살기보다는 차라리 죽는 게 낫지요." 심리학자가 계속 이런 식으로 하다 보면 손님은 어느새 자기가 안고 있던 갈등에 대해 스스로 중재안을 찾는다.[6]

와해 전략은 어려운 상황과 고착 사고를 전환하는 데 엄청난 잠재력을 지니고 있다. 생각해보면 우리의 행동과 생각, 계획, 소유, 결정, 경험 등은 모두 규칙의 지배를 받는다. 그러나 이 규칙이 꼭 '진실'이나 '당위'는 아니라는 사실을 깨달아야 한다. 진실과 당위는 인생을 안내하는 지침일 뿐이다. 여행자가 지도의 도움으로 목적지를 찾아가지만, 지도가 곧 땅은 아닌 것과 마찬가지다. 그러나 그 게임의 규칙은 너무나 논리적이고 자연스러워서 다른 삶의 방식은 상상조차 하지 못할 때도 있다. 우리는 "그 문제는 당연히 이렇게 해야지"라고 생각한다. 그게 과연 나쁜 것일까? 나쁠 수도 있고, 좋을 수도 있다.

먼저 '좋은 이유'부터 살펴보자. 대체로 기존 규칙에 따라 행동하는 것이 가장 '효율적'이다. 불빛이 필요하면? 전등 스위치를 켜면 된다! 누군가를 맞이하려면? 악수를 청한다! 밥을 먹으려면? 숟가락과 젓가락을 쓴다. 삶의 거의 모든 영역은 이런 절차적 규칙에 따라 이루어진다. '~하면/~한다'로 다 정해져 있다. 이런 규칙이 없다면 어떻게 될까 상상해보라. "불빛이 필요해? 가만, 어

떻게 하더라? 스위치를 켜나? 왜 그래야 하지? 맞다, 그래야 전구
에 전기가 통하지. 잠깐, 근데 전구에서 어떻게 빛이 나오지?"

부모는 아이들이 끊임없이 이런 질문을 던진다는 것을 잘 알고
있다. 아이들은 이런 일상적인 규칙을 아직 모르기 때문이다. 생
각해보라. 규칙이 없으면 사람들과 인사하는 것조차 아주 우스꽝
스러워질 것이다. "음, 뭐부터 해야 하지? 코트를 받아줄까? 이름
부터 불러줘야 하나? 머리를 쓰다듬는 건가?" 우리의 행동은 거
의 모두 효율적으로 자동화되어 있다. 자동차 운전을 생각해보라.
앞에서 말했듯이, 매우 효율적이다.

규칙이 중요한 두 번째 이유는 실제로 생명을 구해주기 때문이
다. 사자가 나타나면? 도망간다! 자동차가 다가오면? 길을 건너
지 마라! 냄새가 이상하면? 먹으면 안 된다! 이런 규칙 중에는 본
능적으로 아는 것도 있지만, 후천적으로 배워야 하는 것도 있다.
아이들은 이런 규칙을 처음에는 거부하려고 한다(예를 들어 "왜 꼭 잠
을 자야 하나요?"가 있다). 이 복잡한 세상에서 살아남기 위해 꼭 필요
한 일인데도 말이다.

다음은 규칙이 '나쁜 이유'다. 답은 간단하다. 규칙 중에는 엉뚱
한 행동을 낳는 것도 있기 때문이다. 현실에 맞지 않는 규칙이다.
말벌의 일종인 조롱박벌이라는 곤충이 있다. 암컷 조롱박벌은 알
을 낳은 후 애벌레 형태의 먹이를 찾아 나선다. 애벌레를 찾으면
독으로 마비시킨 다음 자기 둥지로 연결되는 굴 입구까지 끌고 온

다. 그런 다음 애벌레는 놔두고 굴로 들어가 둥지를 이리저리 살펴본다. 아무 이상 없다는 것을 확인한 후 암벌은 입구로 나와 애벌레를 끌고 둥지로 들어간다. 여기까지는 아무 문제 없다. 그런데 암벌이 둥지에 있는 동안 연구자가 애벌레를 건드려 동굴 입구에서 조금이라도 옮겨놓으면, 암벌이 입구에 나와 제자리에 끌어다 놓은 다음 다시 둥지로 들어가 아까 했던 일을 똑같이 반복한다. 그러니까 만약 마음만 먹으면 조롱박벌이 아무 의미 없는 일을 영원히 반복하게 만들 수 있다.[7]

우리는 왜 규칙의 노예가 될까? 그것이 우리를 관리하고 공인해주니까 안전하다고 생각하기 때문이다. 그래서 우리는 명시적 규칙이 없을 때는 암묵적으로라도 만들어서 규칙에 집착하는지도 모른다. 그러나 우리는 이 규칙을 어렵게 배워야 할 때도 있다. 이런 규칙 중에는 남의 불행을 즐기는 것도 포함될 수 있다. 예를 들어 사무실 한쪽 커피 마시는 곳에 모든 직원의 생일 선물용으로 각종 과자 박스가 가지런히 놓여 있다고 해보자. 초코케이크는 단 한 상자에만 들어 있는데 그것은 부서장 크리스를 위한 것임을 모두가 알고 있다. 신입 직원이 들어와서 생일 상자를 열 때마다 팀원들은 어떤 일이 일어날지 알고 있다. 아무것도 모르는 신입 직원이 혹시 초코케이크 상자를 고르면 누군가가 "그건 부서장님 거야!"라고 외친다. 신입 직원은 황급히 상자를 제자리에 놓아둔다. 그 직원은 또 다음 희생자가 실수하기를 기다리며 속으로 음

흉한 웃음을 짓는다.

와해 전략은 규칙을 뒤집는 것뿐만 아니라, 규칙을 완전히 없애버리는 것도 해당한다. 이것은 무척 어려운 일이다. 이미 살펴봤듯이, 인간은 행동하지 않는 것보다 행동을 더 중요시한다(의사들은 가능한 한 수술하는 편을 선호한다). 따라서 우리는 일상이 무질서해질 위험을 감수하기보다는 질서를 부여하려고 한다.

한편 규칙은 종종 해결책이 되기보다 더 많은 문제를 초래하곤 한다. 예를 들어, 우리 회사와 계약을 맺은 강사나 배우들은 정시에 출근하기 위해 아주 일찍 집을 나서야 할 때가 있다. 우리는 정시 출근을 위해 오전 7시 이전에 출발하는 직원에게는 야근 수당을 주기로 했다. 이 제도는 당연히 집과 근무지의 거리가 아주 먼 사람들을 위해 만든 것이다. 그러나 어떤 사람들은 출근 시간에 집 근처에서 발생하는 교통 체증 때문에 일찍 출발해야 하는 때도 있다. 그러면 이 사람들에게도 야근 수당을 주어야 할까? 우리는 규칙을 "오전 7시 이전, 단 예외가 있음"으로 바꾸었다. 그리고 그 예외는 상황에 따라 판단하기로 했다. 그 정도는 충분히 다 해결할 수 있다고 생각했다. 그런데 배우 두 명이 서로 배정된 교육 시간을 바꾼 일이 있었다. 한 사람은 근무지와 집이 꽤 가까웠고, 다른 사람은 멀어서 7시 전에 출발해야 했다. 그들은 회사와 상의하지 않고 자기들끼리 임의로 바꾸었다. 이런 상황에서 회사는 야근 수당을 어떻게 해야 하나? 이 문제를 놓고 토론해보니 결국 온갖 종류의 예외 사항을 규정해놓아야 한다는 것을 알게 되었다. 어느 사이에 우리는 두툼한 분량의 "강사와 배우를 위한 야근 수당 규정집"을 쓰고 있었고, 각종 부록이 매년 추가되고 있었다. 이게 도대체 무슨 짓이란 말인가! 이것이야말로 효율과는 동떨어진 관료주의이다. 대기업에서 주로 이런 일이 일어난다. 모든 것을 체계적으로 관리하려다 보니 엄청난 비효율이 발생한 것이다. 이것이 바로 고착 사고의 완벽한 사례다.

우리 회사는 이 문제에 플립 싱킹을 어떻게 적용할 수 있을지 고민했다. 정답은 너무나 간단했다. 체계를 없애는 것이다. 모든 일은 상황에 따라서 판단하기로 했다. 처음에는 엉망이 될 것 같았지만, 그동안 멋지게 성공했고 우리가 권장해온 문화와도 맞는 것이었다. 우리는 재미있고 유연하며 창의적인 회사로 남고 싶을 뿐, 관료주의에 빠지고 싶지는 않다.

대기업만 모든 것을 무한히 체계화하기를 좋아하는 것은 아니다. 정부도 이 점에서는 달인이라고 할 수 있다. 네덜란드 정부는 거듭된 규제 개혁에도 수많은 규칙과 규제를 만들어낸다. 2008년 6월에 네덜란드 정부 조달 부서 공무원들의 격렬한 반발을 불러온 원인이 바로 이 무한한 체계화 문제였다. 정부가 새로 제정하여 시행하는 650쪽 분량의 조달 법령집이 발표되자, 해당 공무원들이 모두 이를 따라야 했다. 물론 좋은 취지에서 시작한 일이었다. 사기와 초과 지출을 막자는 것이었다. 그러나 결과적으로 공무원들의 격한 분노를 야기하고 말았다.

그간 정부가 추진해온 규제 해제 노력의 하나로, 암호명 '퍼플 크로커다일Purple Crocodile'이라는 캠페인이 있었다. 엄마가 양식 하나를 작성하지 않으면 보라색 악어 인형을 엄마와 아이에게 돌려주지 않는 장면이 나오는 유명한 광고에서 어느 수영장 직원이 따온 이름이다. 그런데 실무팀이 가장 먼저 한 일이 무엇인 줄 아는가? 믿거나 말거나, 규제 개혁이 지켜야 할 규정을 작성하는 것이었다! 이 글을 쓰면서도 도저히 믿기지 않는다. 그러나 안타깝게도 실제로 있었던 일이다.

창의성 전문가 로버트 프리츠Robert Fritz는 규칙만을 위한 규칙을 추구하지 말라고 간절하게 호소한다. 그는 이렇게 말한다.

사람들은 올바른 시스템, 올바른 수단, 올바른 방법 그리고 올바른 정부를 찾고자 한다. 그들은 이런 규칙만 적용하면 모든 일이 잘될 것으로 생각한다. 그들에게는 규칙을 얼마나 지켰느냐가 성실함의 기준이다. 그들은 작가, 전문가 등 '권위자'의 말을 인용하며 자신의 방식이 올바르다는 것을 입증하려고 한다. 그들은 즉흥적으로 행동하고, 혁신을 이룩하며, 모든 '규칙'을 깨면서도 성공하는 사람을 보면 불안해한다.[8]

따라서 우리는 잘못된 규칙을 어떻게 떨쳐낼 수 있을까를 물어야 한다. 심리학자 에드워드 드 보노가 제시하는 해법은 바로 '도발 작전Provocative Operation, PO'이다. 엉뚱해 보이지만 창의적인 문제 해결을 고취하는 대담한 방식을 뜻하는 말이다. 1970년대 뉴욕 경찰국NYPD은 뉴욕의 범죄 증가율 문제 때문에 드 보노에게 컨설팅을 요청했다. 처벌 강화와 경찰관 추가 배치 같은 전통적 방식이 큰 효과가 없었기 때문이다. 드 보노는 도발 작전을 제안했다. 뉴욕 경찰은 처음에 어리둥절했으나 숙고해본 결과 민간인을 보조 인력으로 활용한다는 안이 나왔고, 자경단 조직이 설립되었다. 그때 이후 이 개념은 전 세계로 확산했다.[9]

규칙에 도전하는 두 번째 방법은 규칙에 관한 모든 조항에 "그래요?"라고 반문해보는 것이다. "자동차에는 네 바퀴가 있다.""그래요?" 자동차 바퀴가 세 개면 안 되는가? 다섯 개는? 바퀴가 없으면 어떻게 될까? 한 가지에 의문을 품으면 모든 것으로 와해와 플립 싱킹이 확산해나간다.

이런 규칙이 있다고 해보자. "처방한 약에는 효과가 입증된 유효성분이 포함되어야 한다.""그래요?" 노스다코타주 왓포드시의 한 약국이 괴물을 무서워하는 어린이에게 처방했다는 몬스터스 프레이Monster Spray가 화제가 된 적이 있다. 이 약을 담은 병에는 진짜처럼 보이는 라벨이 붙어있었고, 거기에는 '잠들기 전에 방안에 골고루 뿌릴 것. 필요하면 반복 사용'이라는 안내 문구가 씌어 있었다. 분명히 놀라운 효과가 있다. 얼마나 논리적인가. 우리는 물리적 증상을 실제 약으로 맞서 싸우기도 하는데, 정신적 문제를 가상의 약으로 다스리지 말란 법이 어디 있는가?

또 다른 규칙을 생각해보자. "건물과 버스, 기차에 그려진 그라피티는 시각 공해에 불과하므로 모두 지워야 한다." "그래요?" 그럼 리버스 그라피티reverse graffiti는 어떤가? 더러운 벽에 그림이나 문자 견본을 붙여두고 고압 증기를 분사하면 견본 주변이 깎여나가 반영구적인 예술 작품이 된다. 스프레이를 칠한 것이 아니고 먼지를 떨어낸 것이므로 리버스 그라피티는 클린 그라피티라고도 불린다. 더 좋은 점은 너무나 친환경적이라는 사실이다. 마이크로소프트, BBC, 스미르노프, 기아자동차, 푸마 등이 이 기법을 사용한 광고를 선보였다.

와해 전략은 극도로 어려운 상황에도 쓰일 수 있다. 응급 정신병동에서 일하던 어떤 남자 간호사는 이 전략을 적용해 제멋대로 행동하는 환자들을 제압하는 새로운 방법을 찾아냈다. 그의 병원에는 직원 여섯 명이 달려들어 제압한 후에도 고립 병동에 보내야 할 정도로 난폭한 환자가 있었다. 간호사는 그런 상황이 비인간적이라고 생각했다. 그는 동료에게 근본적으로 다른 방법을 모색해보자고 설득했다. 또 한 환자가 제압되자 그가 찾아가서 눈을 바라보며 아주 친절한 목소리로 말했다. "소시지 롤 드시겠어요?" 대개 그런 환자들은 한동안 아무것도 먹지 못한 때가 많았다. 그의 말에 조용한 침묵으로 대하는 환자가 대부분이었다. 병원은 이

방법으로 큰 성공을 거두었고, 독방에 갇히는 환자도 대폭 줄어들었다.[10]

1970년대 말과 80년대에 전미흑인지위향상협회(National Association for the Advanced of Colored People, NAACP) 오클라호마주 회장을 지낸 흑인 목사 웨이드 왓츠Wade Watts는 레슬링 선수 출신이자 KKK 리더이던 조니 리 클레리Johnny Lee Clary의 끊임없는 공격에 시달렸다. 어느 날 클레리를 비롯한 30명의 KKK 단원들은 유명한 흰색 옷과 고깔모자를 쓴 채 한 식당에서 프라이드치킨을 먹고 있던 그를 구석으로 몰았다. 클레리가 위협적인 어조로 말했다. "네가 그 치킨에 무슨 짓을 하든 그대로 너에게 해줄 테다." 짧은 침묵이 흘렀다. 왓츠는 어떻게 행동했을까? 아니, 와해 전략을 어떻게 활용해서 상황을 유리하게 만들었을까? 여러분이 어떻게 할지는 모르겠지만(나라면 잔뜩 겁에 질렸을 것이다. 그건 확실하다), 왓츠는 치킨에 입을 맞추었다! 식당 안에 폭소가 터졌다. 심지어 KKK 단원도 몇 명 웃었다. 화가 머리끝까지 치민 클레리는 단원들을 데리고 나가버렸다.

다행히 매우 보수적인 비즈니스 업계도 와해 전략이 제시하는 잠재력을 점차 인식하고 있다. 네덜란드 백화점 체인 HEMA는 이 전략을 활용해 매장 내 도난 문제에 대한 인식을 환기했다. 유통업계는 지금까지 언론을 통해 이 문제를 다룬 적이 없었다. HEMA 백화점은 가장 도난 빈도가 높은 다섯 종류의 상품을 파악해 잠정적으로 가격을 25퍼센트 할인한다는 아이디어를 냈다. 이 다섯 상품을 위해 특별 진열대를 만들었다.

병에 든 식이보충제가 가장 많이 도둑맞았고, 재충전 전지, 립 글로스, CD-R, 자전거 램프 등이 그 뒤를 이었다. '최다 도난 상품 5종'이라는 팻말이 큼지막하게 붙었다. 이 진열대는 별도 보안 카메라까지 설치되는 등 철통 보안을 자랑했다. 이 이벤트는 매장 내 도난 문제에 관한 전국적인 관심을 불러일으켰다. HEMA가 원했던 바로 그대로였다.[11]

각국 정부도 와해 전략의 지혜에 눈을 떠서 역효과만 나는 규칙을 폐기하고 있다. 네덜란드 드라흐턴Drachten의 주요 로터리 한 곳은 유독 사고가 잦은 지점이었다. 심각한 사고도 종종 일어났다. 교통 간판과 신호등을 추가 설치하는 등의 안전 강화 조치도 모두 소용이 없거나, 오히려 악화했다. 결국 로터리는 더 혼란해졌고 주행 방법도 불분명해지기만 했다. 고착 사고의 전형적인 사례였다.

드라흐턴시 당국은 이 문제를 해결하기 위해 위대한 바이올리니스트의 이름을 따 '교통공학의 파가니니'로 불리던 한스 몬데르만Hans Monderman에게 도움을 요청했다. 그는 급진적인 아이디어를 제안했다. 대책을 더하는 것이 아니라 빼라는 것이었다. 그는 모든 안내판과 신호등을 없애자고 했다.

어떤 결과가 나왔을까? 그때부터 운전자와 보행자 등 모든 사람이 로터리에 진입할 때 더욱 주의를 기울였다. 안내판과 신호 등이 없어졌으니 다들 서로 살피며 통행했다. 사고율이 급감했고 통행 속도도 거의 두 배로 증가했다. 통제하지 않으려고 한 결과였다. 몬데르만의 교통 철학은 유럽 전역의 많은 도시에 도입되었다. 예컨대 독일의 봄테Bohmte는 유럽연합으로부터 120만 유로를 지원받아 시내 모든 신호등과 안내판을 철거하는 실험을 진행했고 큰 성공을 거두었다. 몬데르만의 방식이 큰 효과를 발휘하면서 드라흐턴은 전 세계 교통 공학자들이 찾는 순례지가 되었다.

마지막 이야기를 소개한다.

아무리 합리적인 규칙이라도 없애는 편이 더 낫다. 한번은 한밤중에 경찰이 내 차를 불러세운 적이 있었다. 자동차 면허증을 보여주자, 그들은 본부로 전화해서 내 정보를 바탕으로 차가 도난 차량이 아닌지 확인했다. 경찰은 나에게 혹시 마약을 하느냐고 묻더니 트렁크를 살펴보았다. 심지어 음주측정 검사까지 했다. 그렇게 30분이 지났다.

드디어 가도 좋다는 말을 듣고 왜 하필 나를 멈춰 세웠느냐고 물어보았다. 누구를 찾고 있는지, 내 행동에 의심스러운 점이 있었는지, 혹시 과속이었는지 궁금할 수밖에 없었다.

나는 대답을 듣고 깜짝 놀랐다. 내가 너무 속도제한에 주의를 기울이고 있어서였다는 것이다. "이 시간에 이 도로에서 속도제한에 자꾸 신경 쓰는 사람은 술에 취했거나, 약을 했거나, 범죄자 밖에 없으니까요." 나는 도저히 믿을 수 없어 이렇게 되물었다. "그럼 제한속도 이상으로 막 달리는 게 나았겠네요?" 그들은 조금 도 주저하지 않고 이렇게 합창했다. "예."

요약
전략14: 규칙 와해

전략 핵심

모든 규칙을 뒤집고 없애라.

즉각적인 효과

기존의 규칙이 폐기되면서 일시적으로는 무질서 상태가 된다. 새로운 규칙이 적용된다.

적용 상황

관습적으로 기존의 질서를 따르고 있을 때. 기존의 방식이 문제 해결에 아무런 도움이 되지 않을 때.

실행 방법

기존의 원칙이 어떻게 만들어졌는지 파악한다. 반문하고 따지고 되물으며 새로운 관점을 제시한다.

전략15: 역전

남들과 다른 방식으로 빛나는 성과 내기

> 행운을 챙겨야 한다. 진흙 구덩이에 빠졌더라도 뒷주머니를 꼭 확인해보라.
> 혹시 물고기가 들어 있을지 모르니까.
> ─대럴 로열Darrell Royal, 선수 겸 코치

마크 트웨인의 소설 《톰 소여의 모험The Adventures of Tom Sawyer》에는 톰이 또 나쁜 짓을 저지른 벌로 폴리 이모가 담장에 흰색 페인트칠을 시키는 장면이 나온다. 어린 소년에게는 큰일이었다. "그는 담장을 살펴보았다. 즐거움은 모두 사라지고 심한 우울함이 마음을 채웠다. 길이 27미터에 높이 2.7미터짜리 나무 담장이라니." 그러나 톰은 친구들에게 이 하기 싫은 일이 사실은 숭고한 예술적 취미라는 믿음을 심어주었다. 그들은 한 칸이라도 칠해볼 수 있게 해달라며 톰에게 온갖 선물을 갖다 바쳤다. 아래는 톰이 받은 선물들이다.

구슬 열두 개, 구금 한 조각, 푸른색 유리병 조각, 새총 하나, 아무것도 못 여는 열쇠 하나, 분필 조각 하나, 유리 병마개 하나, 장난감 병사 인형 하나, 올챙이 몇 마리, 폭죽 여섯 개, 외눈박이 고양이 한 마리, 황동 문손잡이 하나, 개 목줄 하나(개는 없음),

칼자루 하나, 오렌지 껍질 넉 장, 닳아빠진 창틀 하나.

톰은 종일 빈둥거리며 놀기만 하면 되었다.[12]

톰 소여는 원치 않는 상황을 바람직한 상황으로 바꿔놓는 영악함이 있었다. 톰은 플립 싱킹의 마지막 전략, '역전'을 사용한다. 문제가 즉각, 직접적인 기회로 바뀌어 '목적'이 된다. 약점이 횡재로 변한다. 역전 전략은 어쩌면 모든 전략 중에 가장 멋진 것일지도 모른다. 원래 귀찮고 짜증 나던 것이 금세 축복으로 변한다. 문제를 해결하는 데 쓰이던 모든 에너지가 이제 나에게 유리하게 작용한다. 다시 말해 재앙으로 보이는 많은 것들이 사실은 축복이라는 뜻이다.

심리학자이자 작가이면서 훌륭한 마술사이기도 한 리처드 와이즈먼이 어느 날 마술 소품을 넣어두던 상자를 잃어버렸다. 큰일 났다! 다음 날은 중요한 공연이 예정되어 있었다. 그는 어쩔 수 없이 일상용품을 사용하여 서둘러 새로운 마술을 만들어냈다. 결과는 대성공이었다. 그가 만들어낸 것 중 최고의 마술이 되었다.

역전 전략은 여러 형태로 나타난다. 첫 번째로 꼽을 수 있는 것은 '재구성'이다. 상황을 바꿀 수는 없지만, 내 관점은 바꿀 수 있다. 같은 그림이라도 좀 더 화려한 액자에 넣어두면 더 귀중해 보이는 것과 같은 이치다. 정신과 의사가 불면증 환자를 치료할 때도 재구성 기법을 사용할 수 있다. 환자에게 이렇게 말하는 것이다.

"사람들이 일반적인 수면 패턴 때문에 얼마나 손해 보는지 아세요? 매일 밤 여덟 시간 또는 아홉 시간씩 아무것도 못 하잖아요!"

재구성의 또 한 가지 방법은 사용하는 말을 바꾸는 것이다. 말은 생각을 반영한다. 앞서 전략 7에서 이런 내용을 다룬 적이 있다. 리처드 와이즈먼은 비관주의자와 낙관주의자는 똑같은 세상을 서로 다르게 본다는 것을 발견했다. 바닥에 똑같이 10파운드 지폐가 떨어져 있어도 비관주의자가 이를 못 볼 확률은 낙관주의자보다 높다. 비관주의자와 낙관주의자는 똑같은 상황을 묘사하는 방식도 서로 다르다. 와이즈먼은 그들에게 같은 시나리오를 제시했다. "은행에 갔는데 갑자기 강도가 들었다고 생각해봅시다. 총탄이 발사되어 내 팔에 맞았습니다. 여러분이라면 그런 상황을 어떻게 생각하시겠습니까?" 비관주의자는 거의 예외 없이 부정적으로 표현했다. '불운'에 따른 '재앙'이라고 하면서 "원래 나한테는 항상 그런 일이 생깁니다"라고 말했다. 반면에 낙관주의자는 총탄이 팔에 맞았으니 '축복'이라면서 이렇게 말했다. "얼마나 다행이에요. 하마터면 죽을 뻔한 거잖아요!"[13]

사고방식이 단어 선택에 영향을 미치기도 하지만 그 반대도 마찬가지다. 즉 어떤 단어를 쓰느냐에 따라 생각하는 방식도 달라진다. 정보를 빨리 퍼뜨리고 싶다면, 어떻게 해야 할까? 어떤 정보를 중요하다고 생각해서 알려줬는데 사람들은 그렇게 생각하지 않는다고 해보자. 사실, 그 정보를 공유해봤자 그들이 나한테만 이익이 된다고 생각한다면 오히려 역효과만 날 것이다. 그러나 그 정보를 '기밀'인 것처럼 묘사하면 어떨까? 곧바로 정보의 가치가 올라갈 뿐 아니라 사람들이 그것을 전파하도록 유도하는 효과가 날 것이다.[14]

정당의 공보 비서관들은 단어가 인식을 바꾸는 힘이 있다는 사실을 누구보다 잘 안다. '담보대출 이자 면제Mortgage interest relief'는 정책을 중립적으로 기술하는 용어로서, 주택소유자들의 소득세에서 담보대출 이자분을 공제해주는 정책을 말한다. 그런데 네덜란드 사회당은 이 정책을 깎아내리기 위해서 어떤 용어를 사용했을까? '거대 저택 보조금Mansion subsidy'이라고 했다. 미국에서 낙태에 반대하는 운동은 '낙태 반대anti-abortion'라는 말보다 '생명 존중pro-life' 운동이라는 표현을 쓴다. 상속세(중립적인 용어는 '부동산세estate tax'다)를 반대하는 공화당 지지자들은 여기에 '사망세death tax'라는 딱지를 붙였다.*

말에는 힘이 있다. 그러므로 내가 선택하는 단어가 어떤 결과를 불러올지 신중하게 생각해야 한다. 예를 들어 경영자가 직원에게 어떤 업무에 특별히 신경 써달라고 '요청'했다고 해보자. 이 똑같은 조치를 '지휘'나 '요구' 등 여러 가지로 기술할 수 있을 것이다. 가정 심리상담가 버지니아 사티어Virginia Satir의 말은 우리에게

---

* 2014년에 미국 언어학자 조지 레이코프George Lakoff가 프레이밍 개념을 소개하면서 언급한 사례에 포함된 내용이다.

지혜를 전해준다.

내가 하는 말을 주의 깊게 듣고 그 말이 내 진의를 전달하는지 확인해야 한다. 열 명 중 아홉 명은 60초 전에 자신이 무슨 말을 했는지 기억 못 한다. 우리는 다음 열 가지 단어를 쓸 때마다 깊은 주의를 기울이고, 조심히 다루어야 하며, 따뜻하게 보살펴야 한다. '나, 너, 그들, 그것, 그러나, 예, 아니요, 언제나, 결코, 반드시, 당연히'처럼 말이다.[15]

그러나 재구성 기법을 활용하기 위해 항상 용어 사용을 바꾸어야 하는 것은 아니다. 꼭 그럴 필요가 없을 때도 있다. 우리 부부는 아들을 입양한 지 2년째가 되었다. 아들은 가끔 악몽을 꿀 때마다 땀에 흠뻑 젖고 겁에 질린 채 우리 침실로 건너오곤 한다. 악몽 자체도 무섭지만, 계속 악몽을 꿀까봐 점점 더 걱정이었다. 그래서 다시 잠을 못 이루고 몇 시간이나 깨어 있기 일쑤였다. 마침내 내가 아들에게 이렇게 말해주었다. "옛날에 네가 나쁜 일들을 겪었는데 이제 조금 더 컸고, 그때보다는 많은 것이 좋아져서 그런 꿈을 꾸는 거야. 다른 사람들은 스무 살이나 서른 살이 되어서야 겪는 일이란다. 사실 너는 남들보다 앞서 가는 셈이지. 알고 보면 아주 좋은 일이란다. 더구나 아무리 악몽이 무섭다고 한들 현실보다 더 무서운 건 아니잖니. 너는 그런 일을 다 이겨냈어. 그러니 악몽

따위 아무것도 아니라고 생각하렴, 그럼 괜찮을 거야!" 이 대화는 정말 효과가 있었다. 그 이후로 아들은 악몽을 딱 한 번 더 꿨는데, 아들이 아침 먹으면서 이야기할 때까지도 우리는 전혀 몰랐다. 아들은 더 이상 우리 방에 올 필요조차 없었다.

재구성의 본질은 상황을 해석하는 방식을 바꾸는 것이다. 여기에는 단어를 해석하는 방식도 포함된다. 비방하는 뜻으로 쓰이던 용어에서 부정적인 의미가 사라질 때도 있다. 인상주의Impressionism라는 말은 원래 조롱하는 말이었다. 한 평론가가 그림을 혹평한 글에서 썼던 표현이 이제는 누구나 사랑하는 미술 양식을 지칭하는 말이 되었다. 우주과학자 프레드 호일Fred Hoyle이 1950년대에 사용한 '빅뱅big bang'이라는 용어는 조르쥬 르메르트Georges Lemaître가 제안한 우주 기원 이론이 너무나 터무니없다고 생각해 이를 풍자한 표현이었다. 그는 우주가 항상 그 자리에 존재했다는 '정상 우주론Steady State Theory'의 지지자였다. 지금은 아무도 정상 우주론을 믿는 사람이 없는 반면에 빅뱅은 누구나 아는 용어가 되었고, 빅뱅 이론은 과학계에서 정설로 인정되어 일반 대중에 가장 널리 알려진 과학 개념이 되었다.

재구성 전략을 활용할 수 있는 분야를 마지막으로 하나만 들자면, 시각적 심상이다. 광고회사 JWT 브라질은 브라질의 A.C. 카마고 암센터와 제휴하여 아동들의 화학치료 요법 기피증을 완화하는 놀라운 방법을 고안했다. 이 회사는 DC 코믹스를 소유한 워너 브라더스와 협력하여 화학치료 약품을 담던 기존의 무시무시한 가방 대신 배트맨, 슈퍼맨, 원더우먼, 그린 랜턴 등 슈퍼히어로의 이미지가 새겨진 플라스틱 상자를 새로 디자인했다. 이 공식은 마치 많은 슈퍼히어로가 그랬던 것처럼 마법의 '슈퍼 공식'이 되었다. 이 프로젝트는 아이들에게 자기도 슈퍼히어로가 된 것 같은 느낌을 주었다. 아동 병동 전체도 슈퍼히어로 주제로 장식했기 때문이다.

역전 전략의 두 번째 형태가 말하는 핵심 원리는 네덜란드 축구 선수 요한 크루이프의 명언으로 집약된다. "모든 약점에는 그 나름의 강점이 있다." '변장한 축복'이라는 유명한 문구와도 일맥상통한다. 이런 축복을 찾아내는 기술은 아이들이 더욱 자연스럽게 터득하는 것 같다. 비가 오면 어른들은 불평하지만, 아이들은 웅덩이에 들어가 노는 것을 보면 말이다.

몇 년 전, 나는 네덜란드 틸Tiel이라는 도시의 신축 주택단지 입주 행사에 관여한 적이 있었다. 단지를 관리하는 주최 측은 이 행사를 콘퍼런스가 포함된 축제처럼 치를 계획이었다. 문제는 콘퍼런스를 개최할 만한 장소가 주택단지에서 3킬로미터나 떨어져 있다는 것이었다. 어떤 방법을 써야 할지 고민이었다. 사람들이 오갈 셔틀버스를 준비할지, 자전거를 대여할지, 카풀 조직을 짜야 할지 말이다. 어떤 사람이 약점을 강점으로 바꾸자는 플립 싱킹 안을 내놓았다. 콘퍼런스장까지 가는 길을 활용해 도시 가이드 투어 프로그램을 제공하는 것이었다. 행사가 끝난 후에 나온 유일한 불평은 가이드 투어 길이가 너무 짧았다는 것이었다!

약점에서 강점을 찾아내는 일을 의식적으로 할 수 있는 상황이 많다고는 하지만, 그때는 이미 우리가 문제를 역전하여 유리하게 이용했다는 사실을 깨달은 이후일 때가 많다. 벨기에 안트바르펜에 사는 한 학생은 네덜란드 위트레흐트에서 지낼 만한 곳을 찾기 어려웠다. 그래서 그녀는 통학이 몇 시간이나 걸렸다. 학교 친구들은 그녀가 안됐다고 생각해서 "시간을 너무 많이 허비하겠네", "도저히 감당 못 할 환경이구나"라고 위로하듯이 말했다. 그래서 그녀도 자신의 처지가 풀 수 없는 심각한 문제라고만 생각했다. 그러나 그녀는 이 상황을 뒤집어서 생각했다. 학생은 우리에게 이런 편지를 보냈다. "통학 거리가 멀다 보니 열차 안에서 보내는 시간에 공부밖에 할 게 없었어요. 열차 안에서는 룸메이트와 수다 떨 일도 없으니까 집중할 수 있어서 과제를 모두 끝냈고 집에 가서 공부한 일은 거의 없었습니다. 결국 대학교 가서 공부한 성적이 고등학교 시절보다 훨씬 더 좋았어요."[16]

조지 이스트먼은 1888년에 코닥을 창립한 인물이다. 그는 첫 카메라를 생산한 후 큰 문제를 만났다. 그 카메라는 여러 면에서 훌륭한 장치였다. 필름 한 통으로 100장의 사진을 찍을 수 있었고, 사용하기 매우 편리했다. 버튼은 두 개밖에 없었다. 하나로는 카메라를 켜고 끌 수 있었고, 다른 하나는 필름을 감을 때 썼다. 그런데 디자인에 결함이 있었다. 이스트먼은 카메라를 대중에 팔고 싶었는데 그러자면 가격을 최소한으로 낮춰야 했다. 그래서 그는 사용자들이 직접 필름을 교환하는 기능을 넣지 않기로 했다. 그랬다가는 생산 비용이 너무 비싸지기 때문이었다. 이스트먼은 머리를 쥐어짜며 창의적인 해결책을 찾는 데 몰두했다. 그리고 드디어 찾았다. 그것은 문제를 해결하는 게 아니라 기회로 삼는 것이었다. 그는 카메라의 약점을 강점으로 만드는 슬로건을 생각해냈다. "버튼만 누르세요, 나머지는 우리가 합니다." 이 번뜩이는 영감은 엄청난 성공으로 이어졌다. 당시만 해도 사진은 아직 마술로 여겨지던 시절이었다. 잘못될 수 있는 요인이 모든 과정에 도사리고 있었다. 이스트먼의 모토는 이런 일을 도와줄 손길을 기다리던 소비자들의 심리를 파고들었다. 코닥은 이런 해결책을 바탕으로 빠른 시간에 세계 최대 카메라 생산 브랜드가 될 수 있었다.[17]

문제를 해결할 수 없는 상황은 개인 차원에서도 큰 축복이 되곤 한다. 해고당한 상황을 생각해보자. 좋은 측면은 없을까? 번아웃이 찾아왔다. 여기서 어떤 교훈을 얻을 수 있을까? 연인과 헤어졌다. 그래도 좋은 점은 없을까? 물론 재앙은 어디까지나 재앙일 뿐이다. 그러나 이 모든 역경이 새로운 기회가 될 수도 있다. 안티프래질은 시스템에만 해당하지 않는다. 우리도 그럴 수 있다. 인간은 난관에 대응하여 성장하는 엄청난 역량을 지니고 있다. 우리에게는 스스로 재탄생하는 마법과 같은 능력이 있다. 그러기 위해서는 두뇌를 반대 방향으로 밀어붙여야 한다. 역전해야 하는 것이다. 불운을 겪을 때마다 그것을 축복으로 재정의하는 정신적 과제를 자신에게 부여해야 한다.

1962년, 광고회사 도일 데인 번벅Doyle Dane Bernbach, DDB은 자동차 렌탈 업체인 에이비스로부터 광고 캠페인 제작 의뢰를 받았다. 이 업체는 경영 부진에 빠져있었다. 허츠는 확고부동한 업계 1위였고, 2위인 에이비스의 시장 점유율은 고작 11퍼센트에 머물렀다. 다윗과 골리앗을 보는 것 같았다. DDB는 이 회사의 성공과 유명세를 내세우는 전통적인 광고 전략은 말이 안 된다는 것을 깨달았다. 그것이 사실이 아니라는 것은 누가 봐도 뻔한 일이었다. 생각을 뒤집기로 했다. 에이비스는 '겨우' 2위라는 점을 강조하는 캠페인을 시작한 것이다. 전면 광고에는 이런 내용이 실렸다.

"에이비스는 렌커카 업계의 2위일 뿐입니다. 그런데 왜 저희를 선택해야 할까요? 우리는 더 열심히 합니다(1위가 아니면 당연히 그래야 합니다). 우리는 더러운 재떨이를 두고 볼 수 없습니다. 절반만 찬 연료통도 마찬가지입니다. 마모된 와이퍼도 못 견딥니다. 더러운 자동차는 저희의 수치입니다." 심지어 허츠보다 적은 고객 수도 긍정적으로 바꿔놓았다. "다음에는 저희를 찾아주십시오. 카운터 앞 대기 줄이 '그 기업'보다 훨씬 더 짧을 겁니다." 이 광고 캠페인은 선풍적인 인기를 끌었다. 에이비스의 시장 점유율은 4년 만에 세 배나 뛰어올랐다. 성공의 핵심은 놀라운 정직성에 있었다. 소비자들은 광고에는 어떤 식으로든 속임수가 있다고 짐작한다. 그러나 이 광고에서 더 열심히 하겠다는 말은 왠지 믿을 수 있을 것 같았다. 아이러니한 유머도 한몫했다.

문제에 저항하는 방식이 거의 언제나 고착 사고로 귀결된다는 개념은 이 책의 핵심 주제다. 부정적인 성격의 생각을 뒤집어서, 기회로 전환하는 것이 더 나은 방식이다. 어떻게 그렇게 할 수 있는가? 사람의 본성은 선하다는 전혀 다른 관점을 받아들이기만 해서는 물론 통하지 않는다. 물론 마음 깊은 곳에서는 모든 인간이 선한 편이라고 믿지만, 현실에서는 훨씬 더 복잡한 일이라는 것이 내 의견이다. '인간은 선하다'라는 관점은 그것과 충돌하는 속성들을 설명할 수 없다. '부족'을 '재능'으로 바꾸는 플립 싱킹을 위해서는 좀 더 중립적인 자세를 수용해야 한다. 인간이 선하냐, 악하냐가 아니라 '인간은 역량을 가지고 있다'라는 관점이다. 이런 역량은 그 자체로 좋지도 나쁘지도 않으며 특성이고 기술이다. 역량은 개인으로서 또 인류라는 종으로서 생존에 도움을 준다. 역량을 '어떻게' 이용할 것인가는 우리에게 달려 있다.

생물학자이자 영장류 연구가인 프란스 드 발Frans de Waal은 인간의 복잡성을 강조한다. 그는 공격성과 이타성이 혼재된 이중성이 인간 본성의 특징이라고 주장하면서, 이것이 인류의 생존에 도움이 된다고 설명한다. 그는 공격성이 없는 우리는 어떻게 될 것인가 하는 질문을 제기한다. 이중성은 우리가 자신과 사랑하는 사람들을 방어하고, 비즈니스에서 성공에 이르고, 기술적 진보를 이룩하도록 이끌어왔다. 우리는 고도로 진화한 유인원으로서, 드 발은 우리가 우리와 가장 가까운 두 종의 특성을 함께 계승했다고 강조한다. 선하고 사랑스러운 보노보와 남을 괴롭히고 위세 부리는 침팬지의 특성을 말이다.[18]

역전 전략은 우리의 두뇌를 '악함' 속에서 '선함'을 찾는 방향으로 나아가게 한다.《서늘한 신호The Gift of Fear》의 저자 개빈 드 베커 Gavin de Becker는 역전 전략을 자기 삶에 그 누구와도 다른 방식으로 적용한 사람일 것이다. 그는 어린 시절 가혹한 가정 폭력에 노출되었다. 그가 불안하고 의심 많은 사람이 되었을까? 그렇기도 하고, 아니기도 하다. 그는 확실히 남을 믿지 못하고 불안해하는 성격을 가졌다. 그러나 시간이 지나면서 긍정적으로 바뀌었고, 우리에게 두려움과 위험을 통해 우리 자신을 지킬 수 있는 법을 배울 수 있게 해주었다.

그는 공적·사적 영역에서의 폭력 예방 전문가로 알려져 있고, 그가 운영하는 기업은 정치인·팝스타·《포천》500대 기업 경영인 등을 보호하고 있다. 그는 〈오프라 윈프리 쇼〉에 정기 출연하며, 몇 권의 베스트셀러를 쓴 저자이기도 하다. 그는 인간의 두려워하고 의심하는 성향에 대해 어떻게 생각할까? 매우 긍정적으로 생각한다. 그는 위험을 감지하는 인간의 본능은 개보다 우수하다고 지적한다. 그는 두려움을 억누를 것이 아니라 세심한 주의를 기울

이고 자신을 위해 이용해야 한다고 주장한다.[19]

우리 사회는 외향성, 인내, 유연성, 낙관주의에 큰 가치를 부여한다. 나는 이런 품성이 유용하지 않거나 필요 없다고 말하려는 것이 아니다. 오히려 정반대다. 하지만 내향성, 즉각적인 반응, 보수성, 비관적인 성격도 위에서 말한 품성만큼 유용하다고 말할 수 있다. 단지 우리가 그것을 장애로 여기고 있을 뿐이다.

누군가는 이렇게 말할지 모른다. "내성적이고, 쉽게 포기하며, 융통성 없고, 부정적인 성격에 좋은 점이 어디 있단 말인가?" 하지만 시각을 달리해서 보자. 성격이 내성적인 사람은 관찰력이 훨씬 더 뛰어나다. 만약 각국 정부가 제1차 세계대전의 무의미한 참호전에서 조금만 더 일찍 빠져나왔더라면 수백만 명의 목숨을 구했을 것이다. 만델라와 간디는 그들이 믿는 원칙만 보면 극도로 융통성이 없는 사람들이었다. 그들이 원칙에 좀 더 융통성을 발휘하는 것이 옳았을까? 부정적인 성격의 사람들이 조금만 더 많았더라도 금융 및 신용 위기가 훨씬 덜 심각하지 않았을까? 최악의 시나리오를 염두에 두는 것이 뭐가 잘못되었단 말인가?

위와 똑같은 방식의 플립 싱킹을 흔히 부정적이라고만 알고 있는 수많은 성격에 적용할 수 있다. 아이가 자립심이 다소 부족한가? 어쩌면 그는 공감 능력이 대단히 뛰어나고 다른 사람의 자립심에 더 많은 관심을 기울이는지도 모른다. 의사결정을 빨리 내리지 못하고 있는가? 분별력을 갖춘 것이 뭐가 잘못이란 말인가? 충동적인 의사결정은 온갖 종류의 문제를 낳는다. 아이가 패배를 깨끗이 인정할 줄 모르는가? 어쩌면 그 아이는 성공하려는 강력한 동기를 지니고 있는지도 모른다.* 물론 여기서 중요한 것은 긍정적인 성격과 부정적인 성격을 정직하게 살펴보는 것이다. 자기 모습에 동화 같은 환상을 씌우는 대신 말이다.

다행히 우리 사회는 이런 식의 사고 방법을 적용하는 면에서 점차 발전하고 있다. 교육 현장에서는 단점을 보완하기보다 재능을 강화하는 것을 더 강조한다. 오늘날 난독증 아동을 위한 교육은 혼자 힘겹게 이겨내고 다른 사람과 똑같이 읽고 쓰는 법을 배우도록 하는 게 아니다. 그 아이들에게는 특별 개인교습이 제공된다. 이 분야의 플립 싱킹은 새로운 시대의 여명기라고 할 수 있다. 자폐증 진단을 받은 이들 중 일부는 아주 세세한 정보를 찾아내고 기억하는 데 매우 뛰어나다. 이런 이유로 소프트웨어를 테스트하는 기업 중에는 의도적으로 이런 '장애'를 지닌 사람들을 고용하는 회사들도 있다. 난독증 환자들은 다양한 패턴을 인지하는 능력이 우수하다. 영국정보기관 GCHQ는 사이버 공격에 맞서 싸우는 데 도움을 얻기 위해 난독증 환자를 특별히 물색한다. GCHQ 대변인에 따르면 그들은 암호를 해독하고 복잡한 문제를 분석하는

---

* 승자의 가장 큰 동력은 무엇일까? 승리의 기쁨을 맛보려는 갈망인가, 패배의 고통을 피하려는 바램인가? 스포츠와 비즈니스 분야에서 성공한 사람 중에는 승리 그 자체보다 패배의 고통스러운 경험을 피하고 싶은 마음이 더 크다고 말하는 사람들이 많다.

데 탁월한 능력을 보인다. 난독증이 있는 이들은 다양한 패턴과 반복을 빠르게 포착하고 빠진 게 무엇인지 금방 파악할 수 있다. 이아인 로반Iain Lobban 국장은 한 연설에서 이렇게 말했다. "제가 할 일은 최고의 인재를 유치하여 그들의 재능을 활용하고, 선입견과 고정관념이 혁신과 민첩함을 억누르는 일이 없도록 하는 것입니다."[20]

신체적 미에 관한 전통적인 관념을 찬양하는 태도도 바뀌고 있다. 런던의 모델 에이전시 어글리 모델스Ugly Models는 전통적 미의 기준과는 다르면서도 굉장히 눈에 띄는 신체적 특징을 지닌 사람들을 모집하고 있다. 이들을 향한 고객 수요도 광범위하게 형성되어 있다. 이제는 모든 상품을 미인들이 팔아야만 하는 시대는 지났다.

《정신 장애 진단 및 통계 편람Diagnostic and Statistical Mannual of Mental Disorder》(심리치료사와 심리학자의 바이블로 통한다 - 옮긴이) 최신판인 《DSM-5》에 따르면 전 세계 인구 중 정신 질환을 앓고 있는 사람의 비율이 최소 54퍼센트에 이를 것이라고 한다. 이 편람은 끊임없이 새로운 '장애'의 목록을 추가하고 기준을 내림으로써, 정신 이상을 그 이름이 시사하는 것만큼 심하게 기술하지 않는다는 의혹을 불러일으킨다. 다음번 DSM 최신판이 출간될 때는 차라리 약점보다 재능이 기술된다면 더 좋지 않을까? 우리는 이 분야에서 훌륭한 시작을 알렸으나 갈 길은 아직도 멀다고 할 수 있다.

역전 전략의 마지막 응용 형태는 표적 기법이다. 네덜란드의 어느 아마추어 사격 선수가 영국으로 휴가를 떠났다. 그는 산책 도중 나무에 그려진 표적을 봤다. 한복판에 총알구멍이 나 있는 것이 보였다. 그리 이상한 광경은 아니었다. 그러나 정말 이상한 것은, 그것 말고 다른 총알구멍이 하나도 없다는 점이었다. 표적이든, 주변이든 그 나무에 총알구멍은 그것 하나밖에 없었다. 누군가가 단 한 번의 사격으로 한복판을 맞춘 것이었다. 대단하다고 생각했다. 경험상 그게 얼마나 어려운 일인지 그는 잘 알고 있었다. 잠시 후 놀랍게도 그는 똑같이 생긴 표적을 다른 나무에서 발견했다. 한 발씩 쏴서 한복판을 맞춘 표적이 두 개나 보이다니. 조금 후 그는 술집을 발견하고는 안에 들어갔다. 그리고 바텐더에게 숲에서 본 표적 이야기를 하면서 이 동네에 혹시 명사수가 있느냐고 물어보았다. 바텐더는 웃음을 터뜨렸다. "우리 동네에 명사수는 없습니다. 화가가 있을 뿐이에요. 그가 나무에 총을 한 방 쏜 다음 구멍 주위로 표적을 그려놓은 겁니다."

역전 전략의 마지막 방법은 '프로세스의 순서를 바꾸라'라는 것이다. 끝에서 시작해서 시작점에서 끝나는 방법이다. 간단한 예를 들어보자. 한 고등학교 여학생이 사람들과 만나는 일이 많아 숙제를 제대로 할 수가 없었다. 부모님은(이 이야기를 나한테 해준 사람은 아버지였다) 딸이 일정을 잘 관리할 수 있도록 캘린더나 시간 사용법 등을 안내해주며 최선을 다해 도우려고 했다. 그러나 전혀 도움이 안 되었다. 그러다 아버지가 프로세스를 뒤바꾸었다. 그는 딸에게 빈 시간의 일정을 먼저 정하라고 했다. 외출 시간, 생일 파티, 공연 관람 등 말이다. 즉 자유 시간을 먼저 정해놓으면 나머지 시간은 공부에 몰두할 수 있다는 생각이었다.[21]

노숙인들은 집에 돌아가서 지내는 생활을 너무 힘겨워한다. 그 래서 그들을 도우려면 우선 쉼터에 데리고 가서 공동생활을 하면 서 상담받을 기회를 제공해야 한다. 완전히 집에 돌아가 정착하기 위해서는 먼저 독자적으로 살아갈 수 있다는 것을 증명해야 한다. 그러나 공동생활을 하다 보면 온갖 갈등이 벌어진다. 대개 이 과 정을 견디지 못하고 다시 길거리로 돌아가게 된다.

다행히 다른 방법이 있다. 뉴욕시의 하우싱퍼스트Housing First는 문제를 뒤집었다. 그들은 노숙인들을 돕는 첫 단계에서 아무 조건 없이 제공할 영구주택을 찾는다. 그들의 논리는 이렇다. 사람들은 먼저 살 집이 생기면 마음이 안정되고 자존감이 향상되며 자율성 을 인식하게 되어, 생활에서 바꾸어야 할 모든 측면을 감당할 수 있다는 것이다. 또 다른 교훈은, 기존의 지원 방식이 먼저 변화를 요구하고 그에 따라 미래의 보상을 약속하는 것이라면, 이 방식은 사람들은 이미 자신이 좋은 것을 가지고 있을 때 그것을 지키려고 더 분발한다는 점이다.[22]

지금부터 여러분이 문제에 봉착하면 이 전략의 가장 핵심 질문 을 던져보기를 바란다. "이 문제가 목적이 될 수 있을까?" 나는 이 질문을 '플립 싱킹의 기적의 질문'이라고 부른다. 언제나 이 질문을 자신에게 던져보라. 어떤 일을 할 때나 마찬가지다. 힘들고 가혹하고 억눌리는 상황이 올 때마다 이렇게 자문하라. 잘못된 것이 옳을 수는 없나? 마지막이 처음이 될 수는 없나? 약점을 강점으로 바꿀 수는 없는가? 그리고 이런 새로운 프레임으로 현실을 다시 보라. 가끔 다른 일은 아무것도 필요 없고 오직 문제를 목적으로 바꾸기만 하면 될 때가 있다. 역전 전략이 효과를 발휘할 때는 문제를 뒤집어 생각하는 가장 쉬운 일인 이유가 이것이다. 사실, 관점을 바꾸는 것 말고 해야 할 일이란 없다.

요약
전략15: 역전

전략 핵심	즉각적인 효과
문제를 기회로 바꾼다. 불운의 좋은 면을 본다.	나를 힘들게 하던 문제 혹은 상황이 기회로 다가온다. '문제'가 '목적'이 된다.

적용 상황	실행 방법
곤란하고 변덕스러운 현실. 절대로 바뀔 수 없는 존재에게 사용하면 안 된다.	문제를 사실로 바꾸고 사실을 기회로 만든다.

넘어지는 것을 두려워하지 말기를

일을 시작할 때가 되었다. 우리는 (먼) 여정을 함께해왔다. 15가지 전략이 다 마련되었다. 여행 중에 틈날 때마다 꺼내 볼 준비도 되었다. 홀로 출발하기만 하면 된다. 이제 마지막 순간을 위한 지침을 살펴보자.

플립 싱킹은 내가 뭔가를 바꾸기로 정하는 것에서 시작한다. 어떤 '문제'가 나에게 피해를 미친다면 지금부터는 자신이 무력한 희생자라고만 생각해서는 안 된다. 이 세상에서 자신이 경험하는 모든 일은 자신이 만들어내는 것이다. 비를 멈출 수도 없고, 벼락도 어쩔 수 없지만, 그것을 어떻게 생각하는지 자신이 무엇을 할 수 있는지는 스스로 '바꿀 수' 있다. 이론적으로는 간단하다. 문제를 해결하거나, 방치하거나, 뒤집어 생각할 수 있다. 그중에서 분명하게 선택해야 한다.

네 가지 질문을 사용해야 한다. 문제가 정확히 무엇인가(이 질문으로 문제를 해결하면 되는지 내버려둬야 하는지 파악할 수 있다)? 그것이 진짜 문제인가? 혹시 나 자신이 문제는 아닌가? 세 번째 질문이 특히 중요하다. 대부분의 상황에서 어떤 상황을 뒤집어 생각하고 싶다면 고착 사고만 멈추면 된다. 플립 싱킹의 한 형태인 이 통찰의 위력은 아무리 강조해도 모자라다. 우리는 자신이 만들어낸 고통에 시달릴 때가 많다. 그러므로 그것을 멈추는 것도 내 마음대로 할 수 있다. 우리 문제는 이 세 가지 플립 싱킹 질문을 통과해야 한다. 이 질문을 다 통과해야만, 마지막 네 번째 질문을 만날 수 있다. 그것은 바로 "이 문제가 목적이 될 수 있을까?"라는 것이다. 우리는 이 문제를 뒤집어 생각할 수 있는가?

다음으로, 과감하게 자기 직감을 믿어야 한다. 직관을 동원하여 취할 기본적인 태도를 선택하는 것이다. 스스로 이렇게 질문해봐야 한다. "나는 이 상황에서 적당히 져줄 것인가, 목표를 재구성할 것인가, 적을 친구로 만들 것인가, 게임하듯 가볍게 갈 것인가?" 이 네 가지 기본적인 접근 방식 중 하나를 직관을 통해 선택할 수 있다고 굳게 믿어야 한다. 특히 어려운 문제를 오랫동안 대처해야 할 때는 더욱 그렇다.

이제 이 문제를 놓고 깊이 고민해야 할 때다. 모든 지식과 지혜를 동원해서 행동 계획을 세워야 한다. 굳건한 전략을 수립하는 것이다. 시간을 충분히 할애하라. 과감하고 정밀하게 계획에 집중해라. 필요하다면 아주 특이한 방식을 과감하게 수립할 수도 있다. 기록하고, 다른 사람과 의견을 나누고, 소소하게 시도해보고,

최종 리허설을 하라. 어떤 일을 하든 준비해야 한다.

자, 출발이다.

결단력을 발휘하라. 조금의 의심도 없이 100퍼센트를 쏟아부어라. 불확실한 단계는 이미 지났다. 지금은 용기와 담대함 그리고 자기 확신이 필요하다.

때로는 여유를 가져라. 모든 전략에는 일정한 시간이 필요하다. 낙뢰가 내려치듯이 현실을 뒤집어 생각할 때도 있고, 시간을 (많이) 두고 볼 때도 있다. 달걀 반숙은 몇 분이면 되지만, 스튜를 끓이는 데는 몇 시간이 필요하다.

마지막으로는 평가해야 한다. 이 상황은 플립 싱킹이 되었는가? 좋다!

플립 싱킹이 되지 않았다면 처음부터 다시 시작해야 한다. 넘어지는 일은 별로 큰일이 아니다. 다시 일어나지 않는 게 큰 문제다.

끝까지 읽어주셔서 감사드린다. 안전한 여행이 되기를 빈다. 메시지를 보내주시면 더할 나위 없이 기쁘겠다. 잘못된 것, 실수한 것, 잘한 것, 모두 환영한다. 메일 주소는 다음과 같다.

info@omdenken.nl.

감사의 글

"책 쓰기는 힘든 일이다."

나는 다행히도 2008년 초판을 쓸 때 많은 분의 도움을 받았다. 그들은 간단하면서도 마음 아픈 질문을 던졌다. "이게 무슨 뜻이에요?" 같은 것 말이다. 또는 여백에 큰 글자로 "야아아아안"이라고 써놓은 분도 있었다. 이런 피드백이 없었다면 책 내용은 엉뚱한 방향으로 달려갔을 것이다.

초판은 두 라운드에 걸쳐서 세상에 나왔다. 첫 라운드 때는 도와주신 분들께 정말 마음에 드는 부분에 느낌표를 찍어달라고 부탁했다. '증폭 라운드'였다고 해도 될 것 같다. 다음 분들에게 감사드린다. 페핀 라거웨이, 빌렘 반 뵈켈, 마리에크 프릴링, 기스 놀렌, 얀 뤼그록, 다니엘 쿠프만스, 에릭 쿠퍼루스, 바트 반 데르 샤프, 헤르벤드 프린센, 라이너스 크룰, 마티예 크라넨, 요하네트 반 쥘렌, 팀 윙켈, 아넬리스 포투이트, 피터얀 드와쉬스, 욥 얀센 등은 고된 일을 마다하지 않고 도와주었다. 그뿐 아니라 여러 논평과

제안을 해주기도 했다. 그 덕분에 마치 저절로 나온 것처럼 유려한 책이 되었다.

두 번째 라운드는 구조에 집중하면서 약점, 평범한 부분, '괜찮은 부분' 등을 모두 덜어내는 데 신경 썼다. 그 책은 '제거 라운드'였다고 볼 수 있다. 몇몇 분들이 그 점을 염두에 두고 다시 책을 읽어주었다. 역시 크게 감사드린다. 이 책이 나오기까지 실질적인 피드백과 지지를 보내준 친구 줄스 반 담에게 감사드린다(이 책의 인수 전략에 그의 이야기가 나온다). 이 졸저의 본질에 관한 근본적인 질문과 논평을 해준 뤼트 티센에 감사드린다. 마지막으로 세보 에벤의 영적 여정과 풍부한 유머감각에서 중요한 영감을 받았음을 밝힌다.

개정판은 전혀 다른 배경으로 나왔다. 이전 책을 통해 나는 개정판 집필은 새로 쓰는 것보다 훨씬 더 복잡한 일임을 알고 있었다. 그러나 그것이 바로 목표였고, 또 달성했다. 다행히 이번에도 많은 도움을 받을 수 있었다.

개정판을 위해 적극적으로 나서준 아들 얀 건스터에게 고맙다고 말하고 싶다. 개정판을 내기로 한 결정은 이 책이 디자인뿐 아니라 내용까지 고쳐야 한다는 확신이 있었기에 가능했다.

서론에서 썼듯이, 2008년 이후 수많은 일들이 있었다. 넬레케 푸어투이스는 우리 소셜미디어(페이스북과 트위터를 포함해서) 구축을 책임졌다. 그 영향은 이루 말할 수 없다. 인터넷 웹사이트 덕분에 수백 명의 사람이 우리를 찾고 자신의 영감 어린 이야기를 들려주었다. 그 이야기들은 이 개정판의 기초가 되었다.

우리 프로그램과 워크숍을 밤낮없이 만들어온 강사, 배우에게 감사드린다. 그들의 텍스트와 현장, 프로그램의 구조 등에 관한 끊임없는 브레인스토밍과 토론 덕분에 플립 싱킹 사고 체계의 본질이 날이 갈수록 또렷하게 빛을 발했다. 매일 이어지는 쇼와 교육 프로그램(무려 15년째다), 계속된 대중 및 고객과의 의사소통은 우리 플립 싱킹이 끊임없이 진화하고 있다는 증거다. 우리는 참여자에게 교육을 제공하지만, 그들 역시 질문과 통찰, 스토리로 우리를 가르친다.

마지막으로 사랑하는 생의 동반자이자, 공동창업가인 안네마그리트 드워슈이스에게 감사드린다. 언제나 그랬듯이 그녀의 지지는 큰 통찰과 지적 도전을 안겨준다. 우리는 스페인 테네리페섬에서 보낸 2주 동안 이 책을 마지막으로 다듬었다. 모든 면에서 너무나 즐거운 나날이었다. 배우자가 최고의 동료가 되는 행운을 모두가 누리기를 희망한다. 그리고 45년 넘는 세월을 함께 보내고 일할 수 있기를 아울러 기원한다. 이는 분명 놀라운 일이다.

베르톨트 건스터
위트레흐트, 2022년

미주

1장

1) Jeff Gaspersz, Grijp je kans! Vind en benut nieuwe mogelijkheden, Spectrum, 2009
2) David Richo, The Five Things We Cannot Change, Shambala, 2006
3) John M. Gottman; The Seven Principles For Making Marriage Work, Three Rivers Press, New York, 1999
4) Psychologie Magazine, June 2009
5) Byron Katie, Loving What Is: Four Questions That Can Change Your Life, Three Rivers Press, 2003

2장

1) John Darley & Daniel Batson (1973)
2) Jaap Schaveling & Bill Bryan, Systeemdenken, Academic Service, 2001
3) Daniel J. Simons, Christopher F. Chabris, Gorillas in our Midst, Perception 1999, pp. 1059-1074
4) Guy Claxton, Hare Brain, Tortoise Mind: How Intelligence Increases When You Think Less, Fourth Estate, 1997
5) Daniel Kahneman, Thinking, Fast and Slow, Farrar, Straus and Giroux, 2013

4장

1) Theo Groen, et al., Innoveren, begrippen, praktijk, perspectieven, Uitgeverij Spectrum, 2006
2) J. Gardner and A.J. Oswald. "Money and wellbeing", Journal of Health Economics, October 2006; see also www.vanmaanen.org

5장

1) A. Sagi- Schwartz, M. Bakermans- Kranenburg, S. Linn and M. van IJzendoorn, 'Against All Odds Genocidal Trauma Is Associated with Longer Life-expectancy of the Survivors', PLoS One 7 (July 2013)
2) Pamela Weintraub, 'The New Survivors', Psychology Today, July 2009, https://www.psychologytoday.com/us/articles/200907/the-new-survivors

6장

1) Peter Senge, The Fifth Discipline, Random House Business Books, 2006

7장

1) Jeffrey Wijnberg, Niemand is iemand zonder de ander, Scriptum, 2009

8장

1) Roos Vonk, Ego's en andere ongemakken, Scriptum Books, 2011
2) We heard this story first-hand from the main female character. For privacy reasons the names are not given here.
3) Gabriël Anthonio, Het beste idee van 2013, Uitgever De Wereld, 2014

4) Steven M. Smith and Steven E. Blankenship, 'Incubation and the persistence of fixation in problem solving', American Journal of Psychology 104/1 (1991): 61–87

5) Guy Claxton, Hare Brain, Tortoise Mind: How Intelligence Increases When You Think Less, Fourth Estate, 1997

6) Ibid.

7) 1 Terry S. Trepper et al., 'Steve de Shazer and the Future of Solution Based Therapy', Journal of Marital and Family Therapy, May 2007, https://onlinelibrary.wiley.com/doi/abs/10.1111/j.1 752-0606. 2006.tb01595.

8) Algemeen Dagblad, Thema section, 19 May 2008

9) The quote is a personal communication by Martin Seligman, noted down by Louis Cauffman; source: Simpel, oplossingsgerichte positieve psychologie in actie, Louis Cauffman, Boom-Lemma, 2013

10) Tom Peters, Business Excellence in a Disruptive Age, Dorling Kindersley, 2006

11) David L. Cooperrider and Diana Whitney, Appreciative Inquiry: A Positive Revolution in Change, Berrett-Koehler Publishers, 2005

12) Eric Rassin, Waarom ik altijd gelijk heb, Scriptum Psychologie, 2007

13) De Volkskrant, section Hart en Ziel, 21 May 2008

14) Arie Nouwen, 'Een stuk papier vouwen om de Maan te bereiken', astroblogs, 1 September 2009, www.astroblogs.nl/2009/09/01/een-stuk-papier-vouwen-om-de-maan-te-bereiken

15) The story comes from Jan Ruigrok.

16) Kirsten Ronda, 'Feliciteer ouders met scheldende kinderen', Pedagogiek in Praktijk, 27 November 2014, www.pedagogiek.nu/feliciteer-ouders-met-scheldende-kinderen/1025959

17) Der Spiegel, 17 November 2011, www.spiegel.de/international/zeitgeist/this-is-a-oh-never-mind-kids-thwart-robbery-withpiggy-banks-a-798372.html

18) ZDF News, 17 January 2012

19) The story was told by John Cleese various times in autumn 2014, including on The Graham Norton Show, 10 October 2014.

20) With thanks to Jan Ruigrok, who noted down this story from the radio for me.

9장

1) Edel Maex, Mindfulness (Lannoo Publishers, 2014)

2) Steve de Shazer and Yvonne Dolan, More Than Miracles: The State of the Art of Solution-Focused Brief Therapy (Routledge, 2007).

3) J.G. March, 'The technology of foolishness', in J.G. March and J.P. Olsen (eds), Ambiguity and Choice in Organizations (Bergen: Universitetsforlaget, 1979), pp. 69–81.

4) Mischel, W., Shoda, Y. & Rodriguez, M.L. (1989). "Delay of Gratification in Children", Science, 244, pp. 933-938

5) Gabriël Anthonio, Het beste idee van 2013, Uitgeverij De Wereld, 2014

6) Paul Arden, Whatever You Think, Think the Opposite, Penguin, 2006

7) Technisch Weekblad; with thanks to Ionica Smeets for the suggestion.

8) Suzanne C. Segerstrom, Breaking Murphy's Law, The Guilford Press, 2007

9) Suzanne C. Segerstrom, Breaking Murphy's Law, The Guilford Press, 2007

10) Coert Visser & Gwenda Schlundt Bodien, Paden naar oplossingen, Just In Time Books, 2008

11) Richard Wiseman, Did You Spot the Gorilla?, Arrow Books, 2004

10장

1) Sarah Kaplan & Richard N. Foster, Creative Destruction: Why Companies That Are Built to Last Underperform the Market, Doubleday Publishing, 2001
2) Martien Bouwmans, ING via Aukje Nauta, Factor Vijf.
3) George Parker, Het grote boek van de creativiteit, Archipel, 2004
4) The New York Times, 30 August 2012, https://www.nytimes.com/2012/08/31/nyregion/ mta-expands-an-effort-to-remove-trash-cans.html
5) DutchNews.NL, November 2008, https://www.dutchnews. nl/news/2008/11/ stand-up_meetings_would_cut_co/
6) With thanks to Katrien Heere, one of the parents involved, who sent us this story.
7) Jeff Gaspersz, Grijp je kans! Vind en benut nieuwe mogelijkheden, Spectrum, 2009
8) Joep Wennekers, 'Takeovers at gun-point: Does hostility pay off in the long-run?', Master's thesis, Radboud University (2021), https://theses.ubn.ru.nl/bitstream/handle/123456789/11044/Wennekers%2C_Joep_1.pdf?sequence=1
9) Guardian, 18 November 2014, https://www.theguardian.com/world/2014/nov/18/ neo-nazis-tricked-into-raising-10000-for-charity
10) William Ury, Getting Past No, Bantam, 1991
11) Web UrbanistUrbanist, April 2013, https://weburbanist.com/2013/04/30/s ymbiotic-d esign-l ife-s aving-meds-hide-in-spare-space/
12) This story was sent to us by Jan de Kruif, the builder in question.
13) For reasons of privacy, the names of the people and company concerned are not given here.
14) This story was told to us by Erika de Roo. It is her own story.
15) William Ury, Getting Past No, Bantam, 1991
16) This story was told to us by Liesbeth Ligtenberg.
17) Octavius Black & Sebastian Bailey, Mind Gym, HarperOne, 2014
18) www.bbc.co.uk
19) Anselm Grün, Buch der Sehnsucht, Herder, 2003
20) Robert B. Cialdini, Influence: Science and Practice (5th Edition), Allyn and Bacon, 2008
21) Hewstone, M., Harwoord, J., Voice, A. & Kenworthy, J. (2006). "Intergroup Contact and Grandparent-Grandchild Communication: The Effects of Self-Disclosure on Implicit and Explicit Biases Against Older People", Group Processes & Intergroup Relations, 9 (3), pp. 413-429
22) Pieternel Dijkstra & Gert Jan Mulder, Overleven in relaties, Uitgeverij Bert Bakker, 2009
23) This story was sent to us by Nicolet Mulder.
24) Robert B. Cialdini, Influence: Science and Practice (5th Edition), Allyn and Bacon, 2008
25) Robert Cialdini, et al., Yes! 50 Secrets from the Science of Persuasion, Profile Business, 2007
26) Eric Abrahamson & David Freedman, A Perfect Mess: The Hidden Benefits Of Disorder, Orion, 2006

11장

1) Martin Lindstrom, Buyology: Truth and Lies About Why We Buy, Doubleday, 2008
2) The Scotsman, September 2011, https://www.scotsman.com/ arts-and-culture/interview-stephen-merchant-comedian-1659794
3) Said by a couple regarding their children in an episode of Dutch soap opera Goede Tijden, Slechte Tijden.
4) This story is from Esther de Graaf.
5) This story is from Martine van Eijk.

6) The term 'seesawing' was introduced to NLP by Anneke Meijer and Paul Bindels, who made a note of the approach based on Frank Farrelly's working method; source: Jaap Hollander & Jeffrey Wijnberg, Provocatief coachen. De basis, Scriptum, 2006

7) Gareth Morgan, Images of Organization, Sage, 1986

8) Robert Fritz, Your Life as Art, Newfane Press, 2002

9) Edward de Bono, Sur/petition: The New Business Formula to Help You Stay Ahead of the Competition (Vermilion, 2019)

10) www.richardengelfriet.nl; the nurse in question is John Swaneveld.

11) 'HEMA top 5 shoplifted products', CCCP, 2 March 2010, https:// staatsloterij-cccp. blogspot. com/2010/03/ hema-top-5-shoplifted-products.html

12) Mark Twain, The Adventures of Tom Sawyer, 1876

13) Richard Wiseman, Did You Spot the Gorilla?, Arrow Books, 2004

14) Nassim Nicholas Taleb, Antigrafile, Random House, 2012

15) Virginia Satir, Making Contact, Celestial Arts, 1995

16) This story is from Dagmar Ruth Bouwman.

17) Bill Bryson, Made in America, Transworld Publishers Ltd, 1998

18) Frans de Waal, The Age of Empathy, Crown, 2009

19) Gavin de Becker, The Gift of Fear, Bantam Doubleday Dell Publishing Group Inc, 1998

20) J. Hannen & K.-J. van Wees, Het geroosterde speenvarken en andere managementparabels, Klapwijk en Keijsers Uitgevers, 2007

21) The story was told to us by Bert van Baar; he is the father in question.

22) The first Housing First success rates are extremely encouraging. Research shows that around 85 percent of participants have been able to keep their homes long-term. Following the New York example, similar projects have commenced in various cities across the US and Canada. In the Netherlands, the Housing First principle has been implemented by Discus in Amsterdam and De Tussenvoorziening in Utrecht.

옮긴이 **김동규**

포스텍 신소재공학과를 졸업하고 동대학원에서 석사 학위를 받았다. 여러 기업체에서 경영기획 업무를 수행했다. 현재 번역 에이전시 엔터스코리아에서 번역가로 활동하고 있다.
옮긴 책으로는《턴어라운드》《극한 갈등》《시너지 솔루션》《비트코인의 미래》《스토리의 기술》《테크 심리학》《리더는 멈추지 않는다》등 다수가 있다.

플립 싱킹

초판 1쇄 발행 2023년 4월 30일

지은이 베르톨트 건스터 | **옮긴이** 김동규
펴낸이 오세인 | **펴낸곳** 세종서적(주)

주간 정소연 | **편집** 한진우 | **디자인** thiscover
마케팅 임종호 | **경영지원** 홍성우
인쇄 천광인쇄 | **종이** 화인페이퍼

출판등록 1992년 3월 4일 제4-172호
주소 서울시 광진구 천호대로132길 15, 세종 SMS 빌딩 3층
전화 경영지원 (02)778-4179, 마케팅 (02)775-7011
팩스 (02)776-4013

홈페이지 www.sejongbooks.co.kr
네이버 포스트 post.naver.com/sejongbooks
페이스북 www.facebook.com/sejongbooks
원고 모집 sejong.edit@gmail.com

ISBN 978-89-8407-890-1 (3320)